KB104562

복스 포퓰리

복스 포풀리
VOX POPULI

고전을 통해 알고 싶었지만
차마 물을 수 없었던 모든 것

피터 존스 지음 | 홍정인 옮김

교유서가

차례

서문

이 저자는 다른 책을 썼어야 했다고 말하는 비평가의 의견에 동의할 유일한 책이다. 하지만 나는 아마도 이 책 이외의 다른 책은 쓸 수 없었을 것 같다.

이 책의 초판은 『지적인 사람을 위한 고전학 가이드*An Intelligent Person's Guide to Classics*』라는 제목으로 1999년 더크워스Duckworth출판사에서 출간되었다. 제3장에서 제6장까지와 제8장에서 제11장까지는 이 초판의 내용을 약간씩 추가 및수정한 것이다. 책의 목표는 그때와 동일하다. 고대 세계의 문학적 유산과 유물이 보존된 과정, '고전학'에서 전통적으로 다루는 시기(기원전 700년경~서기 500년)의 개괄적인 역사, 고대 그리스·로마의 삶과 사상을 소개함으로써 독자들에게 재미를 전해줄 수 있길 바랐다. 새로 추가된 여러 장의 내용을 꼼꼼히 검토해준 제니 코헨Jeannie Cohen에게 특별히 고마움을 전한다.

가족을 소중히 여기는 사람들은 모두 내가 린지와 내 아이들, 그리고 손주들에게 얼마나 많은 빚을 지고 있는지 이해할 것이다.

2019년 7월

뉴캐슬어폰타인에서 피터 존스

참고: 고대 그리스·로마 세계의 언어, 역사, 문화에 접속하고 싶은 독자는 영국의 모든 학교에서 고전학을 가르칠 수 있도록 지원하는 창의적인 자선단체 '모두를 위한 고전학Classics for All'의 웹사이트에 방문해보길 바란다(https://classicsforall.org.uk/).

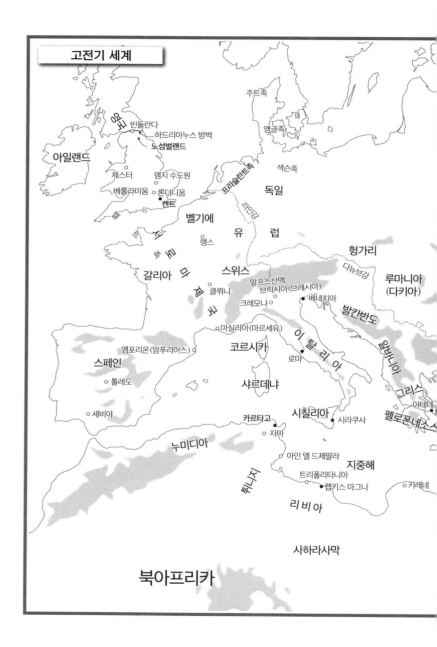

고전기 세계

주트족

빈돌란다
하드리아누스 방벽
노섬벌랜드

아일랜드

앵글족

색슨족

체스터
램지 수도원
베룰라미움
로던디움
켄트

프리슬란트족

라인강

독일

벨기에

랭스

유   럽

헝가리

갈리아

스위스

알프스산맥
브리시아(브레시아)
크레모나

다뉴브강

루마니아
(다키아)

베네치아

발칸반도

클뤼니

마실리아(마르세유)

엠포리온(암푸리아스)

코르시카

로마

이 탈 리 아

스페인

톨레도

샤르데냐

그리스
아테네

세비야

카르타고
자마

시칠리아

시라쿠사

펠로폰네소스

누미디아

아인 엘 드제말라

지중해

튀니지

트리폴리타니아
렙키스 마그나

키레네

리 비 아

사하라사막

북아프리카

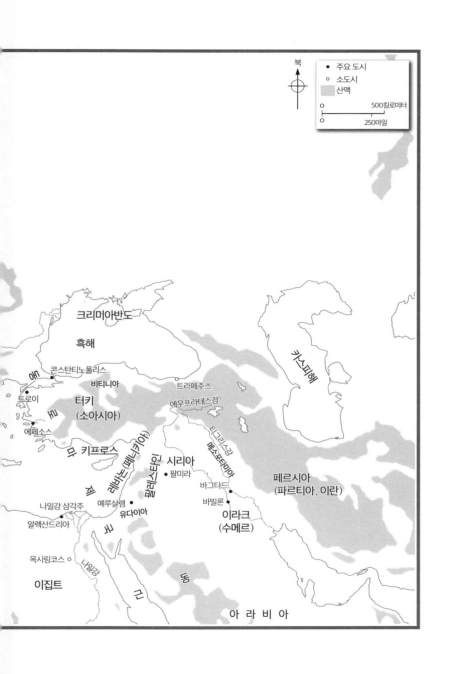

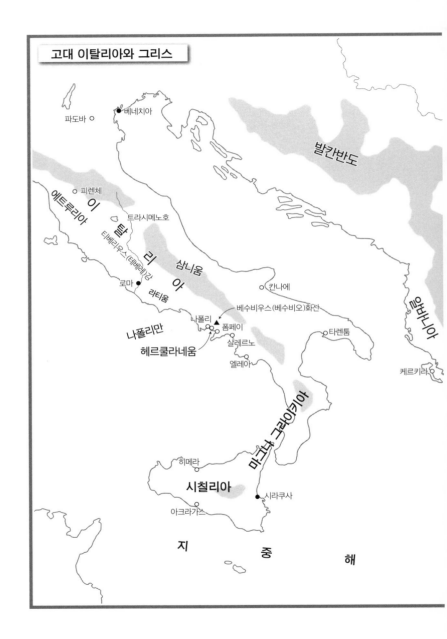

고대 이탈리아와 그리스

파도바 ○
베네치아 ●
발칸반도
피렌체 ○
에트루리아
이
탈
리
아
트라시메노호 ○
삼니움
티베리우스(테베레)강
로마 ●
라티움
칸나에 ○
베수비우스(베수비오)화산
나폴리 ○
폼페이
나폴리만
헤르쿨라네움
살레르노 ○
엘레아 ○
타렌툼 ○
알바니아
케르키라 ○
마그나 그라이키아
히메라 ○
시칠리아
시라쿠사 ●
아크라가스 ○
지   중   해

연표

로마인들

기원전 1000년   언덕 도시 로마에 거주하다.

기원전 753년   로마가 건국되다. 로물루스가 초대 왕이 되다.

기원전 750년   에트루리아 도시국가들이 이탈리아 북서부를 장악하다.

기원전 509년   루크레티아가 능욕을 당하다. 로마의 마지막 왕 타르퀴니우스가 축출되고 공화정이 세워지다.
카르타고와 처음으로 교역 협정을 맺다(총 4차례 협정을 맺음).

기원전 280~기원전 275년
그리스의 피로스왕을 이탈리아에서 몰아내다.

기원전 270년   이탈리아를 정복하다.

기원전 264~기원전 241년

제1차 포에니전쟁을 치르다. 시칠리아와 사르디니
아를 속주로 만들다.

기원전 240년경   리비우스 안드로니쿠스가 『오디세이아』를 라틴어
로 옮기다.

기원전 218~기원전 204년

제2차 포에니전쟁을 치르다. 스페인을 속주로 만
들다.

기원전 211~기원전 148년

마케도니아와 4차례에 걸쳐 전쟁을 치르다. 마케
도니아와 그리스를 속주로 만들다. 로마가 그리스
문화에 '사로잡히다.'

기원전 180년경   플라우투스와 테렌티우스가 그리스 작품을 기반으
로 희극을 쓰다.

기원전 149~기원전 146년

제3차 포에니전쟁을 치르다. 카르타고가 완전히
파괴되다. 북아프리카를 속주로 만들다.

기원전 133년   티베리우스 그라쿠스가 토지개혁을 시도하다.

기원전 129년   페르가몬이 로마의 속주가 되다.

기원전 111~기원전 81년

마리우스와 술라가 로마에서 내전을 벌이다.

기원전 100년~서기 100년

로마의 '고전기': 루크레티우스(기원전 55년경 사
망), 카툴루스(기원전 54년경 사망), 키케로(기원

전 43년 사망), 베르길리우스(기원전 19년 사망),
호라티우스(기원전 8년 사망), 오비디우스(서기 17
년 사망), 리비우스(서기 17년경 사망), 마르티알
리스(서기 104년 사망), 타키투스(서기 120년 사
망), 유베날리스(서기 120년 사망).

기원전 66~기원전 63년
폼페이우스가 소아시아를 로마의 영향권에 편입시
키다.

기원전 59~기원전 50년
카이사르가 갈리아를 속주로 만들다.

기원전 56~기원전 55년
카이사르가 영국을 침략하다.

기원전 53년　　　크라수스가 파르티아에서 살해되다.

기원전 49~기원전 46년
카이사르가 폼페이우스를 내전에서 패배시키다.

기원전 44년　　　카이사르가 피살되다.

기원전 39년　　　로마 최초의 공공도서관이 건립되다.

기원전 31년　　　옥타비아누스가 마르쿠스 안토니우스를 내전에서
패배시키다.

기원전 27년　　　옥타비아누스가 아우구스투스황제가 되다.

기원전 27년~서기 1453
로마제국시대

서기 40년경　　　문법학자 렘미우스 팔라이몬이 활동하다.

서기 43년　　　클라우디우스가 영국을 제국에 편입시키다.

서기 68년　　　네로가 사망하다.

서기 79년	베수비오 화산이 분출하다.
서기 85년경	마르티알리스가 코덱스 형태의 시집을 내다.
서기 117년	트라야누스황제가 제국을 아르메니아까지 확장시키다.
서기 284년	디오클레티아누스가 동로마제국 황제로 즉위하다.
서기 312~337년	콘스탄티누스황제가 활약하다. 기독교를 국교로 지정하다.
서기 325년	비잔티움이 동로마제국의 수도 콘스탄티노폴리스가 되다.
서기 365년	훈족이 이끄는 게르만족이 제국을 침략하다.
서기 391년	테오도시우스가 기독교를 제외한 모든 종교를 금지시키다.
서기 395년	로마제국이 서로마제국과 동로마제국 두 자치국으로 갈라지다.
서기 404년	성히에로니무스가 불가타 성서를 내다.
서기 410년	로마 군단이 영국 땅을 떠나다.
서기 476년	서로마제국이 멸망하다.
서기 525년	소小디오니시우스가 기원전(BC)과 서기(AD) 체계를 발명하다.
서기 632~900년	이슬람교가 동쪽으로는 시리아와 인도, 서쪽으로는 아프리카와 스페인으로 전파되다.
서기 800년	샤를마뉴가 '신성로마황제'가 되다.
서기 1100~1300년	
	셀주크튀르크족이 로마에 도착하고, 1400년부터 오스만튀르크족이 근동을 침략하다.

| 서기 1423년 | 아우리스파가 그리스 필사본 238부를 들고 베네치아에 도착하다. |
| 서기 1453년 | 동로마제국이 멸망하다. |

그리스인들

기원전 1600~기원전 1100년	
	청동기와 궁전 문화시대. 선문자 B를 이용한 경제 활동 기록이 가능해지다.
기원전 1150년	호메로스가 상상한 도시 '트로이'의 시대적 배경.
기원전 1100년	그리스인들이 에게해 섬과 터키 서부로 이주하다.
기원전 800~기원전 580년	
	그리스인들이 지중해와 흑해 주변에 정착하다.
기원전 776년	최초의 그리스 올림피아제전(올림픽대회)이 열리다.
기원전 750년	이탈리아 남부와 시칠리아에 최초의 그리스인 정착지가 생기다.
기원전 700년경	호메로스가 『일리아스』와 『오디세이아』를 저술하다.
기원전 600년경	레스보스섬 출신의 여성 시인 사포가 활동하다.
기원전 594년	솔론의 개혁으로 귀족정이 와해되기 시작하다.
기원전 580년경	탈레스가 활동하다.
기원전 509년	클레이스테네스가 민주정을 창시하다.
기원전 500년경	헤라클레이토스와 파르메니데스가 활동하다.
기원전 491년	페르시아가 마라톤전쟁에서 패배하다.
기원전 480~기원전 323년	
	그리스의 '고전기': 아이스킬로스(기원전 456년 사망), 파르테논신전 건축(기원전 432년), 헤로도토

스(기원전 425년경 사망), 피디아스(기원전 430년
경 활동한 것으로 추정), 프로타고라스(기원전 420
년경 사망), 소포클레스(기원전 406년 사망), 에우
리피데스(기원전 406년 사망), 투키디데스(기원전
400년경 사망), 소크라테스(기원전 399년 사망), 아
리스토파네스(기원전 386년 사망), 플라톤(기원전
347년 사망), 아리스토텔레스(기원전 322년 사망)

기원전 480~기원전 479년

테르모필레, 살라미스, 플라타이아이에서 페르시
아인 침략자들을 패배시키다.

기원전 480년　시칠리아의 그리스인들과 카르타고인들이 싸우다
(히메라전투).

기원전 450~기원전 429년

페리클레스가 아테네 민회를 장악하다.

기원전 431~기원전 404년

아테네와 스파르타가 싸우다('펠로폰네소스전쟁').

기원전 399년　소크라테스가 처형되다.

기원전 350년　필리포스 2세 치하의 마케도니아가 부상하다.

기원전 347년　플라톤이 사망하다.

기원전 338년　필리포스 2세가 그리스 도시국가들을 패배시키다.

기원전 336년　필리포스 2세가 암살되다. 그의 아들 알렉산드로
스(대왕)가 즉위하다.

기원전 334~기원전 323년

알렉산드로스의 군대가 인도에 다다르다. 알렉산
드로스가 사망하다.

기원전 323~기원전 31년	
	'헬레니즘시대'
기원전 322년	아리스토텔레스가 사망하다.
기원전 300년	키프로스 출신의 제논이 스토아주의를 창시하다.
기원전 280년	에피쿠로스가 에피쿠로스주의를 창시하다.
기원전 280년경	프톨레마이오스 2세 치하에 알렉산드리아도서관 및 박물관이 건립되다.
기원전 260년	알렉산드로스의 '제국'이 분할되어 그리스인이 다 스리는 4개의 주요 왕국―프톨레마이오스 치하의 이집트, 셀레우코스/안티오코스 치하의 아시아 전역, 아탈로스 치하의 페르가몬(기원전 241년부터), 안티고노스 2세 치하의 마케도니아 ―이 되다.
기원전 215년	마케도니아의 필리포스 5세가 카르타고와 연합해 로마에 맞서다.
기원전 200년경	고대 원전 편집자인 비잔티온의 아리스토파네스가 활동하다.
기원전 170년경	문법학자 디오니시오스 트락스가 활동하다.
기원전 148년경	그리스가 로마의 속주가 되다.
서기 130년경	문법학자 아폴로니오스 디스콜로스가 활동하다.
서기 4세기	문법학자 도시테오스가 활동하다.

머리말

전통적인 고전학에서 언어와 문학은 절대 우위를 차지한다. "그리스인과 로마인 중에서 누가 더 앞섰나?"라고 묻는다면 문학에서는 그리스인이다. 그리스문학이 시간상으로 400여 년 먼저 나타났기 때문이다. 그리스문학—사실상 서양문학—은 터키 서부 연안 인근 어딘가에서 창작된 호메로스의 독보적인 두 서사시 『일리아스』와 『오디세이아』와 함께 시작되었는데, 그 시기는 보통 기원전 700년경으로 추정된다. 이어 탈레스 같은 초기 철학자들과 사포 같은 서정시인들이 등장한 고졸기archaic age(기원전 700~기원전 500)와 아이스킬로스, 소포클레스, 에우리피데스, 아리스토파네스, 헤로도토스, 투키디데스, 플라톤, 아리스토텔레스 등 유명한 위인들이 활동한 고전기classical period(기원전 500~기원전 323)를 지나며 그리스문학은 화려한 꽃을 피웠다.

한편 로마문학은 줄곧 이렇다 할 만한 작품이 없다가 기원전 2세기에 이르러 희극작가 플라우투스가 등장했다. 이후에도 지금까지 전해지는 작품은 거의 없으며, 공화정 시기인 기원전 1세기에 '1차 황금기'(루크레티우스, 카툴루스, 카이사르, 호라티우스, 베르길리우스, 리비우스, 키케로)가 도래하고, 이어 제국 시기가 열린 서기 1세기에 '2차 황금기'(오비디우스, 플리니우스, 세네카, 마르티알리스, 타키투스, 유베날리스)가 도래했다. 이 두 시기가 로마의 고전기이다. 유럽에서 글을 읽고 쓴다는 개념은 로마제국과 기독교 선교사들에 의해 처음 도입되었다.

오늘날 대부분의 현대인은 '고전학'을 여전히 그리스 고전기에 해당하는 (기원전 8세기 호메로스와) 기원전 5세기와 좀더 범위를 좁혀 기원전 4세기, 그리고 고전기 로마에 해당하는 기원전 1세기와 서기 1세기의 언어와 문학을 공부하는 것만을 떠올린다. 하지만 고전학도 여느 학문처럼 인간의 선택에 관한 문제(좀더 현학적인 표현으로는 '문화적 구성물')이며, 우리가 알고 있는 고전기 그리스와 로마 문학은 주로 고대인이 스스로 최고의 작품으로 여겼던 것들로 이루어져 있다. 당대에 좋은 평가를 받은 작품이 현재까지 전해질 가능성이 높은 것은 당연하니까.

하지만 오늘날의 고전학은 더이상 고대의 경계에 제약을 받지 않는다. 초·중·고교에서의 그리스와 로마의 언어, 문화, 역사 공부는 고전기 작품에 집중된 것이 사실이다(문화와 역사는 번역본으로 수업한다). 하지만 대학에서 다루는 언어와 번역 강의는 이 범위를 훨씬 넘어선다. 미케네문명과 미노아문명 그리고 그리스 초기 문자인 '선문자線文字 B'가 출현한 그리스 선사시대(기원전 1600~기원전 1100년경)부터 서로마제국이 멸망한 5세기와 동로마제국(비잔틴제국)이 로마의 명맥을 잇는 6세기까지 약 2000년을 아우른다.

다시 말해서 고전학자가 오늘날 다루는 주제의 범위는 과거 그리스인과 로마인이 규정했던 것보다 그 폭이 훨씬 더 넓다. 텍스트를 독해할 때도 원전이든 번역본이든 각 텍스트가 위치한 문화적 맥락을 강조함으로써 나날이 팽창하는 세계의 요구에 발맞추고 있다. 그 결과 '고전학 수용 연구'는 그 주제를 오늘날의 세계로 가져와 현대 작가—특히 소설가, 시인, 극작가—가 고대의 인물과 테마(특히 신화)를 자신의 특정한 문학적 목적에 맞춰 어떻게 활용하는지를 탐구할 뿐 문제의 고대 작품이 처한 역사적 맥락에는 이전만큼 큰 관심을 두지 않는다. 이것은 딱히 새로운 추세라고 할 수는 없다. 이미 셰익스피어도 똑같은 작업을 한 바 있다. 고전학자들은 언제나 그랬듯이 세상과 조응하며 자기 옷감을 알맞게 마름질하고 있다.

고전학: 어원

 '고전학자'를 뜻하는 영어 단어 '클래시스트classicist'가 오늘날 우리가 이해하는 의미로 처음 사용된 것은 1860년대로, 이는 고전학 전문가를 수학 등 다른 분야의 전문가와 구분하기 위해서였다. '고전'을 뜻하는 영어 '클래식스classics'는 라틴어 '클라시스classis'에서 유래했다. 클라시스는 처음에 로마의 여섯번째 왕 세르비우스 툴리우스(재위 기원전 578~기원전 535)가 징세 목적으로 나눈 다섯 개의 경제 집단 중 하나를 의미하는 말로 쓰였지만 나중에는 군사 목적으로 소집된 시민들 또는 징집 그 자체를 지칭하는 말로 뜻이 바뀌었다. 그 뒤에는 의미가 축소되어 일반적으로 '함대'라는 뜻을 지니게 되었다. 라틴어 '클라시쿠스classicus'는 '최상등급에 속한다'는 뜻이다. 이 단어가 처음 등장하는 문헌은 아울루스 겔리우스의 『아테네의 밤』이다. 겔리우스는 서기 180년경에 저술한 이 책에 철학과 역사에서 문법과 기하학에 이르기까지 다양한 분야에 관한 주석과 논평을 임의로이 모았다. 이 책에서 클라시쿠스라는 단어는 '권위 있는 저술가scriptor adsiduus', 즉 '[그런 저술가들 중] 초기에 웅변가나 시인으로 활동한 사람e cohorte illa antiquiore'을 뜻했다. '스크립토르 클라시쿠스scriptor classicus'(최상급 저술가)와 대조되는 말은 '스크립토르 프롤레타리우스scriptor proletarius'(하급 저술가)였다.

 현대사회에서 '고전'은 두 가지 의미를 갖는다. 고전이란 첫째, 과거의 모든 위대한 문학작품을 뜻하고 둘째, 고대 그리스와 로마의 문학작품을 뜻한다. 후자의 의미로 사용될 때 고전은 은연중에 엘리트주의나 특권층의 상징 같은 인상을 풍겨왔다. 마치 고대의 언어와 문학을 연구하는 일이 소수의 전유물인 것처럼 말이다.

고대 세계에 대한 오해

앤드루 에이머스Andrew Amos는 『상업적 교육에 대한 보조로서 고전학 교육의 이점에 관한 네 번의 수업Four Lectures on the Advantages of a Classical Education as an Auxiliary to a Commercial Education』(1846)에서 암스트롱 박사의 말을 인용했다. 암스트롱 박사는 '흥부의 힘을 키우는 훌륭한 방법으로 그리스어 암송을 추천'했다.

> 가슴을 울리는 호메로스의 시를 우렁차게 읽고
> 데모스테네스의 천둥을 휘둘러라.
> 이렇게 훈련된 가슴은 힘이 세지고
> 장까지 전달되는 빠른 진동은
> 피를 밀어 보낸다, 침체된 나날에
> 탄력 없는 혈관 어딘가를 배회하던 그 피를.

뭐, 그럴 수도 있겠다. 하지만 고전학 교육의 효용이란 게 정말 이런 것일까? 여기 이 주제에 대한 다른 의견도 있다. 영국의 역사가이며 정치가인 매콜리 경은 1835년에 인도에서 읽은 책을 기록했다.

아이스킬로스 2번, 소포클레스 2번, 에우리피데스 1번, 핀다로스 2번, 칼리마코스, 아폴로니오스 로디오스, 코인토스 스미르나이오스, 테오크리토스 2번, 헤로도토스, 투키디데스, 크세노폰의 거의 모든 저작, 플라톤의 거의 모든 저작, 아리스토텔레스의 『정치학』과 『오르가논 *Organon*』 상당 부분과 다른 작품 조금씩, 플루타르코스의 『영웅전』 전부, 루키아노스의 작품 절반 정도, 아테나이오스의 저작 2~3권, 플라우투스 2번, 테렌티우스 2번, 루크레티우스 2번, 카툴루스, 티불루스, 프로페르티우스, 루카누스, 스타티우스, 실리우스 이탈리쿠스, 리비우스, 벨레이우스 파테르쿨루스, 살루스티우스, 카이사르, 마지막으로 키케로. 사실 키케로는 조금 남았다. 하지만 며칠 안에 끝낼 것 같다. 요즘 아리스토파네스와 루키아노스에 깊이 빠져 있다.

하지만 매콜리 경은 이렇게 열렬히 탐독한 내용을 과연 얼마나 소화했을까? 많이는 아니었다. 매콜리 경이 아테네 웅변가들에 관해 쓴 다음의 산문을 보면 그는 이 글에서 시계를 거꾸로 돌려 우리를 '힘과 영광의 시대'의 아테네로 안내한다.

군중이 주랑현관을 에워싸고 있다. 모두 페이디아스가 프리즈를 놓는 엔타블레처(서양 고전 건축물에서 지붕과 기둥 사이에 놓이는 삼각 장식물로 코니스, 프리즈, 아키트레이브로 구성된다—옮긴이)를 기쁜 얼굴로 바라본다. 우리는 다른 거리로 향한다. 그곳에서는 어느 음유시인이 시를 읊고 있다. 사내들과 여인들, 아이들이 그를 겹겹이 둘러싸고 있다. 그들의 뺨에 눈물이 흘러내린다. 모두 시인에게 눈길을 고정한 채 숨소리조차 내지 않는다. 시인은 프리아모스가 어떻게 아킬레우스의 발아래 무릎을 꿇었으며, 자신의 많은 아들을 죽인 아킬레우스의 그 끔찍하고 살기어린 손에 입을 맞추었는지 이야기한다. 우리는 공공장소에 입장한다. 젊은이들이 한데 모여 몸을 앞으로 기울이고 있다. 눈빛은 초롱초롱하며 몸짓은 기대에 차 있다. 소크라테스가 이오니아 출신의 유명한 무신론자와 논쟁하던 중 그를 궁지로 막 몰아넣은 참이다. 그때 누군가 외친다. "프리타니스 납시오!" 민회가 열린다. 사방에서 사람들이 몰려든다. 개회가 선포된다. "누가 발언하겠소?" 고함과 갈채가 울려퍼지고, 페리클레스가 발언대에 오른다. 그런 다음 소포클레스의 연극이 상연된다. 이제 아스파시아와 저녁을 먹으러 간다. 오늘날의 대학 가운데 과연 이만큼 훌륭한 교육 체계를 갖춘 곳이 있을까.

　　마치 스파르타인들이 바이킹으로부터 로마제국을 수호하기 위해 율리우스 카이사르의 지휘 아래 당장에라도 들이닥칠 것만 같다(이를 본 샤를마뉴대제가 읊조릴 것이다. "저런, 마르코 폴로"). 한마디로 횡설수설이다. 페이디아스는 건축가가 아니라 조각가였다. 오늘날 오페라 가수들이 거리에서 노래하지 않듯이 이 당시의 음유시인들도 더이상 거리에서 시를 읊지 않았다. 철학자 소크라테스가 전도사라도 되는 양 그려졌지만 5세기 아테네에는 '무신론자'라는 개념 자체가 없었고, 소크라테스가 신의 존재에 대해 논했다는 『대화편』도 없다. 연극 축제 중간에 민회가 열리고, 소포클레스의 극이 마치 드루리 레인(영국 런던에 있는 왕립 극장―옮긴이)에서처럼 저녁 시간대에 올려지는 것 같다(실제로 공연은 경연 형태로 비극 3편과 소극笑劇 1편이 낮 시간대에 한차례 치러졌다). 고명한 아테네인 페리클레스가 버젓이 함께 있는데 그의 애인 아스파시아와 저녁을 먹으러 가다니 뺨이 얼얼해질 각오를 해야 할 터이다. 혹시 매콜리 경이 아스파시아가 매춘부이던 때(그런 소문이 있었다)를 말하는 것이 아니었다면 말이다.

편견

고전학 교육과 관련해 제기되곤 하는 불합리한 주장들이 암스트롱 박사와 매콜리 경의 글 같은 신비주의적이고 몰역사적인 이야기를 만들어내는 것이 틀림없다. 이제 그런 시절은 지나간 지 오래이다 싶은데도 이런 유의 주장이 자꾸만 되살아나는 것을 보면 다소 피로감이 느껴진다. 예전부터 나는 올바른 고전기 공부의 중요성에 관해 거듭 강조해왔다.

또다른 쟁점도 있다. 현대까지 전해지는 고대 문헌이 많고, 이것이 서구 최초의 문헌이기 때문에 어떤 사람들은 스스로 현대 세계에서 못마땅하게 여기는 사상이나 행동, 제도를 고대 문헌에서 발견하면 문제의 책임을 곧장 고대 세계로 떠넘기려고 한다. 하지만 책이—더군다나 고대의 책이—있어야 우리가 나쁜 짓을 배울 수 있는 것은 아니다. 혹시 누군가가 반사회적 목표를 정당화하기 위해 고대인들에게 의지한다면 그것은 그들의 자의적 판단일 뿐이다. 제국주의가 그 좋은 예인데, 사람들은 이 문제로 고대인을 탓하곤 한다. 하지만 로마시대의 제국주의화방식은 오늘날과 달랐다. 속주를 다스린 로마인 중 일부는 (244쪽에 인용된 키케로의 조언처럼) 매우 명예롭게 처신했고, 일부는 (시칠리아의 속주 총독 가이우스 베레스가 그랬듯이) 범죄를 저지르기도 했다.

사실 고대 세계의 훌륭한 모범들은 이상하게도 잘 언급되지 않는다. 서구의 고대 문헌에서 우리가 만날 수 있는 주제들을 임의로 열거해보자. 다음의 주제에서 유래했다고 여겨지는 현대의 결과물 중에는 그 기원을 나무랄 만한 것도 있고, 칭송할 만한 것도 있다. 이 목록은 몇 배로 늘어날 수 있을 것이다. 아카데미, 사후세계, 농업, 이타주의, 공명심ambition, 아나키즘, 선조, 동물, 건축, 미술 소장품, 예술, 금욕주의, 점성학, 천문학, 육상경기, 원자론, 생물학, 북풍, (지역 및 세계) 시민정신, 계급, 희극, 상업, 부패, 범죄, 책임주의culpability(아리스토텔레스: 우리는 선과 악 가운데 무엇을 행할지 스스로 결정할 수 있으므로 선과 악은 둘 다 동일한 원천, 즉 우리 자신에게서 나온다. 따라서 "악인에게 악에 대한 책임을 묻지 않는다면 선인에게도 덕을 갖출 책임을 물을 수 없다"), 관습, 견유학파, 춤, 죽음, 민주정, 식이요법(맞다. 현대의 다이어트 열풍은 모두 히포크라테스 때문이다), 주취drunkenness, 교육(수업에 관한 플루타르코스의 가르침: "그러니 허리를 곧게 펴고, 팔다리를 가지런히 모으고, 세심히 주의를 기울이라. 인상을 쓰거나 온몸을 비틀거나 졸거나 친구와 잡담해서는 안 된다"), 정서, 백과전서, 세상의 종말, 환경, 평등, 민족, 사치, 가문, 농사, 연회, 생선, 이방인, 용서, 운, 자유의지, 자유, 우정, 미래, 경기대회, 기하학, 혼령, 세계화, 신, 좋은 삶, 문법, 버릇, 천상, 쾌락주의hedonism, 지옥, 유전heredity, 영웅주의, 역사, 명예, 정전just war, 입법, 문예비평, 문학, 논리, 사랑, 광인, 마법, 혼인, 수학, 의학, 형이상학, 왕정, 신화, 자연, 비만, 노년, 과두정, 소아성애, 조국애, 평화, 철학(자연철학과 도덕철학), 식물, 기쁨, 시, 시인, 정치, 가난, 힘, 편견, 재산권, 매춘, 공공보조금, 형벌론, 강간, 이성적 사고(전제가 완전히 잘못되었을지라도), 신앙, 공화정, 보복, 수사학, 동성애, 교사, 바다, 성sex, 노예제, 사회, 시가song, 국가, 신분, 자살, 조세, 가르침, 관용, 무역, 비극, 반역, 폭정, 유용성, 힘의 행사, 전쟁, 물, 외국인 혐오증, 젊음.

우리 시대의 관심사, 즉 마르크시즘, 사회주의, 자본주의, 피해자성victimhood, 정체성 문제, 트랜스젠더 논쟁, 인종차별, 민족주의, 인권, 대량학살 등과 관련된 주제는 좀처럼 눈에 띄지 않는다. 물론 오늘날의 기준에서 볼 때 그리스인들과 로마인들은 분명 대량학살을 자행했다. 하지만 역사가들은 율리우스 카이사르나 스파르타인들 같은 고대인들이 그런 비난에 눈 하나 깜짝하지 않을 것을 잘 알고 있다. 반면 고대인들은 현대 여성들이 정치에 참여하고 밤낮을 가리지 않고 남자들과 자유롭게 거리를 활보하며, 자식을 낳을지의 여부를 스스로 결정하는 모습에 어리둥절해할 것이다. 우리가 고대인들에게 이런 우리 모습을 이해해달라고 주장할 수 있을까?

중요한 점은 이런 칭송이나 비난은 고대 세계나 현대 세계를 이해하는 데 조금도 도움이 되지 않는다는 사실이다. 이는 그저 사람들이 과거에 대해 배울 때 보이는 흔한 반응에 지나지 않는다. 실로 기적은 그 모든 유물—인간과 인간의 열정, 승리, 희망, 두려움, 옳고 그름, 강점과 약점에 관해 수천 년 전 고대인이 처음 느꼈던 감상들을 보여주는 그 모든 증거—이 우리 앞에 있다는 사실, 그것도 원래의 언어로 남아 있다는 사실이다.

오늘날 인류의 실패나 잘못에 대한 일말의 책임을 어느 특정 과거에서 찾고자 한다면 우리가 해야 할 질문은 단 하나이다. 그렇게 생각하는 확실한 근거가 있는가? 혹시 정말로 확실한 근거가 있다면 그때는 무엇을 하면 될까? 우리가 남들과 다르다는 위선적인 자기만족? 흔히 사람들은 고대인들이 호전적이었다고 비난하지만 고대인은 결코 우리보다 특별히 더 호전적이지 않았다. 전쟁은 지난 수천 년 동안 인간의 삶을 결정짓는 가장 강력하고 보편적인 힘 가운데 하나였다. 우리가 주목해야 할 대상은 전쟁이라는 현상 그 자체이다.

아무리 그렇다고 해도 우리가 비판적인 자세를 버리고 고대인의 세계관에 그냥 동의하기는 쉽지 않다. 중요한 것은 그들의 시선으로 세상을 보려고 시도해보는 것이다. 이것은 역사가의 과제이다. 그리고 이때 정신구조를 드러내는 중요한 증거로서 언어를 아는 것은 대단히 중요하다.

적어도 현재를 고찰하는 수단으로 고대인들을 이용하는 것은 우리에게 다양한 생각할 거리를 제공한다. 예를 들어 5세기 아테네 민주정을 현대 국가에 적용할 수 있을까? 1991년부터 나는 거의 매주 (요즘은 『스펙테이터』지의 기고를 통해) 고대인들이 오늘날의 문제점을 어떻게 이해하고 대응할지에 관해 380단어 이내로 최대한 정확하게 쓰기 위해 노력해왔다. 나는 독자들이 내 칼럼을 읽고 새로운 정보를 얻었을지, 교양을 쌓았을지, 재미있어 했을지, 황당해했을지 전혀 알지 못한다. 다만 지축이 눈에 띄게 이동하거나 하는 일은 벌어지지 않았다.

어느 학문 분야는 그 자체로 '좋거'나 '나쁠' 수 없다. 그렇게 만들 수 있는 것은 사람뿐이다. 우리는 멩겔레Mengele 박사(나치 친위대 장교이자 강제수용소 내과의사로 수감자를 대상으로 생체 실험을 했다—옮긴이)가 의학을 공부했다는 이유만으로 의학을 비난하지는 않는다. 어느 특정 학문이 약속할 수 있는 것은 그저 개인의 폭넓은—특히 지적인—성장이다. 이를테면 라틴어나 그리스어를 배우거나 배우지 않는 이유는 학습자(와 비학습자)의 수만큼이나 다양하다. 나는 1990년대 후반 『선데이 텔레그래프』와 『데일리 텔레그래프』(참고문헌 참조)에 게재한 두 강좌 'QED: 라틴어 수업'과 '유레카: 고대 희랍어 수업'으로 공부한 이들로부터 1000여 통이 넘는 편지를 받았다. 대부분 이 언어들이 자신에게 어떤 의미인지를 설명하는 편지였다. 나는 학생들에게 라틴어를 배우면 "영어 실력이 향상된다"라거나 "어휘에 관해 더 잘 알게 된다"는 따위의 주장을 펴지 않는다. 사실 '정답'은 없다. 독자들이 라틴어와 그리스어 공부로 얻는 것도 마찬가지이다. 좋으면 하고 싫으면 그만두면 되는 것이다.

고전학자들을 답답하게 만드는 것은 고전학을 배우지 말아야 하는 이유로 제시되는 잘못된 근거들이다. 하나는 고전학이 엘리트주의적이라는 생각이다. 하지만 어떤 학문 자체가 엘리트주의적일 수 있을까? 누군가는 '현재와 동떨어져 있다'는 것을 이유로 든다. 하지만 고전학이 왜 '현재와 동떨어져 있다'는 것일까? 만일 '과거'가 현재와 동떨어진 것이라면 우리는 역사학을 포함한 모든 인문학에 작별을 고해야 할 것이다. "그것들은 죽은 언어잖아요"라고 말하는 이들도 있다. 아니, 이 언어들은 불멸한다. 이 언어들은 죽지 않았고 그저 발화되지 않을 뿐이다. 그것을 이유로 죽었다고 한다면 이는 제프리 초서(중세 영국 시인-옮긴이)나 셰익스피어의 문학이 죽은 작품이라고 말하는 것과 다르지 않다. "배울 때 너무 오래 걸린다"라고도 이야기한다. 하지만 이것은 오로지 '배운다'에 어떤 의미를 두느냐에 달려 있다. 예를 들어 물리학을 '배우는' 데 걸리는 시간은 얼마나 될까? 누군가는 물리학에 평생을 바치듯이 누군가는 그리스어에 평생을 바치기도 한다. 어떤 사람은 2주짜리 여름 집중 과정에서 그리스어를 배우고 바로 그리스어로 쓰인 신약성서를 강독하기도 한다.

이 같은 주장들은 하나같이 근거가 빈약하기 이를 데 없으며 거짓말에 가까운 구차한 변명일 뿐이다. 차라리 "무슨 말인지 잘 모르겠다", "차라리 그 시간에 다른 걸 하겠다", "어학은 지루하다", "언어에 소질이 없다", "역사에 관심 없다" 등의 솔직한 표현이 훨씬 낫다.

물론 아일랜드 자치법에 대한 윌리엄 글래드스턴의 관점을 주제로 그리스어로 시를 쓸 줄 안다고 해서 백만장자나 수상이 될 수 있다고 생각하는 시대는 지났다. 하지만 나는 우리가 아직도 과거에 머물러 있는 듯하다. 기원전 399년 그리스의 철학자 소크라테스를 죽음에 이르게 한 편견이 우리 지성과 문화의 역사에서 여전히 중요한 부분을 차지하고 있는 것만 같다. 우리 지성과 문화의 역사는 해가 거듭될수록 중요성을 더해가는 데 말이다.

인간의 경험

위대한 과학자 마이클 패러데이가 전자기에 관한 설명을 마치자 글래드스턴은 이렇게 질문했다고 한다. "그런데 그건 어디에 쓸모가 있죠?" 패러데이는 자신도 잘 모르겠지만 언젠가 글래드스턴이 그것에 세금을 부과할 수 있는 날이 올 것이라고 대답했다. 고전학자 글래드스턴은 유용성에 관해 질문했지만 과학자 패러데이는 그 질문에 제대로 답변하지 못했다. 역사 속의 이 전형적인 대화는 우리에게 의미하는 바가 크다.

갈릴레이의 망원경부터 레이저 망원경에 이르기까지 연구자가 정상 시력이 허용하는 것보다 훨씬 더 멀리까지 볼 수 있게 하는 기술이 개발되기 전까지 과학은 거의 항상 '쓸모없는' 것으로 여겨졌다. 그리스의 철학자 소크라테스는 젊은 시절 우주의 본성과 기원에 대한 질문으로 가슴이 뛰곤 했지만 나중에는 그것들이 중요하지 않다는 결론에 도달했다고 말했다. 그에게 정말 중요한 질문은 '어떻게 살아야 하는가?'였던 것이다. 14세기의 시인이자 학자였으며 르네상스의 아버지라 불리는 프란체스코 페트라르카는 소크라테스와 같은 입장을 취했다. 페트라르카는 더할 나위 없이 명료한 글로 학문적으로 자신과 반대편에 서 있는 이를 조롱하며 다음과 같이 이야기했다.

> 그는 짐승과 새와 물고기에 관해 할 말이 많다. 사자의 갈기가 모두 몇 가닥인지, 새의 꼬리에 깃털이 몇 개인지, 조난된 선원을 휘감은 오징어의 다리가 몇 개인지, 코끼리는 후위로 교미하며 코끼리의 태아는 자궁에 두 해 동안 머문다는 사실까지…… 하지만 묻고 싶다. 짐승과 새와 물고기와 뱀의 본성을 아는 것이 과연 어디에 유용한가? 인간의 본성, 우리가 태어난 목적, 우리가 순례를 떠날 시간과 장소를 모르고 있거나 심지어 등한시하는 것은 과연 어디에 유용한가?
>
> 프란체스코 페트라르카, 『자신의 무지에 관하여』

하지만 페트라르카가 취한 이분법적 태도는 잘못된 것이다. 우리가 짐승과 새에 관해 안다고 인생의 의미에 대해 질문할 수 없는 것은 아니지 않은가. 더욱이 과학과 기술은 우리가 더욱 풍족하게 살 수 있고, 세상을 더욱 잘 이해할 수 있는 방식으로 발전했다. 우리는 과학과 기술을 무시하며 살 수 없다. 사실 우리는 그 어느 때보다 지적으로 가슴 설레는 시대에 살고 있다. 이 시대가 가슴 설레는 이유는 변화의 보폭이 넓고, 많은 것을 약속하며, 변화와 수반되어 나타나는 문제들이 빠른 응답을 요구하기 때문이다. 또한 오늘날의 정보통신은 인류 역사상 처음으로 만인에게 열린 토론을 가능하게 한다. 우리 사회는 무엇을 하든 지적으로 정체되지 않을 것이다.

그러나 지적 혁명으로부터 촉발된 윤리적·철학적·인간적인 문제들은 쉽게 사라지지 않는다. 아니, 오히려 배가된다. 삶을 영위할 최선의 방법은 무엇인가라는 질문의 답도 여전히 찾지 못했다. 하지만 모두가 페트라르카처럼 종교적 관점에서 답을 구하거나 형이상학적 여정을 떠나야 하는 것은 아니다. 가치 있는 삶—개인적으로 풍요로우며 타인에게 보탬이 되는 삶—을 사는 것 역시 지적인 개념화 작업 못지않게 합당한 것이기 때문이다.

누군가는 (의료와 환경 분야를 제외한) 일체의 기술 개발에 실질적인 모라토리엄을 선언해야 한다고 주장할지도 모른다. 이제까지 인간의 성찰이 부족했음을 반성하고 과학 발전이 인간의 삶의 우선순위와 조화를 이루게 해야 한다고 말이다. 하지만 나는 절대 여기에 동의하지 않는다. 우리는 우리 앞에 놓인 문제를 해결해야 한다. 우리는 우리의 한계를 넘어서며 성장한다. 공적인 문제에는 공적인 해법이 필요하지만 삶의 가치에 관한 질문의 답은 개인만이 찾을 수 있다.

이럴 때 우리는 얻을 수 있는 도움을 모두 동원해야 한다. 인간의 조건에 대한 이해가 깊어질수록 우리 삶이 더욱 풍요롭고 만족스러워진다는 것은 나에게 더할 나위 없이 분명한 사실로 보인다. 만일 이 말이 옳다면 과거의 통찰을 내동댕이치는 것은 참으로 어리석은 일이 아닐까. 물론 그리스의 철학자 플라톤이 우리 문제를 모두 해결해줄 수는 없다. 어쩌면 하나도 해결해줄 수 없을지도 모른다. 예를 들어 플라톤이 품은 유토피아적 이상에 따라 사회를 엄격하게 세 부류—철인왕哲人王, 군인, 나머지—로 구분한다면 우리는 심각한 상황에 처하고 말 것이다. 중요한 것은 그것이 아니다. 우리는 오로지 단 한 번의 짧은 삶을 영위하며 그 안에서 이렇게 많은 것을 경험할 수 있다. 역사는 수천 년의 세월 동안 인간이 글을 읽고 쓸 줄 알았던 모든 시대와 사회에서 경험한 것을 한 접시에 담아 우리에게 내놓는다. 우리는 그저 이 접시로 손을 뻗어 그것을 취하기만 하면 된다.

5세기 그리스의 역사가 헤로도토스는 이번에도 옳았다. 헤로도토스는 그리스와 페르시아 간의 전쟁(기원전 490~기원전 479)을 기록한 뛰어난 역사책의 서문에 다음과 같이 썼다.

할리카르나소스[터키 서해안]의 헤로도토스는 훗날 인간의 업적이 망각되거나 그리스인과 비非그리스인 모두의 위대하고 경이로운 행적이 기록되지 않고 지나가는 일이 없도록

이 역사서를 썼다…….

헤로도토스, 『역사』, 1.1

과거든 현재든 우리 앞에 펼쳐진 위대함과 경이로움은 실로
무궁무진하다.

제1장

고전기와 만나다

기원전 700년부터 서기 500년까지

에트루리아인

고대사는 흔히 조각난 이야기로 배운다. 이 장의 목표는 좀더 중요한 조각들을 추려 엮는 데 있다. 그리스인이 로마인보다 '앞섰다'는 이유로 그리스인으로 시작하는 전통이 있지만 나는 로마인으로 시작해보고자 한다.

일단 로마 원주민—테베레강 어귀 약 37킬로미터 상류에 위치한 울퉁불퉁한 화산 지역인 라티움Latium(그래서 그들의 언어가 '라틴어'가 되었다)의 도시 '로마'에 거주하던 보잘것없는 소규모 민족—을 이탈리아 내 다른 지역에 거주하던 (명백한) 비非로마인 부족들과 확실히 구분하는 것이 중요하다. 이 작은 도시는 훗날 당시 알려진 세계의 대부분, 즉 동쪽으로 오늘날의 이란까지 이르는 광대한 영역을 지배하며 인도·중국과도 통상 관계를 맺게 된다.

비로마인 부족들 중 에트루리아인이 있다. 기원전 8세기에 이탈리아에서 단연 최강의 민족으로 꼽혔던 그들의 영토는 로마의 남쪽에 자리한 살레르노에서 북쪽으로 거의 알프스산맥까지 뻗어 있었다. 로마인은 이들을 투스키족 또는 에트루스키족(지명 '에트루리아'와 비교)이라고 불렀다. 에트루리아인은 그리스인과 상업적·문화적으로 활발히 교류했다. 그리스인들은 이미 기원전 8세기부터 이탈리아 남부와 시칠리아에 식민지를 두고 있었다. 에트루리아는 초기 로마에 정치적·문화적(특히 종교)으로 분명한 영향을 끼쳤고, '로마 Roma'라는 이름 역시 에트루리아어에서 유래했다. 로마의 초대 왕들(기원전 753년 로마 건국 이후)도 에트루리아에 연계되어 있었던 것 같다.

공화국 건설

로마가 강대국으로 떠오르기 시작한 것은 기원전 509년 에트루리아 출신 왕 타르퀴니우스 수페르부스('오만한'이라는 뜻)가 축출되고 나서부터이다. 왕의 아들 섹스투스 타르퀴니우스가 로마의 귀족 여성 루크레티아를 강간해 촉발된 사건이었다. 로마의 역사가 리비우스의 『로마사』 1권은 늑대 젖을 먹고 자란 쌍둥이 로물루스와 레무스, 능욕당한 루크레티아, 타르퀴니우스를 다시 옹립하려는 에트루리아 출신 왕 라르스 포르세나를 저지하기 위해 다리를 지킨 호라티우스, 로마인들이 주변 지역에서 사비니족 여자들을 납치한 사건 등 이 시기를 배경으로 한 흥미진진한 이야기로 가득하다.

공화정(라틴어 '레스 푸블리카res publica'는 '공동 소유물, 업무, 사업'이라는 뜻이다)은 수백 년에 걸쳐 서서히 발전했으며, 로마의 최고 부족장들(예전에는 왕의 조언자였고, 이제 원로원을 구성하는 파트리키 귀족들)과 더불어 시작되었다(고 로마인들은 믿었다). 원로원은 새로운 최고위 선출직 관리들(집정관 같은 정무관들)의 자문기관이었다. 역사가 리비우스는 이들은 평민의 이익에 따라 움직이지 않았지만 시간이 지남에 따라 원로원과 평민이 완전한 정치적 통합이 이루어졌다고 논평했다. 평민은 모든 로마인에게 적용되는 법을 제정하는 그들만의 민회를 갖게 되었고, 모든 정무직에 임명될 수 있는 자격도 획득했다.

로마의 팽창

로마는 기원전 5세기부터 남진과 북진을 거듭하며 지역 부족들과 때로는 동맹을 맺거나 때로는 멸망시키면서 세력을 확장해나갔다. 로마는 기원전 270년까지 이탈리아 전역을 장악했으며, 기원전 1세기에 라틴어는 이탈리아 본토에서 '링구아 프랑커 'lingua franca', 즉 공통어가 되었다. 이 시기 로마는 놀랍게도 북아프리카의 도시 카르타고와 다양한 동맹관계를 맺고 있었다. 카르타고는 기원전 509년(당시 카르타고는 그리스와 이해관계가 있는 시칠리아와 사르데냐에 거점을 두고 있었다), 348년, 306년, 279년 로마가 이탈리아 전역으로 세력을 확장해가는 모습을 주시했다. 카르타고와 로마는 협력관계를 유지했는데, 주로 해상무역이나 시칠리아 같은 지역에 그리스와 에트루리아가 개입하는 것을 공동으로 저지하기 위해서였다.

하지만 일이 항상 순조롭게 진행되지는 않았다. 기원전 390년 이탈리아 동북부에 소규모로 거주하던 갈리아족(오늘날의 프랑스 지역 출신)이 로마를 약탈하는 일이 발생했다(로마인들은 이 무시무시한 부족이 이동할 때마다 두려움에 떨곤 했다). 이탈리아의 삼니움족 역시 굴복시키기가 만만치 않았다.

그럼에도 불구하고 로마는 바로 이 시기에 강력한 시민군을 양성하는 동시에 로마에 패배한 부족들이 정치적·상업적·사회적으로 로마 편이 되게 만들 탁월한 외교술을 발전시켰다.

'피로스의 승리'

기원전 280년 이탈리아 동남부 깊숙이 자리한 그리스 식민도시 타렌툼은 그리스 서북부의 피로스왕에게 바다를 건너와 로마의 팽창을 함께 저지하자고 도움을 청했다. 피로스왕은 일부 성공을 거두었지만, '피로스의 승리'(Pyrrhic victory는 지나치게 많은 대가를 치른 승리를 가리키는 표현―옮긴이)가 수차례 이어지자(그는 "승리가 이런 것이라면 누가 이기고 싶겠는가?"라며 한탄했다) 마침내 그리스로 돌아가버렸다. 로마가 감히 범접할 수 없는 막강한 신흥세력으로 부상했음을 알리는 신호탄이었다.

포에니전쟁

로마는 북아프리카의 카르타고를 상대로 포에니전쟁을 치렀다. 포에니전쟁은 기원전 146년 3차에 걸쳐 치러진 뒤 비로소 끝이 났고, 로마는 이 전쟁으로 국제 무대에 진출했다. 로마군은 오늘날의 지명으로 시칠리아, 아프리카, 알바니아, 프랑스, 스페인, 그리스, 터키에서 전투를 치렀고, 그 결과 시칠리아, 사르데냐, 스페인, 아프리카를 첫 속주로 만들었다. 이후 로마공화정이 몰락하고 제국시대가 열린 약 200년 동안 로마의 침략 행위는 멈추지 않고 계속 이어졌다.

카르타고는 기원전 9세기에 페니키아인이 세운 정착지였다. 이 전쟁이 영어로 '퓨닉Punic'이라고 불리는 이유는 '페니키아인'을 일컫는 그리스어 '포이니케스Phoinikes'를 로마인이 '푸니키Punici'로 음차했기 때문이다(한국어 '포에니'는 또다른 라틴어식 표기 '포에니쿠스Poenicus'에서 유래한 것으로 보인다―옮긴이).

시칠리아 정복을 둘러싸고 일어난 1차전은 기원전 241년 로마의 승리로 끝났고, 그 결과 시칠리아는 로마의 첫번째 속주가 되었다.

로마인들은 이 전쟁을 통해 바다에서 경험이 풍부한 적과 싸우며 해상전투 기술을 익혔다. 제1차 포에니전쟁이 발발할 당시 로마인들은 해상전 경험이 거의 전무했던 반면, 상대편 카르타고는 양쪽에 노가 무려 5단으로 배치된 거대한 갤리선을 보유하고 있었다. 로마군은 어느 날 좌초된 적선을 본떠 놀랍게도 불과 60일 만에 4단 노선 100척, 3단 노선 20척을 건조했다(나중에는 45일 만에 220척으로 구성된 함대를 제작했다!). 노잡이들은 마른땅에 긴 의자를 두고 앉아 모의 훈련을 받았다. 기술적인 면에서는 카르타고인들과 상대가 되지 않았으므로 로마인들은 적선을 들이받는 새로운 전술을 개발했다. 뾰족한 징이 박힌 건널 판을 적선에 박아 두 배가 단단히 고정되면 로마 병사들이 그 건널 판을 타고 적선으로 몰려들어가 그곳에서 바다 위 육상전을 벌이는 전술이었다.

제2차 포에니전쟁은 기원전 218년에 발발했다. 카르타고의 한니발 장군은 복수심을 불태우며 스페인에 기지를 세웠고, 널리 알려져 있듯이 코끼리까지 동원한 군대를 이끌고 알프스산맥을 넘어 이탈리아로 남하했다. 그의 목표는 로마의 굴레에서 벗어나도록 이탈리아 부족들을 부추김으로써 로마의 세력을 무너뜨리는 것이었다. 한니발은 초기에 트라시메노전투(기원전

217)와 칸나에전투(기원전 216)에서 빛나는 승리를 거두었지만 그 기세를 끝까지 이어가지는 못했다. 이때 로마의 장군 푸블리우스 코르넬리우스 스키피오 '아프리카누스'가 스페인에서 카르타고에 선제공격을 가했고, 이어 기원전 205년에는 아프리카에서 공격을 감행했다. 한니발은 어쩔 수 없이 북아프리카로 돌아왔고, 기원전 202년 자마전투에서 패배했다. 기원전 197년 스페인은 로마의 속주가 되어 둘로 나뉘었다.

로마는 한니발을 꺾은 이때를 '가장 좋았던 때'로 여겼다. 한니발로부터 교훈을 얻기도 했다. 로마는 한니발을 상대하면서 대규모 시민군을 동원했는데, 이후 지중해를 장악한 절대 세력으로 부상하면서 이 시민군을 상비군으로 전환했다. 그런 다음 서쪽의 발칸반도로 눈을 돌렸다(기원전 229~기원전 219). 예전부터 발칸반도 사람들은 아드리아해에서 로마의 해상운송을 방해하던 터였다. 신이 로마인을 도왔는지 이 발칸반도 지역은 나중에 로마가 마케도니아(그리스 북부)를 상대로 전쟁을 벌일 때 로마에 유용한 역할을 했다. 마케도니아 왕 필리포스 5세는 포에니전쟁 당시 로마의 세력이 코앞까지 닥쳐온 것을 깨닫고 한니발 장군을 열렬히 지원한 바 있었다. 발칸반도 과업은 훗날 109년에 로마 황제 트라야누스가 완수했다.

이쯤에서 한 가지 짚고 넘어가야 할 것이 있다. 로마는 전투에서 잔인하기로 유명했고, 이는 로마의 핵심적인 성공 요인이었다. 하지만 로마가 특히 비정상적이었다고 할 수는 없다. 로마가 상대한 모든 적은 전투에서 정확히 똑같은 사고방식을 보였기 때문이다. 로마가 성공한 주된 이유는 숙련된 군대, 어마어마한 군사 동원력, 미래의 승자를 일찌감치 알아본 충성도 높은 우방들에 있었다. 로마에게 크나큰 패배를 안겨라, 반드시 응분의 대가를 치르리라.

우리 이야기는 이제 다시 초기 그리스로 돌아간다.

로마 부흥 이전의 그리스: 지중해의 식민지화

청동기시대 그리스 세계는 성벽 도시와 강력한 성채가 특징을 이루는 미케네나 필로스 같은 궁전 문명이었다. 이 시대는 아직도 완전히 설명되지 않은 어떤 이유로 기원전 1100년경 막을 내렸다. 이즈음 본토에 거주하던 그리스인 다수가 동쪽으로 이주해 에게해 제도 및 소아시아(오늘날의 터키)의 서해안 일대에 정착했다.

그러다가 기원전 8세기 무렵 그리스어 사용자들이 그리스 본토를 떠나 서쪽으로 이동했다. 처음에는 케르키라(그리스 코르푸)로, 이어 이탈리아 남부 나폴리 인근에서 시작해 시칠리아(앞에서 언급했듯이 카르타고는 이미 이곳에 거점이 있었다)까지 흩어졌다. 그 이유는 아마도 토지 부족 때문이었거나 교역 거점을 세우거나 더 나은 농경지를 찾고자 하는 소망에서였던 것 같다. 나중에 이들 지역은 '마그나 그라이키아Magna Graecia'

(대★그리스)로 총칭되었다. 기원전 700년경 시인 호메로스는 트로이전쟁과 오디세우스의 귀향을 소재로 2편의 웅장한 서사시(각각 『일리아스』와 『오디세이아』)를 저술했는데, 두 작품 모두 500여 년 전의 이 '궁전' 문명을 배경으로 삼았다. 다만 이 작품들이 역사적으로 얼마나 정확하게 쓰였는지는 확실히 알 수 없다.

기원전 630년경 그리스인들은 북아프리카 키레네로 이주했으며, 기원전 600년부터는 오늘날의 프랑스 마르세유(마실리아)와 스페인 동북부 암푸리아스(엠포리온, '무역상 마을'이라는 뜻)까지 이주했다. 얼마 후 소아시아에 남은 정착지마저도 북쪽 비잔티움으로 이동했고, 더 멀리는 다르다넬스해협을 건너 흑해(북쪽의 크리미아반도 및 남쪽의 터키 트라브존)까지 진출했다. 그리하여 기원전 580년경 그리스어 사용자들은 플라톤의 생생한 표현처럼 '연못가 개구리들처럼' 지중해와 흑해 연안 전역에 흩어져 있었다.

근동 그리고 그리스의 업적

이 시기에 그리스의 지적·예술적·문학적 성취의 기틀이 마련되었다. 이는 비단 그리스 본토에서뿐만 아니라 그리스가 점령한 에게해 도서 지역, 소아시아 연안, 마그나 그라이키아에서도 마찬가지였다. 호메로스(기원전 700년경)는 소아시아 서부

해안 지역 출신이고, 시인 사포(기원전 600년경)는 레스보스섬 출신이었다. 철학자들 중 탈레스(기원전 585년경)는 오늘날의 터키 서해안 밀레토스 출신이고, 헤라클레이토스(기원전 500년경) 역시 터키 서해안에 위치한 에페소스 출신이며, 피타고라스(기원전 510년경)는 사모스섬, 파르메니데스(기원전 460년경)와 제논(기원전 450년경)은 엘레아(이탈리아 남부), 엠페도클레스(기원전 450년경)는 오늘날의 시칠리아 아그리젠토에 해당하는 아크라가스 출신이었다.

이 동부 그리스인들의 사유에 근동 지역의 위대한 문명들이 지대한 영향을 끼쳤다는 점은 간과되어서는 안 된다. 기원전 8세기 그리스인은 페니키아인(대략 오늘날의 레바논 자리에 거주했다)의 언어를 기초로 세계 최초의 자음과 모음 알파벳을 개발했고, 이 알파벳으로부터 라틴어 알파벳과 영어 알파벳 등 세계 대부분의 알파벳이 파생되었다. 이 알파벳이 있었기 때문에 호메로스의 서사시가 탄생할 수 있었으며, 서구 최초의 서정시—특히 사포의 시—가 기록될 수 있었다. 실로 굉장한 의미를 지니는 시기이다.

또한 그리스와 근동은 철학뿐만 아니라 문학에서도 연결되어 있었다(이 주제에 관한 M. L. 웨스트West의 기념비적 저작 『헬리콘의 동쪽 얼굴The East Face of Helicon』 참조). 고대 메소포타미아의 왕 길가메시(기원전 2600년경) 서사시와 호메로스의 『일리아스』와 『오디세이아』의 연관성을 밝히는 글은 무수히 많다. 사포의 가장 유명한 시 중 하나는 어느 여인을 보고 경험한 신체적 증상을 다음과 같이 나열한 것이다.

> 말로 다 표현할 수 없어라,
> 혀가 굳고, 미세한 불길이
> 살갗 밑을 타고 흐르며,
> 아무것도 눈에 보이지 않고, 귀가 윙윙거리고
> 땀이 쏟아지고, 전율이
> 내 전신을 감싸, 풀보다 퍼렇게
> 질린 나는 이미 죽은 것이나 다름이 없으니.

사포, 31.7–16

다음의 바빌로니아 시에는 사악한 악령으로부터 벗어나길 기도하는 화자가 등장한다.

> 눈알이 붉거졌지만 아무것도 보이지 않고 귀가 열렸지만 아무것도 들리지 않고,
> 전신이 허약에 사로잡혔으며,
> 몸뚱어리에 거센 일격이 가해져,
> 팔이 뻣뻣하게 굳고 쇠약이 무릎을 덮치고,
> 다리가 걷는 법을 잊어버리고,

[마비]가 나를 덮치니, 나는 쓰러져 숨쉬지 못하네.
죽음의 징후가 내 얼굴에 구름을 드리운다.

M. L. 웨스트, 『헬리콘의 동쪽 얼굴』(527쪽)

두 시가 비슷한 것은 단지 우연일까? 웨스트는 "유사한 구절을 족히 대여섯 군데 더 인용할 수 있다"고 언급했다.

도시국가와 '고전기' 그리스

이 시기의 그리스는 결코 정치 단일체가 아니었음을 강조할 필요가 있다. 아테네, 스파르타, 코린토스, 테베 등 기원전 8세기 귀족층을 기반으로 발전한 개별 도시국가들은 자유롭고 긍지 있고 자치적이고 경쟁이 심했으며 좀처럼 다툼을 멈추지 않았다. 이 도시국가들이 일치된 모습을 보인 것은 모두 그리스어 방언을 사용하고 대부분 같은 신을 모신다는 점뿐이었다.

또한 우리가 '고전기 그리스'로 알고 있는 것은 사실 그리스가 아닌 아테네 도시국가이다. 흔히 이런 착각을 하는 이유는 다량의 아테네 도시국가의 문헌이 오늘날까지 전해지기 때문이다. 초기 그리스 사상가들과 동부 지역 예술가들의 작업은 4세기에서 5세기에 창조적이고 세련된 형태로 발전했는데, 아테네는 이 위대한 문화적 도약의 발상지였다.

쉽게 떠올릴 수 있는 이 시기의 인물들로 헤로도토스(터키 서부 보드룸—그리스 이오니아—출신으로 이집트 예찬론자였다), 아이스킬로스, 소포클레스, 투키디데스, 에우리피데스, 히포크라테스(코스섬 출신), 소크라테스, 페이디아스, 플라톤, 아리스토텔레스(그리스 북부 스타게이로스 출신)를 들 수 있다. 이 문화적 '도약'이 일어난 근본적인 이유는 여전히 불분명하다. 하지만 기원전 508년 아테네의 클레이스테네스가 철저한 의미에서의 민주정을 창시한 것(제4장 참조)과 기원전 490년에서 기원전 479년 그리스가 페르시아 침략군을 무찌른 일(페르시아전쟁)이 추동력을 제공했음은 분명하다. 아테네가 주도적 역할을 한 페르시아전쟁은 스페인 무적함대의 패배에 견줄만큼 문화적으로 의미심장한 사건으로 간주된다. 이후 해상 강국으로 떠오른 아테네는 에게해 제국을 지배할 함대를 구축했고, 이는 아테네인들에게 막대한 부와 명성을 가져다주었다. 이때 지어진 건물이 파르테논신전으로, 아테네를 습격한 페르시아인들이 불태운 신전을 대신해 세운 것이었다.

기원전 480년에서 기원전 276년까지 그리스와 카르타고는 시칠리아를 두고 무려 여덟 차례 넘게 충돌했다. 최초의 충돌(히메라전투)은 기원전 480년 살라미스전투(테르모필레의 전투라고도 한다)와 같은 날 발생했다고 전해진다.

스파르타에서 알렉산드로스대왕까지

하지만 아테네의 영광은 오래가지 못했다. 당대 역사가 투키디데스가 위대한 저작『펠로폰네소스 전쟁사』에 기록한 바에 따르면 기원전 431년 스파르타와의 전쟁이 발발해 무려 27년간 지속되었다. 아테네는 재정난을 타개하기 위해 시칠리아 정복을 시도했지만 실패했고, 이 전쟁은 기원전 404년 아테네의 패배로 막을 내렸다. 이후 한동안 그리스 전역에서는 내전 상태가 지속되었고, 간혹 세력의 균형을 유지하기 위해 페르시아를 끌어들이기도 했다.

이 모든 것은 이웃나라 마케도니아의 왕 필리포스 2세가 남진해 아테네를 정복하면서 끝이 났다. 필리포스 2세가 이끈 군대는 전투방식이 새롭고 기동력이 좋았으며, 직업군인들로 구성되어 있었다. 기원전 338년 그리스의 자유로운 도시국가들을 제압해 그리스 본토의 주인이 된 필리포스 2세는 수하의 총독들을 배치해 자신에게 우호적인 정권의 도움을 받아 그리스를 다스렸다.

필리포스 2세는 이제 페르시아(오늘날의 이란)로 눈을 돌렸다. 그는 기원전 490년에서 기원전 479년 페르시아전쟁에 대한 복수를 빙자해 그리스 국가들에게 이 전쟁에 참여할 것을 촉구했다. 필리포스 2세는 다르다넬스해협 건너 페르시아 영토로 사절단을 보내기도 했지만 기원전 336년에 암살당했다. 그의 아들 알렉산드로스대왕(당시 20세)은 자신이 이 과업을 완수하겠다고 결심했다.

알렉산드로스의 정복 사업

그리스인은 흔히 마케도니아인을 교양 없고 천속하다 여겼고 알렉산드로스는 자신이 얼마나 훌륭한 그리스인인지 반드시 보여주리라 마음먹었다(알렉산드로스의 영웅은 호메로스의 아킬레우스였고, 그는 다름아닌 아리스토텔레스로부터 한동안 직접 가르침을 받았다). 기원전 334년 알렉산드로스는 부왕의 복수전 깃발을 들고 출정에 나서 눈에 띄는 모든 것을 쓸어버리며 이집트로 진군했고 이어 터키, 이라크, 이란까지 가로지르며 그리스 식민도시를 건설했다. 알렉산드로스는 그리스 문화를—또는 최소한 그리스 군대를—아프가니스탄, 파키스탄, 카슈미르까지 전파했다. 사실상 알렉산드로스의 식민'도시들'(일부 고대 사료에는 70여 곳이라고 기록되어 있지만 실제로는 총 9곳 정도였을 것으로 추정된다)은 적대 지역에 요새화된 전초기지에 배치한 것이나 다름없었다.

하지만 이 승리는 오래가지 못했다. 알렉산드로스는 이번에는 아라비아의 재물을 노리고 동방에서 돌아오는 길에 병이 들어(아니면 독살된 것일까?) 기원전 323년 바빌론에서 숨을 거두었다. '고전기'가 끝나고 '헬레니즘기'가 시작된 순간이다. 그렇지만 알렉산드로스의 원정이 낳은 주된 결과는 그리스인들이 이제 저멀리 파키스탄에까지 이르는 광활한 동방 지역에서도 이익을 취하게 되었다는 것이다. 이렇게 얻은 재물은 이후 300년에 걸쳐 서서히 잃어버릴 테지만 말이다.

이 무렵 그리스인 피테아스는 지금의 영국 땅(피테아스는 이곳을 '프레탄니케Pretannike'라고 불렀는데, 이는 '브리타니아Britannia'의 어원이다)을 일주했다. 피테아스는 일주를 마치고 돌아와 세상의 남동쪽 모서리가 '칸티온Kantion'이라 불린다고 알려주었다. 이곳이 오늘날의 영국 켄트주州이다.

왕좌의 게임

알렉산드로스는 원정 중, 자신이 정복한 지역에 휘하의 마케도니아 장수를 한 명씩 지목해 그곳의 통치를 맡겼다. 기원전 323년 알렉산드로스가 세상을 떠나자 이들 장수들은 각자 할당받은 영토에서 독자적인 '후계' 왕(그리스어로 '디아도코이diadokhoi')이 되었다. 아마도 이들 중 가장 널리 알려진 왕은 알렉산드로스의 이집트 섭정이었던 프톨레마이오스일 것이다. 그는 이집트 왕 프톨레마이오스 1세로, 유명한 클레오파트라 여왕과 함께 멸망한 프톨레마이오스왕조의 시조였다. 그리스인들이 늘 그랬던 것처럼 이 장수들도 각자 자신의 영토를 확장하기 위한 싸움을 시작했다.

기원전 3세기까지 이 후계 왕들 중 4명이 상당히 안정적으로 자리를 잡았다. 첫번째가 이집트 프톨레마이오스왕조이고, 두번째가 소아시아(터키)에서 중앙아시아까지의 광활한 지역을 다스린 셀레우코스이다. 그의 아들 안티오코스 1세가 그 뒤를 이었다. 세번째는 기원전 277년부터 마케도니아와 그리스를 다스린 안티고노스 2세, 마지막이 기원전 241년부터 페르가몬(소아시아 서해안)을 다스린 아탈로스의 아들들(아탈로스왕조)이다.

문화적 연속체

하지만 그리스인들은 자신들의 삶을 관통하는 정치적 격변 속에서도 그리스인다움을 잃지 않았다. 격변을 일으킨 세력이 페르시아일 때도, 마케도니아일 때도, (나중에) 로마일 때도 마찬가지였다. 아테네에 대한 존경심은 실로 대단했다. 아테네인들은 쉬지 않고 건물을 세우고 글을 쓰고 사유했다. 후대까지 막대한 영향력을 끼친 철학 사상들이 탄생했다. 예를 들면 아테네에서 제논(기원전 263년 사망)이 스토아주의를, 에피쿠로스(기원전 270년 사망)가 에피쿠로스주의를 창시했다(제10장 참조). 프톨레마이오스왕조는 이집트의 알렉산드리아를 아테네에 버금가는 문화 중심지로 탈바꿈시켰고, 우수한 시설과 자금을 내세워 알렉산드리아의 학술원에 지중해에서 활동하고 있는 그리스인 연구가들 중 문학, 과학, 의학 분야의 최고 인재들을 유치했다.

학예의 여신 무사(뮤즈의 그리스어)를 모신 신전이라는 뜻의 무세이온Mouseion은 기원전 280년경에 건립된 학술원으로 고대 세계에서 최대 규모의 연구소였다. 부속 도서관에 관해서는 90쪽을 참조하자. 무세이온을 거쳐간 발명의 천재들로는 (시대를 초월해 최고의 수학자들 중 한 명으로 손꼽히는) 아르키메데스, 공리계를 창시한 에우클레이데스(영어식 표기는 유클리드—옮긴이), 지리학자 에라토스테네스, 아폴로니오스(원뿔곡선), 크테시비오스(탄도학), 헤론(기체장치) 등을 들 수 있다. 이 모든 것이 모여서 후後고전기, 즉 헬레니즘시대가 되었고 이 시대는 문화적·과학적으로 오늘날까지 중요한 의의를 지닌다.

코이네 그리스어

알렉산드로스의 '세계화'가 빚은 중요한 결과 중 하나는 그리스인들이 일자리를 찾아 새로운 그리스 정복지로 광범위하게 이주하는 과정에서 '공통' 그리스어('코이네koinê')가 발달했다는 것이다. 이 언어는 나중에 지중해 전역(과 복음서 및 신약성서)의 공통어가 되는데, 기원전 3세기 유대인들은 구약성서를 코이네 그리스어로 번역하기도 했다.

고전학자들은 그리스어로 쓰인 신약성서도 어떤 면에서 고전학 텍스트라는 사실을 너무 쉽게 잊어버리는 경향이 있다. 물론 유대인의 사고 과정은 여러모로 낯선 것이 사실이며 신약성서에서 그리스·로마 세계는 주변부에 머무른다. 하지만 이것은 오히려 이점으로 작용하기도 한다. 신약성서는 로마를 사랑하는 엘리트 로마인들이 쓴 작품이 아니기 때문에 로마제국이 갈릴리의 평범한 어부들에게 일상적으로 무슨 영향을 미쳤는지에 관해 유대인의 관점에서 바라볼 수 있다. 이는 훌륭한 대안적 관점이다.

도시국가의 재구성

마케도니아가 끼어들면서 그리스 도시국가들은 자주성을 잃었다. 알렉산드로스대왕이 세상을 떠난 뒤 모든 그리스 도시국가가 봉기를 일으켰지만 첫 성공 이후에는 모두 원래의 자리로 돌아갔다. 기원전 322년 마케도니아는 아테네에 군대를 주둔시키고 가장 부유한 9000명에게만 시민권을 부여했다. 아테네가 영광의 시대에 누리던 것과 같은 직접민주주의는 더이상 존재하지 않았다. 스파르타와 아테네를 제외한 그리스 도시국가들은 군사동맹—펠로폰네소스의 아카이아동맹과 그리스 중앙의 아이톨리아동맹—을 형성했다. 하지만 동맹에 속한 각 개별 도시는 각각의 중앙 정부를 운영했다.

마케도니아의 후계 왕은 그들 모두를 엄격히 주시했다. 그리고 기원전 229년 안티고노스 2세의 손자—아홉 살짜리 왕 필리포스 5세—가 왕위에 올랐다.

다시 로마인들로: 주변을 압박하다

앞에서 우리는 로마사에서 잠시 벗어났을 때 로마가 앞으로 상대하게 될 필리포스 5세에 대해 이야기했다. 기원전 215년 필리포스 5세는 로마의 적이었던 한니발 장군을 지원한 바 있다. 그리스 세계는 바다 건너편에서 로마공화국이 새로운 세력으로 부상하고 있다는 사실을 잘 알고 있었다. 어찌 되었든 그리스인들은 기원전 8세기부터 이미 로마 세계에 편입되고 있었고, 필리포스 5세는 한니발이 로마인의 고삐를 죄어주길 기대했다.

기원전 197년 로마는 필리포스 5세를 물리쳤다. 하지만 필리포스 5세의 왕국은 그대로 남겨둔 채 로마는 그리스에 '자유'를 선포했다. 그러나 이것이 끝이 아니었다. 로마는 이제 싫든 좋든 그리스 세계에 휘말린 셈이었다. 기원전 188년 로마는 알렉산드로스의 후계 왕들 중 한 명—아시아의 안티오코스 3세—과 맞붙어 그가 더는 그리스에서 세력을 확장할 수 없게 만들었고, 기원전 168년에는 배신을 도모했다는 이유로 필리포스 5세의 아들 페르세우스를 파멸시켰으며, 같은 해 안티오코스 4세의 이집트 침략 시도를 저지했다. 기원전 148년 로마는 마케도니아와 그 인접 영토를 속주로 만들었고, 이곳에 부임한 신임 로마 총독에게 그리스 통치까지 맡겼다.

한편 원로원 의원 대大카토(기원전 234~기원전 149)가 줄기차게 "카르타고는 파괴되어야 한다Delenda est Carthago!"를 외친 끝에 기원전 146년 카르타고는 쑥대밭이 되었고, 이곳 역시 로마의 아프리카 속주가 되었다.

> 전승되는 것과 달리 카르타고에 소금이 뿌려지지는 않았다. 그러기에 이곳은 너무나 중요한 땅이었다. 카르타고 영토는 지역 주민과 로마 및 이탈리아 정착민이 사용할 수 있는 공유지ager publicus로 선포되었고, 곧이어 로마의 주요 곡창지대가 되었다. 긴요한 항구도시이기도 했던 이곳 카르타고는 기원전 49년에서 기원전 44년 율리우스 카이사르에 의해 재건되었다.

이제 로마는 그리스 세계뿐만 아니라 더 넓은 헬레니즘 세계에서도 확고하게 자리를 잡았다. 로마에 협력적이던 페르가몬(오늘날의 터키 서북부)의 아탈로스 3세는 기원전 133년 사망하면서 페르가몬을 로마에 유증했는데, 이때는 로마 스스로도 놀랐다. 페르가몬은 로마의 소아시아 속주가 되었고, 이로써 로마의 세력은 더욱 확장되었다. 본래 이 땅은 알렉산드로스의 후계 왕들의 것이 될 터였기에 그들은 날로 팽창해가는 로마를 보며 더욱 압박감을 느꼈다.

그리스 문화에 사로잡힌 로마

그리스인과 로마인은 이제 정치적·군사적으로 매우 긴밀한 관계를 유지했다. 원로원 의원이 포함된 사절단이 그리스와 로마를 왕래했으며, 그리스에 로마인 상인과 사업가가 눈에 띄기 시작했다. 로마에 그리스인, 특히 교육 수준이 높은 노예들이 나타나기 시작했다. 또한 그리스 특사들이 파견되고 이방인의 인질들이 잡혀왔다. 이러한 상황이 로마에 끼친 영향은 실로 어마어마했다. 로마의 시인 호라티우스는 "포획된 그리스가 사나운 정복자를 다시 포획해 교양 없는 라티움에 문화를 가져다주었노라Graecia capta ferum victorem cepit et artes/intulit agresti Latio"라고 적절히 표현하기도 했다. 이렇게 시작된 로마의 문화혁명은 훗날 서구 전역에서 극적인 결과를 초래하는데, 여기에는 교육 수준이 높은 노예들 특히 그리스인 노예들이 지대한 역할을 했다.

어떤 사람들은 태어날 때부터 노예이기도 했지만, 고대 세계에서는 자유인으로 태어나도 자신이 사는 땅이 점령되거나 해

적에게 납치되면 누구나 하루아침에 노예가 되어 자유시장에서 값이 매겨질 수 있었다. 매입자가 노예로 (예를 들어) 아리스토텔레스나 (현대적으로 비유해) 로스차일드 가문의 사람, 교사, 의사, 예술가 등을 구입했다면 그는 이 노예의 특별한 능력을 반드시 자신의 이익을 위해 사용하려고 할 것이다. 따라서 교육 수준이 높은 노예들은 황제 곁에서 높은 지위를 누리기도 했다. 그들의 충성심은 보장되어 있었다. 자신의 자리에 자기 목숨이 달려 있는데다가 어느 누구도 자신들을 보호해주지 않았기 때문이다. 노예들은 종종 해방되어 시민권을 얻기도 한 듯한데, 서로마제국 말기에는 대략 로마 인구의 절반이 노예 집안 출신이었던 것으로 추정된다.

신체 능력 이외에는 아무것도 없던 노예들, 특히 드넓은 밭이나 광산에서 노역에 시달린 노예들은 견디기 힘든 삶을 살았을 것임은 굳이 따로 설명할 필요가 없을 것이다. 사도 바울은 노예들은 "두렵고 떨리는 마음으로" 주인에게 복종해야 한다고 했다. 서기 1년 이탈리아에서 살았던 노예의 수는 무려 200만 명(인구의 약 3분의 1)에 이르렀을 것으로 추정된다.

로마는 이제 단순히 새로운 정치적 중심지뿐만 아니라 새로운 문화적 중심지로도 부상했다. 이런 흐름은 공화정 시기 내내 지속되었고, 제국 시기(기원전 31년 첫 황제 아우구스투스의 즉위와 함께 시작된다. 제6장 참조)에도 이어졌다.

하지만 예전에 마케도니아의 필리포스 2세와 알렉산드로스대왕이 그리스를 정복했을 때도 그랬듯이 그리스인은 로마인이라는 새로운 주인을 갖게 된 뒤에도 문화 활동을 멈추지 않았다.

전쟁, 철학, 문학

로마의 장군 스키피오 아이밀리아누스는 그리스에서 싸울 때 자신이 속한 지식인 모임에 그리스 철학자 파나이티오스(기원전 185~기원전 109년경)와 그리스 역사가이자 정치가 폴리비오스(기원전 200~기원전 118년경)를 데려왔다. 파나이티오스와 폴리비오스는 스키피오가 군사작전을 펼치는 동안 많은 시간을 그와 함께 보냈다. 폴리비오스는 기원전 146년 카르타고가 멸망하는 것을 지켜보았고, 그리스 정착에 필요한 협상 과정을 도왔다. 또한 그동안 지중해에서 로마 세력이 부상한 역사를 뛰어나며 철저하게 친로마적으로 기록했다.

폴리비오스의 역사서에는 한 인상적인 이야기가 기록되어 있다. 스키피오 아이밀리아누스는 그리스의 모든 것에 푹 빠져 있었다. 어느 날 그는 폴리비오스에게 자신의 평판이 훼손되었다고 털어놓았다. 사람들이 자신에게 로마인다운 활기와 추진력이 부족하다고 비난한다는 것이었다. 하지만 스키피오의 이력은 화려하기 그지없었다. 스키피오는 카르타고 파괴의 최종 현장을 지휘하며 호메로스의 『일리아스』에서 트로이의 영웅 헥토르가 자신의 도시에 대한 미래를 내다보며 했던 말을 인용했다. "신성한 트로이가 멸망하고 프리아모스와 그의 백성이 칼에 쓰러지는 날이 오리라." 로마인들은 스스로를 트로이의 후손이라 여겼다. 스키피오는 이어서 말했다. "영광스러운 순간일세, 폴리비오스. 하지만 나는 훗날 누군가가 내 조국에 똑같은 운명을 선언할 날이 올까 두렵다네."

로마인들은 자신들의 혈통에 관한 두 개의 이야기를 결합시켰다. 하나는 트로이전쟁의 트로이 영웅으로, 베누스(아프로디테) 여신과 인간 앙키세스 사이에서 태어난 아들 아이네아스가 불타는 트로이에서 도망쳐 이탈리아에 로마 민족을 뿌리내렸다는 이야기였다(베르길리우스가 기원전 19년에 쓴 장엄한 서사시 『아이네이스』의 주제이다). 300년 후인 기원전 753년 아이네아스의 후손 로물루스는 로마시를 창건하고 초대 왕이 되었다. 율리우스 카이사르는 자신이 베누스의 후손이라고 주장했다.

로마인의 두려움……

로마 최초의 문학작품은 기원전 240년경 그리스인 리비우스 안드로니쿠스가 호메로스의 『오디세이아』를 라틴어로 번역한 것이다. 최초의 로마 역사가 퀸투스 파비우스 픽토르(기원전 201년 사망)는 역사 속 그리스 인물들을 소재로 글을 썼고, 로마의 시인 플라우투스(기원전 184년 사망)는 그리스 희극을 번안해 라틴어 작품을 남겼으며, 엔니우스(기원전 169년 사망)는 그리스 서사시를 번안했다.

안드로니쿠스의 『오디세이아』 라틴어 번역본의 파편 21조각이 오늘날까지 전해진다. 꼼꼼한 번역이다. 하지만 그리스 이름을 자유롭게 라틴어로 바꾸었고(그리스신화의 '무사 Mousa'는 '카메나Camena', '오디세우스Odysseus'는 '울릭세스Ulixes'가 되었다), 호메로스가 쓴 '경멸적인 표현'은 다소 순화시켰다(그래서 '오디세우스의 무릎이 풀렸다'는 '울릭세스의 심장이 얼어붙었다'가 되었다).

일부 로마인들은 그리스 문화에 딱히 열광하지 않았다. 대大 플리니우스의 기록에 따르면 엄격한 구식 로마인이면서 카르타고의 파괴를 촉구했던 대大카토는 자신의 아들에게 보낸 편지에 다음과 같이 썼다고 한다.

아테네에서 직접 지내보니 그리스문학을 슬쩍 훑어보는 것은 괜찮지만 너무 깊이 빠져들지는 말아야 되겠더구나……. 그리스인들은 매우 부정하고 감사나운 민족이므로 너는 내 말을 예언처럼 받아들여야 할 것이다. 그 민족의 문학이 우리에게 전파되면 우리의 모든 것을 타락시키고 말 것이다.

플리니우스, 『박물지』, 29.13

역설적이게도 지금까지 남아 있는 카토의 글을 보면 그는 그리스문학에 조예가 깊었다는 사실을 알 수 있다. 배움의 속도가 빨랐던 카토는 그리스어를 노년에 배웠다. 하지만 로마인들은 이 지나치게 영리한 이방인들에게 항상 조금은 미심쩍은 눈길을 보냈다.

······ 그리고 극복

카토의 우려에도 불구하고 그리스 미술품과 조각품, 문학작품이 대거 약탈되어 로마에 쏟아져 들어왔다. 교육과 문화 사업의 새 주인들 사이에서 큰돈을 벌려고 작정한 그리스 철학자들도 흔하게 볼 수 있었다. 그 결과 로마는 그리스의 전례를 본떠 표준화된 교육 체계를 정립했다. 나중에 이 교육 체계는 로마제국 전역에 도입되었고 라틴어는 서구의 공용어가 되었다.

카이사르나 키케로 같은 로마 엘리트들은 교육을 받기 위해 그리스로 떠났고, 최초의 황제 아우구스투스(재위 기원전 31~서기 14)는 그리스 교양인으로서의 이미지를 만들기 위해 비상한 노력을 기울였다. 그렇지 않았다면 전형적인 로마인으로만 비쳐졌을 것이다. 개인 서고가 유행했고—정치가 겸 철학자 키케로는 엄청난 양의 장서를 보유하고 있었다—기원전 38년 로마 최초의 공공도서관이 세워졌다. 텍스트를 보호하고 전파하는 작업이 순조로운 흐름을 타기 시작했다.

정치적 위험신호: 티베리우스 그라쿠스

그러나 이 모든 일이 진행되는 동안 로마공화정은 점점 더 깊은 정치적 혼란 속으로 빠져들고 있었다. 로마인들은 이 문제를 그리스 정벌(160쪽 참조)로 로마에 쏟아져 들어온 재물과 전리품 때문에 곪을 대로 곪은 지배계급이 그 돈을 토지—고대 세계에서 부의 주된 원천이었다—를 사들이는 데 쓰고 있다고 파악했다. 이 토지의 주인들은 로마에 없었는데, 해외에 싸우러 나간 병사들의 땅이었던 것이다. 결국 기원전 133년 정치가 티베리우스 그라쿠스는 호민관 직위를 이용해 평민회에서—즉 원로원을 전혀 거치지 않고—더 공정한 토지 분배를 위한 법안을 곧바로 통과시켰다. 이 법으로 손해를 보게 될 원로원 의원들은 당연히 이에 반대했다.

이 일로 (1)원로원과 평민들 사이가 벌어져 국가의 결속력이 약해졌고, (2)야심만만한 정치가들은 자신에게 이로운 법안을 통과시키고 싶을 때 원로원의 반대를 피해 평민회를 이용하기 시작했다. 그 결과 원로원과 선출직 관리들(집정관이나 법무관 같은 정무관들)이 평민회의 협조 아래 국정을 운영하던 예전의 질서 잡힌 통치체제는 와해되고 말았다.

위대한 폼페이우스

이후 이어진 혼란스러운 정국에서 강력한 지배자들이 잇달아 나타나 최고 정무관인 집정관(최고 군사권과 광범위한 사법 및 행정권 보유자) 자리에 올랐다. 마리우스, 술라, 카이사르, 폼페이우스는 (적어도 표면적으로라도) 로마의 이익을 위해 복무해야 할 군대를 사병화해 자신의 사적인 목적을 추구하는 데 이용했다.

기원전 66년 폼페이우스는 미트리다테스 정벌이라는 공식 임무를 띠고 소아시아에 파견되었다. 미트리다테스는 페르시아와 그리스 모두 자기 조상의 나라라고 주장하며 로마에게 줄곧 성가시게 굴던 터였다. 소아시아는 여전히 알렉산드로스의 후계 왕의 영토였지만, 폼페이우스는 미트리다테스를 몰아내고 스스로 소아시아 전역의 주인이 되었다. 폼페이우스는 이어 시리아와 유다이아(유대왕국)까지 정벌하기로 결심했다. 이 지역은 안티오코스의 지배 아래 비교적 안정된 시기를 보내다가 기원전 129년 동방의 파르티아인의 침략을 받아 혼란에 빠졌고, 이어 안티오코스 왕가에서도 내분이 벌어진 상황이었다. 결국 안티오코스왕조의 마지막 왕 안티오코스 13세는 기원전 64년 왕위에서 축출되었다. 그토록 광활했던 알렉산드로스대왕의 동방 '제국'은 기원전 31년 이집트마저 정복되면서 모두 로마의 영토가 되었다.

이제 로마의 세력은 근동(파르티아와 동쪽 경계선을 맞대고 있었다)까지 뻗어가고 있었고, 더욱더 많은 재물이 로마로 흘러들었다. 그리고 기원전 61년 로마는 두려움에 떨며 폼페이우스의 귀환을 기다렸다. 폼페이우스는 군대를 등에 업고 로마의 단독 권력자가 되려고 했을까? 이에 대한 답은 새로운 권력 연합의 탄생이었다. 폼페이우스와 카이사르, 그리고 갑부 정치가 크라수스는 그야말로 강력한 삼두연합을 맺었다. 원로원은 이에 대해 아무 말도 할 수 없었다.

율리우스 카이사르

카이사르는 삼두연합에 힘입어 갈리아 지방(오늘날의 프랑스와 벨기에 일부, 이탈리아 북부, 독일 서부를 아우르는 서유럽 지역)을 정벌할 기회를 얻게 되었다. 카이사르는 갈리아를 로마의 속주로 만들고 억만장자가 되어 돌아왔다. 카이사르는 갚아야 할 빚이 있었으므로 반드시 이를 수행해야만 했다. 앞서 기원전 65년 카이사르는 은으로 만든 갑옷을 입은 검투사 320쌍을 동원해 검투사 대회를 연 바 있었다. 당시 로마에서는 상당한 지출 없이 공직에 오를 수 없었는데, 카이사르에게는 그만한 돈이 없었다. 카이사르는 기원전 55년과 기원전 54년 갈리아에서 2번이나 바다 건너 브리타니아(영국)에 다녀왔고, 이때 브리타니아는 처음으로 로마의 정치적 이해의 영향권 아래 놓이게 되었다. 결국 브리타니아는 서기 43년 로마의 속국이 되었다.

한편 크라수스는 파르티아(이란 동북부)에서 개인적인 부와 영예를 좇다가 작전중에 피살되었다. 이때부터 로마는 동방의 강력한 파르티아 군대와 맞붙기 시작했는데 이로 인해 로마는 이후 수백 년 동안 골머리를 앓게 된다. 한편 로마로 돌아온 폼페이우스는 카이사르가 권력과 인기를 얻어 급부상하는 것에 두려움을 느낀 나머지 오래전부터 동맹관계를 맺어온 카이사르와 대립하게 되었다. 그 결과 내전이 발발했고(기원전 49~기원전 46) 승자는 카이사르였다. 카이사르는 사실상 군주의 자리에 올랐다. 공화정의 종말이 목전에 와 있었다.

카이사르는 기원전 44년 3월 이두스(고대 로마력에서 한 달의 가운데 날짜—옮긴이)에 정치가 브루투스와 그의 추종자들에게 피살되었다. 그들은 이 단 한 번의 행위로 공화정이 복원될 것이라고 생각했다. 잠시 불안한 평화가 이어진 뒤 기원전 31년 또다시 내전이 발발했다. 카이사르의 양자 옥타비아누스와 카이사르의 오랜 협력자 마르쿠스 안토니우스 장군 사이에서 벌어진 내전이었다. 안토니우스는 이제 이집트 여왕 클레오파트라와 함께였다. 승리는 옥타비아누스에게 돌아갔고, 안토니우스와 클레오파트라는 이듬해 자살했다. 옥타비아누스는 이집트의 주인이자 실질적인 독재관으로 군림했다. 곧 로마 최초의 황제가 되었고 스스로를 아우구스투스라고 불렀다. 이에 관련한 자세한 이야기와 훗날 서로마제국이 어떻게 멸망하는지에 관해서는 제6장 후반부를 참조하자.

서기 14년 아우구스투스가 사망했을 때 로마는 라인-다뉴브강을 경계로(로마의 북쪽 경계선) 서유럽 대부분 지역과 발칸반도, 그리스, 근동, 북아프리카, 이집트(남쪽 경계는 사하라사막이었다)를 지배했다. 이후 서기 43년 클라우디우스황제 치하에 브리타니아(서쪽 경계)가, 서기 106년 트라야누스황제 치하에 다키아(루마니아)가 로마의 영토가 되었다. 서기 117년 트라야누스황제는 제국의 영토를 아르메니아까지 넓혔지만 로마의 동쪽 경계는 한시도 안정적인 때가 없었다. 동쪽 저멀리 강력한 파르티아(페르시아-이란)가 버티고 있어서 티그리스-유프라테스 지역(오늘날의 이라크) 인근은 경계선이 수시로 바뀌었다.

기독교

로마인은 그리스문학을 흡수해 자신의 것으로 만들고 유럽 전역에 그리스·로마 문화를 전파했다. 312년 로마 황제 콘스탄티누스의 '개종'으로 로마인은 기독교 역시 흡수했다. 로마와 유대교의 결합은 이교도 세계에 강력한 정치적 파장을 일으키며 유럽 전역으로 퍼져나갔다.

로마인은 수많은 신들을 인정하고 컬트 숭배 집단을 용인했기 때문에 콘스탄티누스시대 이전 황제들은 다른 종교를 억압할 필요가 없었다. 제국이 내건 유일한 조건은 국가 종교의 의례를 따르라는 것, 특히 황제를 숭배하라는 것뿐이었다. 유대인에게만 예외가 인정되었는데 그들은 세상에 신이 단 하나라는 (이교도가 보기에는) 허무맹랑한 생각을 가지고 있었다. 기독교는 이 유대교의 한 갈래일 뿐이었다. 따라서 로마인들은 기독교의 세력이 커져 국가의 권위를 위협하자 그제야 비로소 그들에게 관심을 보이기 시작했다.

하지만 박해는 돌발적으로만 이루어졌다. 그런데 이런 시도는 오히려 기독교도의 순교를 부추길 뿐이었으며, 이 순교라는 개념 역시 로마인들을 당황하게 만들었다. 로마가 기독교를 국가 차원에서 공식적으로 몰아내려고 한 마지막 시도는 디오클레티아누스(재위 284~305) 치하에 있었다. 교회와 성서에 불을 지르고, 기독교도들을 처형하거나 신체 절단의 형벌에 처하라는 명령이 내려졌다. 서쪽 지방보다 동쪽 지방에서 박해가 더 심했다. 이 마지막 시도는 실패했는데, 기독교가 로마제국 전역에 이미 깊이 뿌리내렸기 때문이다.

325년 콘스탄티누스는 비잔티움을 동로마제국의 새 수도로

정하고, 도시 이름을 콘스탄티노폴리스로 바꾸었다(269쪽 참조).

> 우리는 고대 후기 그리스인을 '비잔틴 그리스인'이라고 부르지만, 그들은 스스로를 '로마이오이Rhômaioi'라고 불렀다. 그리스어로 '로마인'이라는 뜻이었다.

기독교는 이제 공식적인 국가 종교가 되었다. 그 결과 교회는 로마 세계에서 주요 정치 세력이 되었다. 예를 들어 주교는 속주 총독과 동등한 권위를 지녔고, 법을 제정할 수 있었다. 교회 건물이 근본적으로 바뀌어 대규모 신도들을 수용할 수 있는 대형 건축물이 세워지기 시작했다. 이때 모델이 된 것은 이교도 신전(회합보다는 신상 안치가 주목적이었다)이 아닌 로마의 바실리카basilica였다. 바실리카는 앱스apse(신전에서 신상을 모시기 위해 벽감을 더 넓혀 만든 공간—옮긴이)가 있는 대형 회관으로, 제국 전역에서 상업·군사·법률 등의 목적으로 활용되었다. 이는 변화—교회와 국가의 결합의 상징—를 선언하는 영리한 시도이기는 했지만 사회적 혁명이라고 할 수는 없었다.

이보다 더 큰 발전은 기독교가 무엇인가에 대한 논란이 완전히 종식되어야 한다는 데 있었다. 기독교 최초의 종교회의인 니케아공의회(325)에서는 니케아 신경信經을 채택했고, 이는 여전히 주류 기독교 예배의 기초로 활용되고 있다.

391년 2월 테오도시우스황제는 기독교가 아닌 종교를 일체 금지했고, 395년 로마는 서로마와 동로마 두 개의 자치 제국으로 나뉘었다. 교회는 로마제국과 유사하게 자체적인 구조를 갖추어나갔다. 로마의 주교는 '황제'였고, 복식도 황제와 비슷했다('교황'이라는 칭호는 3세기에 처음 사용되었다). 황제 아래의 주교들은 '속주 총독'(지역 행정장관)이었고, '교구diocese'마다 '대리vicar'가 있었으며, 사제는 로마의 지역 세력가와 비슷한 존재였다. 404년 기독교 사제 성히에로니무스(이탈리아어식 표기는 예로니모─옮긴이)는 그리스어 성서의 라틴어 번역본 '불가타Vulgata 성서'를 완성했다. '불구스vulgus', 즉 일반 대중의 언어로 된 성서였다. 불가타 성서는 나중에 가톨릭교회로부터 성스러운 인가를 받은 '공인 성서'로 여겨지게 되었다.

과거에 디오클레티아누스황제는 제국 재정에 대한 통제권을 강화하기 위한 목적으로 속주의 수를 2배로 늘려 100개로 만들고, 이를 13개 '디오이케세이스dioikêseis'(교구)로 나눈 뒤 각 행정구역에 '비카리vicarii'(법무관급 행정관의 '대리', 황제의 최고 보좌관)를 둔 바 있었다. 교회는 이 분류 체계를 그대로 따른 것이다.

로마인의 기독교 개종

　기독교의 출현은 로마의 문화적 관습에도 많은 변화를 가져왔다. 과거에 로마인은 망자를 살아 있는 사람들로부터 멀리 떨어뜨리기 위해 도시 성벽 밖에 두었다. 기독교도들은 달랐는데, 그들은 도시 경계 안에 묘지를 조성했다. 이교도들에게 시신은 위험한 마력을 가진 존재였지만 기독교도들에게는 그렇지 않았다. 그들에게 시신은 경외의 대상이었다. 신전 대신 교회가 세워지는 과정에서 이교도 신전의 대리석이 사용되었는데, 그 양이 어찌나 많았던지 새 대리석 시장이 거의 붕괴될 정도였다. 교회는 막대한 기부―토지, 금전, 보물―로 인해 자산 기반이 탄탄했다. 교회에서는 구원이 은행 잔고나 교육 수준이 아닌 영혼의 상태에 달려 있다고 가르쳤으므로 교육을 받은 적 없는 '성인'들이 존경받는 인물이 되었고, 금욕적인 수도생활이 바람직한 것으로 여겨졌다.

　서기 476년 서로마의 제국과 관습이 사실상 붕괴되자 라틴어를 사용하는 로마식 교회는 시민 및 도시 사회의 존속을 지탱하는 토대가 되었다(교회가 교육을 담당했으므로 교육 언어도 라틴어였다). 기독교도들은 가능한 이교 세계와 기독교 세계 사이에 다리를 놓으려고 많은 노력을 기울였다. 그 결과 고전시대와 중세시대 사이에는 상당한 연속성이 있으며, 교회의 고전적 뿌리, 재산, 대성당, 성인, 주교는 도시생활을 변화시키는 데 중심적인 역할을 했다. 세상을 바꾼 새로운 움직임이 모두 그러하

듯 교회도 사회를 바꾸기 위해서는 그 사회의 결을 파악하고 따라야 함을 잘 알고 있었다.

BC와 AD

기독교식 BC(기원전)와 AD(서기) 명칭은 서기 525년 수도사 '소小' 디오니시우스(디오니시우스 엑시구스)가 창안했다. 지금 우리가 보기에 이 체계는 문제가 있다. 로마인에게는 0이라는 숫자가 없었다(0은 서기 11세기에 비로소 유럽 숫자 체계에 도입되었다). 그래서 기원전에서 서기로 이동할 때 기원전 4년, 기원전 3년, 기원전 2년, 기원전 1년, 서기 1년, 서기 2년, 서기 3년, 서기 4년으로 바뀌었다. 따라서 소디오니시우스에 따르면 예수는 서기 1년에 태어난 것이 된다. 따라서 예수 탄생 2000주년은 2001년이 되고, 마라톤전투(기원전 490)의 2500주년은 2010년이 아닌 2011년이다.

이 체계는 자리를 잡기까지 시간이 좀 걸렸다. 마침내 안착한 것은 731년 잉글랜드 북동부 노섬벌랜드의 수도사 겸 역사가로 '덕망 높은' 비드the Venerable Bede가 『영국인 교회사 *Ecclesiastical History of the English People*』에서 이 체계를 이용해 연대를 기록하면서부터였다. 오늘날 일각에서는 BC와 AD를 버리고 '공통시대Common Era'를 채택해 기준 해 이전은 BCE, 이후는 CE로 표기하자고 촉구하기도 한다. 하지만 이 시대가 누구에게 공통이며, 그 이유는 무엇인가? 이 명칭은 (관습적으로) 그리스도의 탄생을 기준으로 삼기 때문에 분명히 기독교도들일 것이다. 그것이 아니라고 변명을 해도 거기에 넘어갈 사람은 아무도 없다. 그리고 CE에서 C는 결국 기독교Christian를 의미할 수도 있지 않은가?

기독교와 이교도 문학

흥미롭게도 이교도 교육은 처음에 기독교의 영향을 거의 받지 않았다. 기독교가 로마 세계의 종교가 되고 이어 모든 유럽 문화에 지대한 영향을 미치기 시작할 무렵 기독교도들은 바로 문제에 부딪혔다. 부도덕하기 이를 데 없는 이상한 신들로 가득 찬 이교도들의 문학이 교육의 심장부를 차지하고 있었던 것이다. 이교도 문학의 가치관은 기독교의 가치관과 달랐으며, 이교도 문학에 깔린 철학 사상은 예수의 가르침과 조화를 이루지 않았다. 그렇다고 기독교가 무슨 대안을 내놓을 수 있었을까? 기독교 학교 교재도 없었고, 기독교 문학작품도 없었다. 기독교 사상이 아무리 거룩하다고 한들 호메로스, 플라톤, 키케로처럼 콜레스테롤이 풍부한 식단에 익숙한 이들에게 그것은 멀건 귀리죽과 같았다.

기독교도들은 충격을 줄이기 위해 이교도 문학을 재해석해 새로운 종교, 새로운 신, 새로운 이교도를 만드는 작업에 착수

했다. 그렇게 이교도의 신들은 우화 속 등장인물이 되었고, 이
교도의 철학이 기독교의 틀에 들이부어졌다(375쪽 참조). 로마
의 시인 베르길리우스의 기원전 38년 작품 『전원시』 4권은 기
독교식 재해석의 가장 유명한 사례로 꼽힌다. 율리우스 카이사
르가 세상을 떠나고 로마공화정이 위기에 처했을 때 이 작품을
쓴 베르길리우스는 정의의 여신 비르고Virgo가 지상에 내려오
면 고대의 예언이 실현되어 한 아이의 탄생(당시 사람들이 기
다리던 마르쿠스 안토니우스의 아들이었을 것으로 추정된다)
과 함께 새로운 황금시대의 새벽이 열릴 것이라고 예견했다. 기
독교도들은 이 대목에서 다른 아들을 염두에 두었다.

키케로주의자 성히에로니무스

하지만 고전적 전통에 기울어 있던 로마인 기독교도들에게
이것은 쉽지 않은 일이었다. 성히에로니무스를 예로 들어보자.
성히에로니무스는 이교도 작가들을 몹시 사랑했다. 『서간집』
22.30(서기 374년경)을 보면 그는 병에 걸렸을 때 꾼 꿈에서 재
판관 앞에 잡혀가 당신은 어떤 사람이냐는 질문을 받았다고 한
다. 성히에로니무스가 "기독교도입니다"라고 대답하자 판사가
"아니, 당신은 기독교도가 아닌 키케로주의자요. 당신의 심장
은 당신의 보물이 있는 곳에 있으니까"라고 말했다고 한다. 굴
욕감을 느낀 성히에로니무스는 "주여, 제가 세속의 책을 다시

소유한다면 그리고 그것들을 다시 읽는다면 저는 주님을 부정하는 것이옵니다"라고 외쳤다고 한다. 성히에로니무스는 그뒤 15년간 고전기 문학 서적을 들춰보지 않았다고 주장했다.

나중에 성히에로니무스는 좀더 개방적인 태도를 취했다. 그는 『서간집』 70에서 모세와 예언가, 사도 바울 모두 이교도 문학작품을 활용했다고 지적했다. 하느님께서 이스라엘 사람들에게 비유대인 아내를 얻으라 명하고, 그들의 머리를 밀고 손톱을 깎아 그들을 이스라엘 사람으로 만들라고 명했듯이 기독교는 이교도의 문학작품을 활용할 수 있다는 것이었다. 마찬가지로 독실한 기독교도였던 테르툴리아누스(서기 160~240년경)는—그만의 인상적인 비유를 들어—학교에서 받는 교육이 독이 된다는 것을 자녀들이 스스로 잘 알고 있는 한에서만 학교에 가는 것을 허락했다(그러면서 테르툴리아누스는 유별나게도 기독교도 교사가 수업을 해서는 안 된다고 선을 그었다).

교회 언어는 서기 250년경까지 그리스어를 사용했다. 많은 로마 기독교도들은 성히에로니무스의 라틴어 성서를 받아들이기까지 시간이 걸렸다. 그들은 자신에게 익숙한 이전 라틴어 번역판을 선호했다. 성아우구스티누스는 새 성서가 예전의 '70인역 성서'(55쪽 참조)를 대체하고, 이것이 그리

스 기독교도들이 교회에서 멀어지게 되는 계기로 작용하게
될까봐 염려했다. 8세기에 성히에로니무스의 성서는 서구
에서 표준 성서가 되었고, 1546년 트리엔트공의회는 성히에
로니무스의 성서를 가톨릭교회의 '공인' 성서라고 불렀다.

황야의 교부들

다시 말하면 기독교에서 실질적인 대안이 나오기 전까지 예
전의 로마 교육은 별다른 변화 없이 계속되었다. 기독교 교육은
4세기에 폐쇄적인 수도원 학교에서 시작되었으며(황야의 교부
들desert fathers이 이집트에 설립한 수도원 학교가 대표적이다),
이후 훨씬 더 영향력 있는 감독교회 학교들이 세워지면서 더욱
성장했다. 감독교회 학교는 교회를 통해 직업을 얻으려는 학생
들을 위해 마련된 세속적인 교육기관이었다. 학생들은 주교의
가르침 아래 전문적이고 종합적인 교육을 받았지만 수도원에
들어가지는 않았다. 이러한 감독교회 학교들은 차츰 서구 중세
의 대학이 되었다.

중요한 점은 로마가 멸망하고(274쪽 참조) 게르만족이 유럽
의 새로운 주인으로 부상한 이후에도 유럽에서의 교육은 여전
히 라틴어로 이루어졌다는 사실이다. 라틴어는 서구에서 지식
인층의 보편적 언어였다. 게르만족들에게는 로마의 문화적·교

육적 전통에 비견할 만한 것이 전혀 없었다. 로마제국을 침입했을 때 문맹이었던 게르만족은 로마의 문화와 교육을 우러러보았다. 지역 참주들은 왕국을 일부러 로마방식에 따라 조직했고, 로마제국이 멸망한 뒤에는 로마인들을 궁정으로 불러들였다.

다시 말해서 지방에서는 예전과 비슷한 익숙한 구조가 유지되었고, 이에 힘입어 기독교 교회는 제국 때처럼 이교도들과 함께 일할 수 있었다. 라틴어가 좋든 싫든 17세기까지 서구의 문화 및 교육 언어로 남을 수 있었던 것은 일차적으로 교회의 영향력 때문이었다. 뉴턴의 『자연철학의 수학적 원리*Philosophiae Naturalis Principia Mathematica*』는 1687년 라틴어로 쓰여 세상에 나왔다.

기독교가 확고히 안착하다

프랑크족(로마제국 경계의 라인강 인근에 거주하던 게르만 부족)의 강력한 왕 클로비스는 서기 496년에 기독교로 개종했고, 이어 498년 프랑스 북동부 랭스에서 3000명의 군사와 함께 세례를 받았다. 로마 기독교는 7세기 말엽에 이르러 유럽 전역을 장악한 종교가 되었다. 프랑크왕국의 샤를마뉴대제는 서기 800년 성탄절에 로마에서 교황에 의해 황제로 즉위했는데, 그는 서기 476년 이후 최초로 공식 선포된 서로마의 황제였다. 다만 서구 황제로서 그가 받은 권한이 무엇이었는지는 정확히 알 수 없다(당시에는 통일된 유럽이라는 개념이 전무했다). 어쨌든 샤를마뉴의 인장에는 '로마제국의 부활Renovatio Romani imperii'이라는 문구가 새겨져 있었고, 그의 재위 기간에 고전기 로마문학에 대한 관심이 재탄생했다('카롤링거 르네상스', 108쪽 참조).

제2장

고대 문헌은
어떻게 오늘날까지 전해질까

호메로스: 서구의 시초

모든 문명은 흙속에 자신의 흔적을 남긴다. 하지만 우리가 어느 문명의 진정한 의미를 깨닫기 위해서는 반드시 그 사람들의 생각과 느낌을 접해야 한다. 그러려면 일단 문헌이 만들어져야 하고, 그것이 우리에게 전해져야 한다. 문헌은 문명이 스스로의 정체성을 발전시키기 위해서도 꼭 필요하며, 과거에는 구전으로만 전해졌지만 지금은 예전에는 불가능했던 방식의 폭넓은 토론과 논쟁을 허용한다.

이집트와 수메르의 최초 문헌은 기원전 2600년경, 그리고 인도의 『리그베다』는 기원전 1500년경에 출현했다. 우리의 이야기는 기원전 700년 서구의 첫번째 목소리, 즉 그리스 서사시인 호메로스의 『일리아스』, 『오디세이아』와 함께 시작되었다. 이어 문학의 코르누코피아cornucopia (신화에 나오는 과일과 곡식이 가득한 풍요의 뿔—옮긴이)가 등장하는데, 여기에는 서정시, 자연철학, 윤리철학, 역사, 비극, 희극, 법정 연설(수사학), 의학·수학·교육학·건축학 논문에서 개인 문서(예를 들어 청구서나 서간문)에 이르기까지 모든 것이 담겨 있었다.

기원전 3세기부터 로마인들은 이 모든 것을 열광적으로 받아들였고, 뒤이어 자신들만의 문학과 예술 문화를 창조했다. 로마 문화는 서로마제국 전역으로 널리 퍼져나갔고, 마침내 서구세계 전체가 글을 읽고 쓰게 되었다. 석판에 새긴 명문銘文 형태로 남아 있는 공공 문서(법률, 명령, 기념비)나 벽에 휘갈긴 낙서, 주화에 새긴 그림과 약어는 모두 정치적으로나 사회적으로 똑같이 문자혁명의 중요한 일부를 이룬다.

이렇게 문자로 된 텍스트 전송과 사용이 가능해지면서 서구 전역에 사상思想이 널리 전파될 수 있게 되었다. 이러한 사상들을 바탕으로 정치적·사회적·학문적 문제들을 논의하기 위한 의제가 설정되었고, 이 의제는 세월이 흐르면서 기독교, 과학혁명, 산업혁명, 기술혁명, 의료혁명, 세계화 등의 출현과 함께 바뀌며 오늘날 서구의 모습을 만드는 데 일조해왔다.

19세기 초반 누구나 접할 수 있는 소설과 현대문학이 부상하고 창조성, 상상력, 진실성, 느낌, 독창성과 같은 낭만주의적 미덕이 강조되면서 고대 그리스·로마 문학이 최고로 추앙되던 예전의 분위기는 쇠퇴하기 시작했다.

여기에 중요한 논의점이 있다. 1760년대 이래 서구에서 발달한 제조업은 우리에게 어마어마한 혜택을 안겨주었지만 그 대신 환경은 위험에 처하게 되었고, 현대의 서구세계에 사는 우리는 소중한 물질적 환경을 보전하고 보살피기 위해 최선을 다하고 있다. 그런데 우리에게는 똑같이 소중한 문화적 환경도 있다. 이 문화적 환경, 다시 말해서 그리스인과 로마인을 필두로 과거 수천 년에 걸쳐 인간이 이야기하고 생각하고 느끼고 창조해온 것들 역시 물질적 환경 못지않게 크나큰 위험에 처해 있으며, 그리된 지는 실로 오래되었다.

이 소중한 그리스·로마 문화가 어떻게 지금까지 살아남았는지에 관한 이야기가 여기 있다. 그리스·로마 문화 대부분이 영원히 유실될 뻔한 순간에서 이야기는 시작된다.

르네상스

1421년 그리스 세계는 위기에 처해 있었다. 세력을 한창 확장하던 오스만제국이 그리스 세계의 심장부인 콘스탄티노폴리스(고대 도시 비잔티움, 오늘날의 터키 이스탄불)에 눈독을 들이고 있었다. 이곳은 비잔틴제국 황제의 고향이었으며, 서기 5세기 서로마제국이 붕괴(274쪽 참조)된 이후에도 살아남은 동로마제국(서기 325년 콘스탄티노폴리스에 건국)의 종교적·문화적 수도였다. 동로마제국은 얼마 지나지 않아 1453년 튀르크족에 의해 멸망되었다. 무슬림의 한 분파인 튀르크족은 서구 문학을 배척했고 이는 그리스 문화에 심각한 위협이 되었다.

그러나 유럽 전역, 그중에서도 특히 이탈리아에서 고대 그리스·로마 고전기의 '인문주의적' 세계관에 대한 관심이 화려하게 부활(르네상스)했다. 키케로, 베르길리우스 등 위대한 로마 작가들의 라틴어 필사본이 돌아다녔고, 그동안 잊힌 다른 저자들도 유럽 전역의 도서관에서 재발견되기를 기다렸다. 하지만 그리스문학은? 그리스문학은 사정이 달랐다. 서구 사람들은 고대 그리스어를 천 년 가까이 배우지 않은 터였다. 게다가 1421년 튀르크족의 침략으로 고대 그리스문학의 본거지마저 위협받고 있었다.

그리스문학을 구하다

후대를 위해 그리스문학의 일부를 구한 한 남자에 관한 짧은 이야기로 시작하려고 한다. 서기 1421년 학자인 지오반니 아우리스파Giovanni Aurispa(1459년 사망)는 콘스탄티노폴리스를 배회하고 있었다. 1376년 시칠리아에서 태어나 이탈리아에서 수학한 아우리스파는 1413년 그리스로 건너가 가정교사로 일하면서 고대 그리스어를 배우고 그리스문학 필사본을 사들이기 시작했다. 1년 뒤 그는 이탈리아로 돌아가 그동안 모은 필사본 중 일부를 되팔았다. 명민한 사람이었던 아우리스파는 자신에게 좋은 기회가 찾아왔음을 감지했다.

영어 '매뉴스크립트manuscript' (필사본)의 어원은 라틴어 '마누manu' (손으로) + '스크립투스scriptus' (쓰다)이다. 15세기에 요하네스 구텐베르크가 인쇄기를 발명하기 전까지 수백 년 동안 문학작품이 전해질 수 있던 방법은 수기 필사 및 재필사뿐이었다. 필사할 작품 선정에 중요한 역할을 한 것은 학교와 (기독교시대에 교육을 담당한) 교회였다.

아우리스파가 고문서 수집에 열을 올렸던 이유는 당시 고전기 작품, 특히 그리스 문학작품의 필사본이 르네상스기 지식인들에게 대단히 중요했기 때문이다. 인문주의 사상가였던 교황

니콜라스 5세(1455년 사망)는 고전기 문학의 열성적인 애호가였는데, 그는 고전기 문학 텍스트 발굴단을 유럽 전역에 파견해 필사본을 사들여 도서관에 소장했다. 학자들을 도서관에 초빙해 이것들을 연구하고 라틴어로 번역하도록 했으며 사본을 제작했다(오늘날 바티칸도서관은 이렇게 제작된 필사본 6만 부 정도를 소장하고 있다).

또다른 열성적인 수집가로 바실리오스 베사리온Basil Bessarion 추기경(1472년 사망)이 있다. 베사리온은 "저 모든 경이로운 책들, 위대한 인간 정신이 공들여 연구한 결과물이며 지구를 이끄는 횃불이 위험에 처해 한순간에 사라질"지 모른다는 두려움에 휩싸여 있었다. 베사리온이 모은 방대한 수집물(그리스어 필사본 482부와 라틴어 필사본 264부)은 이탈리아 베네치아의 성마르코도서관에 전달되었고 오늘날까지도 여전히 보관되어 있다.

분명 큰돈을 벌 수 있는 투자 기회가 열려 있었다. 아우리스파는 몇 년 동안 로마, 피렌체, 콘스탄티노폴리스 등으로 거주지를 옮겨 다니며 적당한 인물들을 물색했다. 비잔틴제국 황제 밑에서 다양한 외교 업무를 수행하는 사람들과 관계를 맺었고, 이렇게 알게 된 지인들을 이용해 귀중한 필사본을 모아 고전기 이래 천 년 동안 전해져 내려온 필사본의 필사본을 제작했다. 아우리스파의 친구 프란체스코 필렐포Francesco Filelfo는 그에게 쓴 편지에서 "자네는 책을 거래하는 데에만 마음을 쏟는군.

부디 자네가 책을 읽는 데도 마음을 쓰길 바라네"라고 상당히 합당하고 우정어린 조언을 하기도 했다.

1423년 아우리스파는 콘스탄티노폴리스의 대형 도서관들을 돌며 사들인 무려 238부에 달하는 귀중한 필사본을 가지고 베네치아로 돌아갔다. 플라톤의 전작, 독특한 10세기 코덱스(필사본 서적) 한 권, 소포클레스의 희곡 7편과 아이스킬로스의 희곡 6편, 그리고 그때까지 서구에 전혀 알려지지 않았던 작품 다수와 고전기 그리스의 위대한 작가들의 저작이었다.

이후 아우리스파의 모험을 흉내내는 사람들이 그리스와 이탈리아 전역에 나타났고, 오늘날 우리가 그 많은 혜택을 누리고 있다.

지식의 보관

우리에게 알려진 초기 도서관들은 중동—바빌로니아, 시리아(기원전 2300년경), 히타이트(기원전 1200년경)—에 있었다. 이 도서관들은 복잡한 문자를 쓰는 숙련된 전문 인력이 설형문자로 쓴 초기 형태의 글이 새겨진 구운 점토판을 소장하고 있었다. 텍스트의 내용은 예를 들면 행정 업무, 언어, 제식과 관련된 것들이었고, 그중에는 영웅 길가메시왕에 관한 서사시 같은 신화들도 포함되어 있었다. 도서관은 기본적으로 일반 대중을 위한 것이 아니라 왕이나 왕을 모시는 예언가나 주술사가 신성한 말씀을 참고할 수 있도록 마련된 시설이었다. 오늘날도 그렇지만 그 당시도 지식은 권력과 직결되어 있었다. 대중이 이해할 수 없어야 했고, 자물쇠로 굳게 잠겨 있어야 했다.

고대 그리스인들은 이런 통제를 깰 수 있는 수단들을 제공했다. 그것은 (비록 싸지는 않아도) 구입 가능한 종이와 잉크, 쉽게 쓸 수 있는 알파벳, 그리고 사제 같은 지배계급이 없는 사회 구조였다.

최초의 종이

'파피루스papyrus'(영어 'paper'의 어원)의 재료는 나일강 삼각주에서 많이 자라는 식물의 줄기였다. 이 식물의 겉껍질을 벗기면 섬유질을 띠는 끈적끈적한 속껍질이 나오는데 이것을 약 40센티미터 길이로 얇게 잘랐다. 이렇게 만든 기다란 조각들을 단단한 판 위에 가장자리가 살짝 겹치도록 나란히 놓은 뒤 또다른 기다란 조각들을 상단에 직각으로 붙였다. 이것을 물속에 담가 오래 방치하면 부패가 시작되었는데, 이는 확실하지는 않지만 아마도 접착력을 높이는 과정이었던 것 같다. 두 겹을 한데 붙이는 방식도 가능하다. 습기가 남아 있을 때 두 장을 겹쳐놓고 두드려 한 장으로 만들었다. 말릴 때는 위에 무거운 물건을 올려 압력을 가했다. 건조된 파피루스 종이는 돌이나 조개껍질 같은 단단하고 둥근 물체로 광택을 냈다.

오늘날 종이는 펄프 섬유로 만든다. 제지 기술은 서기 2세기 중국에서 발명된 것으로 추정된다. 초기에는 '넝마', 즉 못 쓰는 천조각(면, 아마포 등)에서 섬유를 구했다. 19세기부터는 목재가 사용되기 시작했다.

두루마리

두루마리는 (한 면에만) 글이 적힌 파피루스 같은 시트를 돌돌 말은 것이다. 읽을 만한 두루마리 하나를 만들기 위해서는 시트를 여러 장 이어 붙였는데, 앞면은 섬유의 결이 두루마리의 가로와 수평이 되게 하고 뒷면은 수직이 되게 했다. 너비는 23∼56센티미터였고, 로마의 박물학자 대★플리니우스에 따르면 두루마리 하나당 파피루스 종이를 최대 20장까지 이어 붙였다. 일반적으로 텍스트를 처음 쓸 때는 섬유의 결에 맞추어 두루마리의 가로와 평행이 되게 앞면recto에 썼다. 파피루스는 자주 재사용되었는데, 그럴 때는 뒷면verso에 섬유의 결과 어긋나게 썼다. 두루마리 하나에 쓸 수 있는 글의 분량은 700줄 정도(호메로스의 책 한 권에 해당)였다.

최초의 알파벳

글을 읽고 쓸 줄 아는 문명이 되기 위한 더욱 중요한 조건은 경제적이고 쉽게 익혀 쓸 수 있는 문자이다. 기원전 750년경 고대 그리스인은 페니키아인의 문자를 바탕으로 문자 개수가 24개에 불과한 최초의 자음과 모음 알파벳을 만들었다. 이후 이 알파벳은 로마인을 거치며 오늘날 알파벳의 기초가 되었다. 모든 문자는 대문자였고 띄어쓰기는 없었다. 소문자, 띄어쓰기, 구두점은 훨씬 뒤에 등장했다.

대문자를 뜻하는 영어 '어퍼 케이스upper case'와 소문자를 뜻하는 영어 '로워 케이스lower case'는 인쇄업에서 유래했다. 식자공들은 금속활자를 위쪽과 아래쪽 상자에 나누어 보관했다. 손이 쉽게 닿는 아래쪽 상자에는 자주 사용하는 소문자를, 위쪽 상자에는 대문자를 담아두었다.

고전기 도서관

그리스의 희극작가 아리스토파네스(기원전 386년경 사망)는 비극작가 에우리피데스(기원전 406년경 사망)가 지나치게 지적이며 서적(즉 두루마리) 수집광이라고 놀렸다고 한다. 여기서 우리는 기원전 5세기 아테네에 서적 판매상과 (처음으로)

개인 장서가 있었음을 미루어 짐작할 수 있다. 흑해에 수출된 책이 있었다고도 전해진다. 그런데 그때 또 한차례의 '대약진'이 이루어졌다.

세계 최초이자 당시로서는 세계 최대였던 학술 도서관은 기원전 3세기 이집트의 알렉산드리아에 세워졌다. 알렉산드로스 대왕으로부터 이 지역의 통치를 위임받은 그리스 장군 프톨레마이오스의 업적이었다. 기원전 323년 알렉산드로스대왕이 사망하자(53쪽 참조) 프톨레마이오스는 스스로 왕위에 올랐다. 프톨레마이오스가 도서관을 건립한 목적은 알렉산드리아가 지중해의 지적 중심지인 아테네를 능가하게 만들기 위함이었다. 프톨레마이오스의 재력에 비추어볼 때 이는 충분히 가능한 일이었다. 문서 수집과 필사가 놀라운 속도로 진행되었다. 책을 찾기 위해 아테네에 정박된 모든 배를 뒤졌고, 발견된 책은 전부 압수했다. 마침내 알렉산드리아도서관이 소장한 두루마리의 수는 무려 50만 권(오늘날의 책 10만 권에 준하는 분량)에 육박했다.

도서관장 제노도토스는 최초로 책을 알파벳순으로 정리했다고 알려져 있다. 또 시인이자 도서관학자였던 칼리마코스는 최초로 모든 그리스 문학작품의 자세한 서지 정보―저자, 저자에 관한 간략한 소개, 저작물, 책장 번호―를 제작했다. 칼리마코스가 저술한 『피나케스 pinakes』('표', 총 120권)는 도서관에서 필수 참고 목록으로 사용되었다. 다른 그리스 왕들도 이 추세를 받아들이면서 학술 도서관이 안티오키아와 페르가몬에 경쟁적으로 생겨났고, 우수한 도서관장들이 앞다투어 채용되었다.

마우스 클릭 한 번으로 지식을 얻을 수 있는 현대를 사는 우리는 문학작품 같은 것을 입수했다는 사실만으로, 또는 그런 것을 구할 수 있다는 사실만으로 순수한 기쁨을 느끼는 모습이 선뜻 이해되지 않을 것이다. 단 어느 시대든 글을 읽고 쓸 수 있는 능력을 완전히 갖춘 사람은 전체 인구의 20퍼센트에서 30퍼센트에 지나지 않았음에 주의하자.

정본定本

또 한 가지 중요한 점이 있다. 손으로 베낀 필사본에는 오류가 많았고, 이런 오류는 고스란히 전해지고 덧붙여지며 문제가 배가되었다. 이집트의 알렉산드리아에서는 연구생 학자들이 호메로스 이래 그리스의 위대한 고전기 작가들의 가장 정확한 필사본을 작성했고, 오늘날의 고대 그리스문학 필사본들은—알렉산드리아시대 이후 또 오류가 쌓이기는 했지만—바로 이 텍스트들로부터 파생되었다.

텍스트 조각

이집트가 중요한 이유는 또 있다. 이탈리아나 그리스 같은 유럽의 기후 조건에서 파피루스는 쉽게 손상되어 기껏해야 몇 십 년밖에 보관하지 못했다. 굉장히 얇은데다 식물성 물질이어서 습한 유럽 기후에서는 곰팡이가 생기고 벌레의 공격을 받아 망가지기 십상이었다. 200년 된 파피루스는 굉장히 이례적인 사례에 해당되었다.

하지만 이집트처럼 건조한 기후에서는 파피루스가 비교적 안정적이었다. 따라서 알렉산드리아시대 이전에 제조된 파피루스는 주로 이집트 등지에서 발견된다. 우리는 바로 이 고문서들을 통해 알렉산드리아 학자들이 텍스트를 올바르게 옮겼다는 사실을 확인할 수 있다. 예를 들어 호메로스의 서사시 『오디세이아』 텍스트가 실제로 존재했음을 보여주는 가장 오래된 증거는 기원전 200년경에 제작되었다고 추정되는 파피루스 조각이다. 여기에는 독해가 가능한 글이 19줄 쓰여 있었다. 이 텍스트는 훨씬 나중에 제작된 온전한 형태의 필사본과 내용이 거의 일치했다. 이 필사본은 파피루스 조각보다 더 일찍 발견된 서기 11세기 필사본을 베낀 것이다.

쓰레깃더미

이집트의 고대 도시 옥시링코스에는 거대한 쓰레깃더미가 있다. 1890년대에 이 쓰레깃더미에서 귀한 파피루스 필사본이 무더기로 발견되었다. 그리스 극작가 에우리피데스·소포클레스·메난드로스의 희곡 작품 전체 또는 일부, 사포와 핀다로스 등 그리스의 여러 시인의 시 전체 또는 일부 발췌문, 로마 역사가 리비우스의 유실된 서적의 요약본, 그리스 수학자 에우클레이데스의 『기하학 원론』의 도해와 공식 전체가 있었고, 철학자 아리스토텔레스가 썼다는 아테네 헌법에 관한 저술도 거의 완전한 형태로 발견되었다.

이뿐만 아니라 음란한 광대극 각본, 매매 증서, 대출 증서, 유서, 계약서, 세금 환급 서류, 정부의 명령장, 사적인 서신, 구입 목록, 교리, 가계부 등이 고스란히 원래 형태대로 발견되었다. 그 내용은 그리스의 도시 옥시링코스에서 읽고 쓰고 일했던 시민들의 삶과 더없이 어우러지며 오늘날을 사는 우리가 보기에도 자연스럽다. 다음은 전차 경주장의 일일 프로그램 표이다.

1회차 전차 경주
행진
줄타기 곡예 및 노래
2회차 전차 경주
줄타기 곡예 및 노래
3회차 전차 경주
가젤과 사냥개
4회차 전차 경주
익살극

5회차 전차 경주
육상선수 공연
6회차 전차 경주

미라가 하는 말

파피루스를 보존하는 것은 사막뿐만이 아니다. 이집트 미라를 넣은 관은 파피루스를 겹겹이 '붙여' 만들었다. 최근 1903년에 발견된 관 하나가 해체되었다. 그곳에서 나온 파피루스 종이 중에 날짜가 기원전 33년 2월 23일로 기록된 조각이 있었다. 이 조각에는 이집트 여왕 클레오파트라가 애인 마르쿠스 안토니우스의 심복 푸블리우스 카니디우스에게 내린 명령이 적혀 있었다. 카니디우스에게 두둑한 세금 감면 혜택을 내리라는 내용이었고, 맺음말로는 승인을 뜻하는 그리스어 '기네스토ginesthô'(그대로 이행하라)가 적혀 있었다. 그럼 이것은 클레오파트라의 친필일까? 아마 아닐 것이다. 그 이유는 첫째, 이 미라는 왕궁이 위치한 알렉산드리아에 있지 않았다. 둘째, 이때는 왕명이 적힌 지시사항이 내려지면 지역 주민들이 법을 제정하고 서명을 했다. 셋째, 클레오파트라가 자신의 이름으로 나가는 모든 문서에 과연 직접 서명했을까? 그럴 가능성은 희박하다.

유럽에서의 발견

몇 가지 특별한 조건이 충족되면 유럽에서도 수천 년 넘게 문서가 보존되었다. 완벽한 무산소 환경, 즉 산소 침투가 전혀 없는 지하에서 고문서가 발견된 사례가 있다. 잉글랜드 북동부 노섬벌랜드의 하드리아누스 성벽 부근에 위치한 로마 요새 빈돌란다에서 나무 서판(서기 85~130년경)이 발견되었고, 이어 영국의 런던 블룸버그 건물 건설 현장에서 더 오래된 서판(서기 50~80년경) 400개 이상이 추가로 발견되어 이중에서 90개의 내용이 판독되었다. 여기에서 처음으로 런던을 가리키는 표현이 나왔고, 도시 초창기의 재무 서류(서기 57년 1월 8일)—현금, 지불, 비용, 대출, 영수증을 가리키는 표현이 많이 나온다—도 있었으며, 100명이 넘는 노예, 군인, 상인 등의 명단, 학교 교재, 계약서("가이우스 발레리우스 프로쿨루스는 베룰라미움[성알바누스]에서 11월 13일에 20개의 식량을 개당 4분의 1데나리우스의 운반비를 받고 가져다주기로 나와 계약한다") 등이 있었다.

불탄 시집의 냄새

프랑스와 미국에서는 헤르쿨라네움에 위치한 율리우스 카이사르의 장인(루키우스 칼푸르니우스 피소)의 서고에서 나온 탄화한 두루마리들을 엑스레이 이미징 등 다양한 기법을 활용해 사실상 다시 '펼쳐' 읽는 작업이 진행중이다. 피소의 장서는 서기 79년 베수비우스 화산이 분출했을 때 화산재로 뒤덮였다. 그리스의 시인이자 철학자 필로데무스의 작품 일부(시론)도 물리적으로 펼쳐져 독해, 출판되었다. 또 무엇이 우리를 기다리고 있을까? 사포의 시가 적힌 온전한 필사본?

개인 장서

로마인들은 기원전 2세기에 그리스를 속주로 만든 뒤 그리스 문화에 푹 빠졌다. 그들은 그리스어와 라틴어로 된 작품을 수집해 개인 장서를 만들었다. 다른 서고에서 서적을 슬쩍 훔쳐오기도 했다. 로마 독재관을 지낸 술라는 기원전 86년에 아테네를 약탈하고 로마로 돌아오는 길에 멋진 전리품을 가져왔는데 바로 아리스토텔레스 전집이었다.

파피루스는 손상되기 쉬웠기 때문에 수시로 두루마리를 수선하거나 텍스트 내용을 분명하게 바로잡고 새로 필사하는 작업을 할 필요가 있었다. 로마에서 아리스토텔레스 전집을 이렇게 관리한 사람은 그리스 출신의 학자 티란니온이었다. 로마의 정치가 키케로도 티란니온에게 작업을 맡겼는데, 키케로는 오랜 친구인 아티쿠스에게 보낸 편지(기원전 56)에서 꼭 자기 집에 와 티란니온이 작업한 것을 보라고 청했다. 아티쿠스에게는 인력이 잘 구비된 훌륭한 서고가 있었는데, 키케로는 종종 아티쿠스의 서고 인력의 도움을 요청하기도 했다.

> 티란니온이 내 서고를 얼마나 근사하게 정리했는지 자네도
> 보게 될 걸세……. 그런데 자네 서고 사람들을 내게 두엇
> 보내줄 수 있겠나? 접착 작업 같은 것을 티란니온이 시킬
> 수 있게 말일세. 서지 식별표로 쓸 양피지도 가지고 가라고
> 해주게.
>
> 「아티쿠스에게 보내는 편지」, 4.4(a)

키케로가 말한 접착 작업이란 파피루스 낱장을 이어 만든 두
루마리의 양쪽 끝에 서지 식별표를 붙이는 일이었다. 키케로는
아티쿠스에게 자주 서적을 빌려 자신의 사환에게 필사시키곤
했다.

공공도서관

대중을 상대로 대출이나 회람 서비스를 제공하는 공공도서관
은 서기 17세기까지 문을 열지 않았다. 그전까지 공공이든 사
설이든 도서관의 주된 업무는 기존 텍스트를 재생산하고, 망가
지기 쉬운 텍스트를 잘 보존하며, 새 텍스트를 입수하고, 이따
금 필사본이 필요한 사람들을 불러서 한 부 만들어갈 수 있게
하는 것이었다. 로마에 서적상이 있었다고 하지만 당시에는 인

쇄기나 출판업자가 없었고 저작권이나 인세 체계도 없었다. 텍스트가 필요할 때 할 수 있는 일은 빌리거나 훔치거나 사람을 써서 필사본을 만드는 것뿐이었다. 율리우스 카이사르는 로마 최초의 공공도서관 건립을 계획했다. 카이사르 자신은 생전에 완공을 보지 못했지만 그가 계획한 도서관은 기원전 39년에 마침내 개관했다. 이후 황제들이 공공도서관을 다수 건립했고, 서기 350년에는 로마에만 29개가 있었다(로마의 여가시설인 공공욕장의 부대시설인 경우가 많았다).

로마인은 세균에 대해 알지 못했다. 그들이 욕장을 이용하는 목적은 청결보다는 기분전환이었다. 욕장은 오늘날 우리가 여가를 즐기기 위해 모이는 스포츠센터나 문화센터와 비슷했다. 상점, 치과, 변호사 사무실, 매춘부, 마사지 시술소, 도서관 등이 욕장과 같이 있기도 했다. 신분 고하에 상관없이 욕장 시설을 이용했기 때문에 사회 주요 인사들도 욕장을 찾았고, 따라서 누구나 욕장에서 부유층의 생활을 접할 수 있었다. 사실 로마시대 수도교가 건설된 주요 목적은 욕장에 물을 공급하기 위해서였다. 욕장은 로마의 중요한 여가시설이었고, 군인들은 어디에 주둔하든 욕장 시설을 이용하고 싶어했다.

고전의 전통

지식인층의 그리스인과 로마인이 우리가 현재 고전기 문학의 정전正典으로 알고 있는 것—호메로스, 기원전 5세기와 4세기 그리스문학, 기원전 1세기와 서기 1세기 로마문학—을 정립한 시기는 서기 1세기였다. 고대인들은 호메로스, 철학자들, 비극 시인들, 베르길리우스, 키케로가 안내한 정치적·지적·도덕적 의식 고양은 그 무엇에도 비할 수 없다고 느꼈다. 분명 젊은 이들이 읽어 마땅한 훌륭한 저자들이었다.

이 텍스트들이야말로 끊임없이 필사되고 또 필사되며 가장 오래 살아남아야 할 텍스트였다. 서로마제국이 지속된 근 500년간 서기 5세기 말까지 교육을 받으려는 사람들(주로 부유층에 국한되었다)은 '고등'교육 기간(즉 14세 이후) 대부분을 고전기 라틴문학을 공부하며 보냈고, 그리스어를 여기에 일부 추가했다.

책

파피루스로 만든 두루마리는 불편한 점이 많았다. 일단 두 손이 필요했다. 오른손은 두루마리를 고정시키는 데 사용했고, 왼손은 읽을 때 두루마리를 펼치고 다 읽으면 다시 마는 데 사용했다. 많은 내용을 담을 수도 없었다. 읽다가 중단할 때는 다시 말아두어야 했으므로 앞서 어디까지 읽었는지 잊어버리기 일쑤

였고, 한 면밖에 쓸 수 없어 비경제적이고 쉽게 찢어졌다.

여기 극도로 외설스럽고 재미있는 시인 마르티알리스가 있다. 서기 80년대에 시작 활동을 했고 유행을 선도하는 인물이었던 그는 아래 글에서 자신의 시집이 새로운 형태로 출간되었다고 알리고 있다. 마르티알리스는 자신의 첫 시집에서 이 일을 다음과 같이 자랑했다.

내 자그마한 책들을 어디서든 지니고 싶거든,
그리고 그것들이 당신의 긴 여행에 동반자가 되어주길 바라거든,
이것들을 사시오, 작은 페이지에 내용을 압축해 넣은 양피지 서적이라오.
두루마리는 높으신 나리들께 줘버리시오. 내 책은 한 손으로도 읽을 수 있으니.
그런데 나를 어디에서 파는지 몰라서,
온 도시를 찾아 헤맸다면,
내 조언하겠소. 세쿤두스의 상점을 찾아가시오. 그곳이 어딘가 하면,
평화의 신전과 네르바포룸 입구 뒤편이라오.

이것은 로마시대에 발명된 가장 위대한 기술 중 하나인 책, 즉 '코덱스codex'가 문헌에 등장하는 첫 사례이다.

흥미롭게도 코덱스는 오랫동안 관심을 끌지 못했다. 현재까지 전해지는 문헌 중에서 코덱스가 차지하는 비중은 서기 2세기 자료는 2퍼센트, 3세기 4.5퍼센트, 4세기 48퍼센트, 5세기 90퍼센트이다. 초반에 코덱스로 제작된 책은 대부분 기독교 서적이었다. 기독교도들이 코덱스 기술 전파에 앞장섰는데, 이는 아마도 두루마리는 이교도들을 연상시키는 물건이기 때문이었을 것이다. 또는 코덱스 서적은 부피가 훨씬 작아(두루마리와 달리 양면에 글씨를 쓸 수 있다) 휴대하기 간편하고 참고하기도 훨씬 쉬웠기 때문이었을 수도 있다. 이 두 가지 이점 모두 종교 서적이 되기에 꼭 필요한 조건이다.

벨럼, 소문자, 구두법

짐승의 가죽에 글을 쓰는 것은 아주 오래전에 시작되었다. 그렇지만 서기 7세기 이집트를 비롯한 주요 파피루스 생산지가 이슬람교에 경도된 아랍인들의 침략을 받아 파피루스를 구하기 어렵게 되자 다시 조명을 받게 되었다.

'벨럼vellum'은 고대 프랑스어 '벨랭vélin'('송아지 가죽 또는 독피지', 같은 뜻의 영어 단어 '빌veal'과 비교)에서 온 유대어로 글쓰기나 인쇄가 가능한 매끄럽고 오래가는 포유류 가죽을 뜻한다. 가죽을 깨끗이 씻어 잘 펴서 겉을 매끄럽게 긁어낸 뒤 잉크가 잘 먹도록 백악과 석회로 표면 처리했다.

> 짐승의 가죽으로 만든 종이를 일컫는 다른 말로 '파치먼트parchment'(양피지)가 있다. 이 단어는 터키 서해안에 위치한 고대 도시의 이름 '페르가몬Pergamon'에서 유래했다(중간에 라틴어 '페르가메눔pergamenum'과 프랑스어 '파르슈맹parchemin'을 거쳤다). 페르가몬에서 짐승 가죽이 종이로 사용된 것은 기원전 3세기부터였다.

하지만 벨럼이 너무 비쌌기 때문에 서기 5세기에 이미 다른 중요한 변화가 일어났다. 소문자가 발명되어 공간이 절약되었고, 읽기 편하게 단어 사이를 띄웠으며, 구두법이 사용되었다. 7세기에서 8세기로 넘어갈 무렵에는 소문자 필기체(흘림체)가 표준이 되었다. 지금까지 전해지는 필사본은 대부분 이렇게 다시 쓰인 것들이다.

한편 정치적으로 훨씬 큰 변화들이 일어나고 있었다.

서로마제국의 멸망과 기독교

로마의 콘스탄티누스황제는 서기 312년부터 동방과 서방 모두에서 기독교를 국교로 만드는 과정에 착수했다. 이는 서로마 제국의 몰락이라는 거대한 문화적 변혁의 근원으로 작용했다. 476년에 최후의 로마 황제 아우구스툴루스('소小아우구스투스')가—역설적이게도 로물루스(로마 건국자의 이름)라고 불렀다—이민족 출신 오도아케르의 지시에 따라 조용히 명예 퇴진하면서 서로마제국은 종말을 맞이했다. 몰락을 초래한 게르만족 침략자들은 시간이 지나면서 완전히 기독교화되었다.

이후에도 이교도 문학이 살아남았음을 분명히 암시하는 문헌들이 존재했다. 그리스 중심의 동로마는 서로마 침략의 영향을 받지 않았으며 예전과 다를 바 없이 지냈다. 동로마에서는 이교도들의 그리스 저작이 선별되어 지속적으로 필사되었고, 교육 현장에서도 활용되었다. 단 기독교도들이 가치 있다고 여긴 텍스트, 즉 철학자 플라톤과 아리스토텔레스, 그리스의 비극 작가, 애국심을 자극하는 웅변가, 역사가의 텍스트로 한정되었으므로 선택의 폭은 넓지 않았다. 다른 저자들의 글은 개별 지식인이나 도서관 등이 자체적으로 필사본을 제작했다.

교회 라틴어

서로마는 상황이 다소 달랐다. 서로마에서는 그리스어가 자취를 감췄다. 당연히 교육은 라틴어로만 이루어졌다. 처음에는 수도원의 수사들이 교육을 담당했지만 차츰 교회 부설 학교에서 담당하게 되었다. 따라서 고전기 라틴어 작품 선집이 교육용으로 필사되어 도서관에 참고도서로 비치되었고, 필요에 따라서는 재필사되기도 했다. 하지만 성서 라틴어, 교부, 성경의 가르침은 절대적 우위에 있었고, 이는 유럽의 게르만족이 기독교를 받아들이면서(79쪽 참조) 이 추세도 그대로 유지되었다.

따라서 서기 550년부터 750년까지는 오래된 고전기 라틴어 저작이 필사되는 일이 그리 많지 않았다. 이러한 시대적 분위기를 거스른 2명의 인물이 눈에 띈다. 이탈리아 남부에 수도원을 세운 카시오도루스는 기독교 교육과 더불어 전통적인 고전학 교육도 유지하기로 마음먹고 고전기 작품을 수집했다. 같은 시대를 산 보에티우스는 로마의 게르만족 출신 왕 테오도리쿠스의 조언자 역할을 했는데, 세속적인 교육을 진흥시키기 위해 자신이 구할 수 있는 모든 그리스어 텍스트를 라틴어로 번역했다.

팰림프세스트

기독교 교단은 기독교 텍스트—성서, 기도서, 기독교 저자들의 작품 등—에 우선순위를 두었다. 그들은 한 가지 문제에 부딪혔는데, 새 매체로 각광받는 벨럼이 지나치게 비쌌다. 하지만 벨럼은 내구성이 뛰어났다. 그렇다면 기존 이교도의 텍스트를 지우고 그 위에 기독교 텍스트를 다시 쓰면 어떨까?

이렇게 만들어진 필사본을 '팰림프세스트palimpsest'라고 하는데, 이 단어는 '다시 긁어내다'를 의미하는 두 개의 그리스어 단어에서 유래되었다. 즉 원래의 글자를 긁거나 씻어내고 새로운 텍스트로 대체한다는 뜻이다. 예를 들어 오늘날 많은 관심을 받고 있는 키케로의 저작 『국가론*De Republica*』은 일부만이 현재까지 전해지는데, 그 이유는 서기 400년경 제작된 필사본이 성아우구스티누스가 구약 시편에 관해 쓴 작품으로 덮어쓰였기 때문이다.

아르키메데스의 필사본

이번에는 팰림프세스트에 관련된 (훨씬 나중에 생긴) 다른 이야기를 소개하고자 한다. 이 필사본은 아주 최근에야 독자를 만날 수 있었다. 기원전 3세기의 인물인 그리스의 아르키메데스는 이 세상을 거쳐간 가장 뛰어난 수학자들 중 한 명으로 손꼽힌다. 서기 950년경 콘스탄티노폴리스의 한 필경사는 아르키메데스의 수학 증명이 들어 있는 서한집을 필사했다. 이 필사본은 나중에 예루살렘으로 흘러들어갔는데, 1229년에 원래 내용이 지워지고 기독교 예배문이 그 위에 다시 쓰였다. 이 필사본은 또다시 콘스탄티노폴리스로 흘러들어가 1840년경 어느 날한 독일의 성서학자 눈에 띄었다.

이 성서학자는 덜 지워진 기하학 도표에 흥미를 느꼈다. 그는 이것을 아는 사람들에게 보여주었고, 그들 중 이것이 무엇인지 알아본 누군가가 사진을 찍었다. 하지만 그후 이 필사본은 한동안 유실되었다가 다시 발견되어 1970년 어느 경매장에 모습을 드러냈는데, 한 미국인이 이것을 200만 달러에 구입했다. 그리고 1999년 디지털 이미징 기법인 다중 스펙트럼 이미징 기술을 사용해 아르키메데스의 텍스트와 도표를 복원하는 작업이 시작되었다.

전자기 방사선은 물질의 파장에 따라 상호작용하는 방식이 다르다. 다중 스펙트럼 이미징은 이 원리를 이용한다. 예를 들어 일광으로는 보이지 않는 것도 적외선 카메라로 찍으면 보일 수 있다. 아르키메데스 필사본의 한 영역을 빛의 다양한 파장을 이용해 수차례 촬영한 결과 디지털 이미지 '더미'가 산출되었다. 이어 이 이미지화된 영역만의 특징을 부각시키기 위한 알고리즘(일종의 '레시피' 같은 것)이 작성되었다. 이 모두가 아래쪽 텍스트를 밖으로 드러내기 위한 과정이었다. 이렇게 아르키메데스의 필사본은 마침내 세상의 빛을 보게 되었다.

기원전 211년 아르키메데스는 로마군이 시라쿠사(시칠리아의 도시)를 포위했을 때 도시 수비에 사용할 기계를 발명하기 위해 그 현장에 있었다. 아르키메데스는 쟁반이나 땅바닥에 부은 모래에(파피루스와 잉크보다 훨씬 저렴했다) 기하학 도표를 그리고 있던 중 한 로마 병사와 마주쳤다. 로마 병사가 그를 전쟁포로로 끌고 가려고 하자 아르키메데스는 무뚝뚝하게 도표가 망가지니 물러서라고 말했다. 로마 병사는 그를 죽였다. 이 일의 경위를 전해들은 로마 장군 마르켈루스는 참담해했고(로마인들은 그리스 지식인들을 매우 존경했다), 아르키메데스를 위해 성대한 장사를 치르게 했다.

수년 후 키케로는 시칠리아의 부패한 총독 베레스의 사건을 맡아 시라쿠사를 방문했다. 키케로는 이곳에 있다는 아르키메데스의 묘지를 찾아다녔다고 기록을 남겼다. 키케로는 한참을 찾아다닌 끝에 수풀에 뒤덮인 묘지를 겨우 발견했다. 묘지 위에는 둥근 공이 이것을 넣을 수 있는 가장 작은 원기둥 속에 들어 있었다. 공과 원기둥의 부피 비율은 2대 3이었고, 이는 둘의 표면적 비율과 동일했다. 아르키메데스가 생전에 가장 자랑스러워했던 증명이었다. 안타깝게도 이 묘지의 위치는 현재 알려져 있지 않다.

샤를마뉴의 르네상스

서기 8세기 고전기 라틴문학의 존망은 풍전등화와 같았다. 하지만 프랑크왕국의 샤를마뉴대제(재위 768~814)가 서기

800년에 신성로마제국의 탄생을 선포하면서 상황은 급격한 전환을 맞이했다. 배움과 인문학을 숭상한 샤를마뉴는 엘리트들을 관리로 등용했고, 교육은 새로운 우선순위가 되었다. 그 결과 고전기 세계와 고전기 라틴어 텍스트에 대한 관심이 부활했다. 유럽 전역에서 고전기 텍스트를 발굴하려는 노력이 확대되었다. 한동안 잊혔던 수많은 작품이 다시 각광을 받으며 필사본이 제작되었고, 도서관에 비치되고 교육 현장에서도 재필사되었다.

1150년에서 1600년 사이 고전기 필사본 발굴의 움직임은 더욱 확대되었다. 12세기에 법학, 철학, 과학, 의학, 수학이 발전하면서 그리고 14세기 이탈리아 르네상스기에 고전기 인문주의적 이상에 기반을 둔 세속적 만능인uomo universale을 찾으려는 노력이 활발해지면서 고전기 문학은 그 진가가 재조명되었다. 고전기 사유가 정치적·문화적·예술적·사회적 진보에 결정적인 요소로 여겨지기 시작했다.

하지만 르네상스는 교회에 저항하는 반발이나 투쟁은 아니었다. 르네상스는 기독교적 세계관을 보완하는 또다른 관점이나 변화, 새로운 도전을 제시할 뿐 결코 교회를 위협하지는 않았다. 어쨌든 초기 교회의 역사는 고전학 교육과 공생할 방법을 찾아가려는 노력의 역사였다. 기독교 신부들은 고전학 교육의 가치를 공개적으로 인정했다. 성아우구스티누스는 플라톤과 아리스토텔레스를 선한 기독교도로 바꾸어놓지 않았던가?

따라서 학자들은 고전기 라틴어 문헌의 필사본을 찾기 위해 서유럽 도서관을 다시 살살이 뒤졌다. 예를 들어 1415년 프랑스의 클뤼니 수도원의 도서관에서는 키케로의 필사본이 발견되었다고 전해진다. 이는 원로원 의원 카틸리나와 정무관 베레스를 비판한 연설문으로, 750년에 마지막으로 필사된 것이었다. 용지는 분명 벨럼이었을 것이다. 어느 도서관 한 귀퉁이에 파묻혀 있던 유일한 필사본이 발견되면서 이 작품을 원론적으로 유럽 전역의 모든 학자와 사상가가 열람할 수 있게 된 것이었다.

그리스어의 귀환

하지만 그리스어는? 그리스어는 서방에서 수천 년 전 사라지지 않았던가? 사실상 그랬다. 또한 서방교회(로마교회)와 동방교회(그리스정교회)의 분열은 이러한 문화적 차이를 더욱 심화시켰다. 유럽 르네상스의 가장 큰 원동력 중 하나는 서로마에 귀환한 그리스어 지식이었다. 사태가 이렇게 되기까지는 아이러니하게도 튀르크족('거친 사내들')의 도움이 컸다. 10세기 중앙아시아의 튀르크족이 근동을 침략하고 이곳에 이슬람교를 전파하면서 이 지역에 일대 혼란이 야기되었다(84쪽 참조).

그리스인들은 이슬람교도들이 도서관에 어떤 만행을 저지를지 잘 알고 있었다. 그들은 코란의 교리에 어긋나는 책은 모두 불태웠다. 그렇지 않은 책도 어차피 코란보다 열등했으므로 불

필요했다. 그래서 그들은 그러한 책도 불태웠다.

그리스 학자들은 이 '야만인들'로부터 도서관과 학문을 필사적으로 지키기 위해 소중한 그리스어 텍스트를 챙겨 콘스탄티노폴리스를 떠났다. 그들은 이탈리아를 향해 서쪽으로 도망쳤지만 모두가 살아남지는 못했다. 모든 것은 그저 운에 달려 있었다. 전 세계 기독교도들을 위해 동방의 성지를 지키겠다고 나선 십자군도 사실상 도움이 되지 못했다. 서방 로마교회와 동방 그리스정교회의 정치적 갈등 때문에 콘스탄티노폴리스는 1204년 제4차 십자군전쟁 때 약탈되었으며, 이 지역의 도서관이 파괴되면서 소중한 그리스어 문헌도 상당수 유실되었다.

그리스어를 가르치다

하지만 서방에서는 근 1000년 만에 다시 고대 그리스어를 배울 수 있게 되었고 호메로스, 플라톤, 아리스토텔레스, 그리고 다른 모든 작가들을 원어로 읽기 시작했다. 이탈리아, 특히 피렌체, 파도바, 베네치아, 로마 소재의 대학들은 그리스 학자들과 그들이 가져온 소중한 필사본을 환영했다. 그들이 가장 처음한 일은 그리스어 걸작을 라틴어로 번역하는 일이었다.

두번째 단계는 그리스어 초급 과정을 개발하는 것이었다. 이때 주축이 된 인물은 마누엘 크리솔로라스Manuel Chrysoloras로, 비잔틴제국 외교관이었던 그는 1396년 피렌체에서 그리스어를 가르쳤다. 크리솔로라스는 쉬운 문법책을 개발했는데, 학생들은 이 문법책을 완전히 익히면 라틴어 주해서의 도움을 받아 그리스어 원전 독해를 바로 시작할 수 있었다. 『로브 클래시컬 라이브러리*Loeb Classical Library*』의 번역 대조 구성은 이탈리아 르네상스기에 기원을 두고 있다.

한 가지 덧붙이자면 잉글랜드의 학자 윌리엄 그로킨William Grocyn은 1488년에서 1490년 피렌체에 개설된 수업에서 고대 그리스어를 배운 뒤 1492년 옥스퍼드로 돌아가 그리스어를 강의했다. 1516년에는 잉글랜드 최초로 그리스어 종신 교수직이 옥스퍼드대학에 생기기도 했다. 현재 옥스퍼드대학에는 그리스어 교습을 총괄하는 '그로킨 교수Grocyn Lecturer'직이 있다.

페트라르카가 본 호메로스

여기 그 당시 세계에서 온 위대한 편지가 있다. 이 편지를 쓴 인물은 르네상스기의 인문주의자 페트라르카(1304~1374)로, 그는 기독교 사회에서 고대 로마의 이상을 부흥시키는 데 큰 공헌을 했다. 페트라르카는 어마어마한 장서를 보유하고 있었다. 그리스 서적도 있었지만 그리스어를 익히지는 못했다. 그리스인 니콜라오스 시게로스Nicholaos Sigeros는 두 기독교 교회의 통합을 협상하는 회의에 참석하기 위해 서방에 가면서 호메로스의 필사본 한 부를 페트라르카에게 전해주었다. 페트라르카는 시게로스에게 감동적인 감사 편지를 쓰면서 마음속 괴로움을 토로했다.

당신의 선물—거룩한 시인의 진실하고 독창적인 텍스트, 모든 창조의 샘—은 당신이나 제가 보아 마땅한 작품이기에, 당신은 약속한 바를 지켰고 저의 바람을 이루어주셨습니다. 그러나 당신의 선물은 아직 불완전합니다. 당신은 저에게 호메로스와 더불어 당신 자신까지 주셨어야 합니다. 당신은 저를 빛의 들판으로 이끌어줄 안내자요, 궁금증으로 가득한 저의 두 눈에 『일리아스』와 『오디세이아』의 광활한 기적을 열어 보일 안내자이시니까요. 하지만 아아! 호메로스가 말을 하지 못하는 걸까요, 제가 듣지 못하는 걸까요. 아니면 제가 소유한 아름다움을 향유하는 것이 제 능력 밖의 일인 걸까요. 저는 호메로스를 플라톤과 나란히 두었습니다. 시인들의 왕과 철학자들의 왕을 나란히 둔 것이지요. 저는 영롱히 빛나는 저 손님들을 바라보며 기쁨을 느낍니다. 그들의 불멸의 저작 가운데 라틴어로 옮겨진 것을 저는 모두 가지고 있습니다. 하지만 혹여 아무 이득도 얻지 못할지언정 저는 이 덕망 있는 그리스인들을 그들의 적절한 민족적 풍습에 따라 바라보는 것에서 기쁨을 느낍니다. 호메로스의 책을 바라보는 것만으로도 기쁩니다. 저는 자주 이 말없는 책을 품에 안고 탄식합니다. "영광스러운 시인이여! 당신의 노래를 저는 어떤 기쁨을 느끼며 들어야 합니까!" 하지만 저는 절망하지 않습니다. 저는 카토의 모범에서 위로와 희망을 보았으니까요. 카토는 말년에 이르러서야 그리스어 지식을 습득했지요.

페트라르카, 『익숙한 일들에 관한 편지들*Familiarum rerum libri*』, 18.2

텍스트 안의 텍스트

현자들의 연회

1421년의 고문서 수집가 지오반니 아우리스파에게로 되돌아가보자. 아우리스파의 수집품 중 가장 유명한 것은—알려지지 않은 어느 도서관의 한 구석에서 발견되었다—아테나이오스의 필사본으로, 제목은 '현자賢者들의 연회Deipnosophistai'였다. 그들이 누구일까? 사실 아테나이오스는 그리 유명한 사람은 아니다. 하지만 이 사람 덕분에 특별히 유명해진 단어가 있으니 바로 '포르노그라포스pornographos'(매춘부를 그리거나 묘사하는 사람)로, 영어 '포르노그래퍼pornographer'(외설물 제작자)의 어원이다.

아테나이오스가 여기 등장하는 이유는 다음과 같다. 고전기 그리스문학은 상당히 심각하다는 평판을 받고 있다. 돔 지붕 아래에서 플라톤이나 아리스토텔레스 같은 지성인들은 '선'과 '우주'의 본성을 주제로 토론했다. 비극 작품은 신의 손아귀에 놓여 있는 인간의 운명을 비통해했다. 투키디데스 같은 역사가들은 전쟁의 명분을 논했다.

아테나이오스는 이 모든 진지함을 기후변화 세미나에 나타난 스트리퍼와 같이 산들바람처럼 가벼이 헤쳐나갔다. 아테나이오스의 저작 『현자들의 연회』(총 15권, 『로브 클래시컬 라이브러리』에는 총 7부로 구성되어 수록됨)는 라렌시스라는 자가 로마에서 며칠 동안 개최한 연회에 관한 이야기이다. 이 작품에는 각기 특별한 관심 분야와 전문성을 지닌 손님 23명이 등장한다. 이 손님들은 장장 15권에 걸쳐 고대(또는 현대)의 향연에서 다뤄질 법한 다양한 주제에 관한 자신의 견해를 속사포처럼 쏟아낸다. 세상에 무수히 많은 불가사의한 일들이 주는 기쁨, 또 이 불가사의한 일들로 인해 생기는 혜택과 위험이 주된 이야깃거리였다. 특히 두드러지는 주제는 음식과 술과 성에 관한 것이었다.

이 작품이 중요한 이유는 이 필사본 한 부가 우리에게 전해짐으로써 이 으스대는 전문가들이 토론에서 언급하는 약 1250명의 작가(다른 사료에서는 볼 수 없는 작가가 많다)와 약 1만 행의 시구(일부는 완결된 형태의 시)도 함께 전해졌다는 데에 있다. 이 필사본의 많은 내용은 오직 여기에서만 찾아볼 수 있다. 말하자면 아테나이오스는 문학의 금광인 셈이다. 예를 들어 위대한 시인 사포의 필사본은 콘스탄티노폴리스에 전혀 남아 있지 않다. 오늘날까지 전해지는 사포의 필사본이 전무하다는 뜻이다. '열번째 뮤즈'(9명으로 이루어졌다고 알려진 시와 음악의 신. 그리스 신화의 무사―옮긴이)라 일컬어지는 사포의 시는 모두 사막에서 발견된 필사본 조각의 글귀에서 유래했거나 지금까지 전해지는 다른 작가의 작품 속에 인용된 것이 전부이다. 아테나이오스는 후자의 범주에서 매우 중요한 기여자라고 할 수 있다.

디오가 본 그리스 비극

'텍스트 안의 텍스트'로 전해지는 고대 문헌의 또다른 예로 철학자이자 역사가였던 디오 크리소스톰Dio Chrysostom의 작품이 있다. 디오는 서기 100년경 로마 치하의 소아시아(오늘날의 터키 서부)에 살았다. 그리스인들은 이 지역에 거주한 지 1000년이 넘었지만 약 200년 전부터 로마의 속주 총독의 지배를 받으며 로마에 세금을 내고 있었다. 아테네가 기원전 5세기에 누리던 영광스러운 고전기―페리클레스와 소크라테스, 그리스 비극과 파르테논이 있었던 황금기―는 이제 500년도 더 된 일이었다. 지금의 우리에게 비유하자면 콜럼버스의 시대처럼 아득히 먼 과거였다.

디오는 『대화록』 52편에 어느 한여름 새벽에 깨었더니 가을인 양 쌀쌀하고 몸 상태가 좋지 않았다고 적었다. 디오는 자리에서 일어나 용변을 보고 기도를 바친 뒤 밖으로 나가 마차를 타고 한 바퀴 돌았다. 그다음 산책을 한 뒤 잠시 누웠다 목욕을 하고 음식을 먹었다. 이제 무엇을 할까? 디오는 이날 하루를 고전기 그리스 비극을 읽으며 보내기로 결심했다. 그는 그리스신화 속 영웅 필록테테스의 이야기를 골랐다. 기원전 5세기 아테네의 비극작가 아이스킬로스, 에우리피데스, 소포클레스의 작품이었다.

비극 축제를 되살리다

디오는 이날의 계획에 기분이 몹시 들떴다고 말한다. 디오가 기억하기에 그리스 비극은 기원전 5세기 아테네에서 열린 두 차례의 주요 희극 축제(1월의 레나이아 축제, 3월부터 4월까지 열리는 디오니시아 축제)에서 경연을 펼쳤다. 세 명의 극작가가 상을 두고 다투는 자리였다. 하지만 디오에 따르면 아이스킬로스(기원전 456년 사망)가 소포클레스(기원전 406년 사망)와 같은 날 경쟁하기도 하고, 소포클레스가 에우리피데스와 경쟁하기도 했지만, 세 사람의 나이 차 때문에 이 대가들이 동시에 맞붙은 날은 없었다. 따라서 디오는 당시 아테네인들이 하지 못한 일을 해보리라고 생각했다. 하나의 주제를 두고 이 세 명의 위대한 그리스 비극작가들의 작품의 승부를 가리는 것이었다. 분명 5세기 아테네의 비극 경연에서는 벌어지지 않았던 일이었다. 디오는 자리를 잡고 앉았다.

필록테테스 신화

헤라클레스의 친구 필록테테스는 신과 인간 사이에서 태어난 헤라클레스가 스스로 목숨을 끊을 수 있도록 도왔다. 헤라클레스는 감사의 표시로 자신이 쓰던 무적의 활을 그에게 주었다. 필록테테스는 이 활을 들고 트로이전쟁에 참전해 그리스인들을 도와 트로이인들을 상대로 싸웠지만, 어느 날 뱀에게 발을 물리고 말았다. 좀처럼 아물지 않는 상처에서 악취가 진동했고, 고통을 참지 못한 필록테테스가 비명을 지르는 통에 함께 있던 군대가 몹시 불편해했다. 결국 오디세우스는 그리스인들을 설득해 필록테테스를 가까운 렘모스섬에 내다버렸으므로 이제 필록테테스가 목숨을 의지할 것은 활밖에 없었다.

하지만 몇 년 후 그리스인들은 필록테테스와 그가 가진 활이 없다면 트로이를 결코 함락시킬 수 없다는 신탁을 받았다. 오디세우스는 필록테테스를 데려오라고 명령을 내렸다. 하지만 버림받은 채 몇 년을 지낸 필록테테스는 그리스인 모두에게, 그중에서도 특히 오디세우스에게 몹시 화가 나 있었다.

디오는 여기에서 이야기를 시작한다. 우리에게는 금싸라기 같은 글이다. 세 명 중에 소포클레스의 버전만이 오늘날까지 전해지기 때문이다.

필록테테스 신화의 세 가지 버전

널리 알려져 있듯이 소포클레스 버전에서는 오디세우스가 젊은 이상주의자 네오프톨레모스(아킬레우스의 아들)를 설득해 필록테테스를 속여 트로이로 데려오게 한다. 네오프톨레모스와 함께 배를 탄 이들이 비장하게 합창을 한다. 네오프톨레모스는 속임수를 쓰는 것이 마음에 걸렸지만 결국 대의를 위해 동의했다. 필록테테스에게 미움을 받은 오디세우스는 눈에 띄지 않는 곳에 피해 있었다.

네오프톨레모스는 필록테테스의 마음을 돌리기 위해 최선을 다했지만 그동안 섬에서 오롯이 홀로 지내야 했던 불쌍한 노인을 향한 동정심에 사로잡히고 만다. 결국 기만적인 태도를 버리고 오디세우스의 계략을 폭로한 뒤 필록테테스와 운명을 함께한다. 나중에는 심지어 렘노스섬을 떠나 필록테테스를 (트로이가 아닌) 그리스의 집으로 데려다주려고 한다. 필록테테스는 그들을 뒤따라오는 그리스인들을 기꺼이 활로 쏴 죽일 각오가 되어 있었다. 하지만 그들이 출발하려고 할 때 과거에 필록테테스에게 활을 주었던 헤라클레스가 신이 되어 나타나 모든 상황을 바로잡는다.

아이스킬로스 버전에서는 오디세우스가 직접 행동에 나선다. 합창단은 렘노스 사람들로 구성되어 있다. 필록테테스는 기력이 전혀 없어 오디세우스를 알아보지 못한다. 필록테테스는 합창단에게 자신의 기구한 사연을 털어놓고, 오디세우스는 그에게 트로이로 돌아가자고 설득한다. 오디세우스는 그리스인들이 연달아 패배했고, 아가멤논이 죽어서 이제 오디세우스 자신이 총대장이며, 트로이 원정은 완전히 실패했다고 거짓말을 늘어놓는다.

에우리피데스 버전에서는 아테네인으로 변장한 오디세우스가 그리스 영웅 디오메데스와 함께 렘노스섬에 당도한다. 합창단은 렘노스 사람들이며, 이중에는 필록테테스와 한동안 알고 지내던 아크토르라는 사람이 있다. 오디세우스는 조만간 트로이 사절단이 도착해 필록테테스에게 왕이 되어달라고 부탁할 것이라는 소식을 들었다고 말한다. 필록테테스의 활만 있으면 그리스 침략자들을 쉽게 물리칠 수 있다는 것이었다. 트로이인들이 때맞춰 도착하고 논쟁이 벌어진다(에우리피데스는 논쟁을 좋아했다). 마침내 오디세우스가 논쟁에서 이기고 필록테테스는 그리스군 진영으로 돌아간다.

문학적 금싸라기

디오가 정리한 필록테테스 신화는 그 가치를 이루 다 헤아릴 수 없다. 우리는 다양한 출처를 통해(지금까지 전해지는 고대 인물들에 대한 기록, 고대 백과사전 항목 및 연극 목록, 91~92쪽 참조) 아이스킬로스가 총 70편에서 90편의 희곡을 썼다고 알고 있지만, 지금 우리에게 전해지는 것은 고작 6편과 위작이 분명한 『결박된 프로메테우스』가 전부이다. 소포클레스는 120편 넘게 희곡을 썼지만 지금까지 전해지는 것은 겨우 7편이다. 에우리피데스는 90여 편의 희곡을 썼지만 이중 18편과 에우리피데스 작품이 아니라고 확실시되는 『레소스*Rhesus*』만이 전해진다. 그러므로 우리는 이 세 거장이 쓴 약 300편의 희곡 작품 중 총

31편과 위작으로 의심받는 2편만을 가지고 있는 셈이다. 이 유려한 글―디오는 웅변술이 대단해 '크리소스톰'(금으로 된 입)이라는 별칭을 얻었다―은 고대의 비극이 신화를 다룬 방식에 관한 이해의 새 지평을 열어주었다.

도서관 시설

디오의 『대화록』을 보면 한 가지 분명히 떠오르는 질문이 있다. 디오는 이 세 비극작가의 300여 편 작품 중에 어느 것이든 자유롭게 선택해 비교할 수 있었을까? 대답은 '그렇다'이다. 단, 도서관이 가까이 있었다면. 동시대 작가들의 작품에 실린 인용과 참고문헌을 근거로 판단하건대, 대략 서기 4세기까지는 고전기 라틴 및 그리스 문학작품의 전작을 거의 다 구해서 볼 수 있었다.

그러나 4세기 이후 교육은 점점 더 교회에 맡겨졌다. 교회에서 책을 불태웠다거나 제도적으로 억압했다는 증거는 찾아보기 어렵지만, 결과적으로 고전기 텍스트를 일상적으로 필사하는 문화는 확실히 사라졌다. (기독교가 꽃을 피우면서) 고전기 텍스트는 전반적으로 관심에서 멀어졌고, 엄격한 교육적 목적을 위해 일부 특정 작가들만 집중된 관심을 받았다.

포티오스와 다른 저자들

서기 855년경 훗날 콘스탄티노폴리스 총대주교가 되는 포티오스는 위험한 외교 임무를 띠고 아라비아로 향했다. 그가 떠나기 전 그의 형제 타라시오스는 포티오스가 읽은 모든 책의 요약본을 만들어달라고 부탁했다. 이렇게 나온 결과물이 포티오스의 『비블리오테카 Bibliotheca』('장서', 1601년 최초 출간)이다. 여기에는 그리스, 로마, 비잔티움 산문작가(시인은 없다)의 저서 280권(!)의 요약본과 주석이 실려 있다. 이 작가들 중 절반가량은 이 책이 아니면 우리에게 전혀 알려지지 않았을 이들이다(예를 들어 포티오스가 요약본을 쓴 역사가 33명 중 20명은 다른 사료에서는 찾아볼 수 없다).

또다른 예로 서기 17세기 스페인의 세비야 주교 이시도로스를 들 수 있다. 이시도로스는 '어원Etymologiae'이라는 제목으로 고전기 백과전서와 비슷한 책을 저술했다. 헤시키오스는 서기 5세기에 희귀한 단어를 정리해 사전을 펴냈으며, 헤시키오스와 동시대 사람인 스토바이오스는 아들 셉티미오스를 가르치기 위한 목적으로 시인과 산문작가들의 글을 발췌해 선집을 만들었다. 이들이 없었다면 그 모든 인용구와 요약문은 전부 유실되었을 것이다.

완전한 형태의 비극 텍스트 이외에도 아이스킬로스의 희곡을 출처로 정확히 밝힌 인용구가 약 300개(인용된 아이스킬로스의 희곡 수는 약 60편이다)이고, 정확히 아이스킬로스의 어느 희곡인지는 알 수 없지만 "출처는 아이스킬로스"라고 적힌 인용구 약 200개가 지금까지 전해진다. 소포클레스의 경우는 소포클레스의 희곡 100여 편에서 나온 인용구 약 650개와 출처를

정확히 알 수 없는 인용구 약 300개가 있으며, 에우리피데스의 경우는 에우리피테스의 희곡 60여 편이 출처인 인용구 약 800개 이상과 정확한 출처를 찾지 못한 인용구가 약 200개 있다. 이러한 '인용구들' 중 일부는 고작 단어 하나인 경우도 있다(헤시키오스의 사전이 출전인 경우가 그렇다).

구텐베르크혁명

14세기와 15세기부터 급작스럽고도 왕성한 활동이 때맞춰 나타났다. 1439년 요하네스 구텐베르크는 대량 생산이 가능한 가동 활자를 사용하는 인쇄기를 발명했다고 발표했다. 인쇄된 책의 경제적 생산이 유럽 전역에 도입되는 순간이었다. 1450년 '구텐베르크 성서'가 나왔고, 1470년에는 처음으로 고전기 텍스트가 인쇄되어 나왔다. 그때까지 필사본 형태로 남아 있던 고전기 텍스트는 모두 대량으로 인쇄되어 오늘날까지 전해지고 있다(이 일을 계기로 정확한 텍스트 생산이 권장되기도 했다.

하지만 이것은 또다른 이야기이다).

에필로그: 아랍 막간극(750~1200)

아랍인들이 자신들의 새로운 종교를 세상에 전파하기 위해 사막에서 벗어나 그리스 동부, 그중에서도 특히 시리아에 이르렀을 때 서구의 지적 발전은 일대 전환점을 맞이했다. 이곳에서 아랍인들은 뜻하지 않게 고대 그리스의 화려하고 풍부한 지적 유산의 상속자가 되었다. 그들이 받은 느낌은 마치 고대의 거친 로마인들이 그리스 문화를 처음으로 접했을 때와 비슷했다. 다만 아랍인들은 문학(호메로스나 그리스 비극)에는 큰 흥미를 느끼지 않았다. 아랍인들의 관심을 끈 것은 과학, 철학, 논리학, 천문학, 수학, 의학, 즉 철학적 논증이나 사물의 작동 원리에 관한 기술적인 설명이었다. 아랍인들은 아리스토텔레스, 플라톤, 히포크라테스, 아르키메데스, 에우클레이데스 등 위대한 인물들의 저작을 접하고는 놀라움을 금치 못했다.

그리하여 그리스어와 시리아어로 쓰인 이 그리스 위인들의 저작들이 아랍어로 번역되었다(일찍이 시리아의 기독교도들을 위해 그리스어 서적이 시리아어로 번역된 바 있었다). 번역서는 주로 바그다드에서 제작되었고, 이 번역서들은 아랍 세계 전역으로 널리 퍼져나가 원하는 사람은 누구나 읽을 수 있었다. 661년부터 이슬람교도 아랍인들의 지배를 받았던 스페인에서도 이 책들을 구할 수 있었다.

아랍어로 쓰인 고전기 작품

당시 서구 학자들은 가톨릭교회의 언어가 라틴어인데다 교회가 교육을 주관했기 때문에 라틴어를 잘 알고 있었다. 하지만 우리가 앞에서 살펴보았듯이 서기 5세기 서로마제국이 멸망하면서 그리스어에 관한 지식도 함께 사라졌다. 그렇지만 라틴어로 된 문학작품에 그리스인들이 항상 언급되었기 때문에 서구 학자들은 그리스인들에 관해서도 잘 알고 있었다. 그런데 이 서구 학자들은 그 모든 그리스 텍스트를 스페인에 살고 있는 아랍인들이 아랍어 번역서로 보유하고 있는 것에 깜짝 놀랐다. 1085년 기독교도들이 스페인의 톨레도를 아랍인들로부터 탈환했을 때 이 도시는 그리스어 텍스트의 아랍어 번역본을 다시 라틴어로 번역하는 작업의 주요 중심지가 되었다.

라틴어 번역가

12세기에 스페인에서 가장 많은 책을 번역한 인물은 이탈리아 사람인 크레모나의 제라드였다. 제라드의 조수 갈리브가 아랍어 텍스트를 읽고 이것을 토착어로 옮겨 말하면 제라드가 듣고 이것을 다시 라틴어로 옮겨 적었다. 제라드의 제자들은 그가 번역한 책 70여 권의 목록을 완성했다.

제라드의 번역서를 대략 주제별로 분류해보면 제라드와 당대 사람들의 학문적 관심사가 무엇이었는지 엿볼 수 있다. 의학에 관한 책이 24권, 천문학·점성학·연금술·점술에 관한 책이 18권, 기하학·동역학·광학 등 수리과학에 관한 책이 17권, 철학 책이 11권, 논리학 책이 3권이었다.

다른 번역가로는 11세기의 아프리카인 콘스탄티누스가 있다. 콘스탄티누스는 동방으로 여행을 떠났다가 나중에 이탈리아 살레르노에 정착했다. 그는 아랍 의사들의 주요 저작을 번역했는데, 모두 그리스 의사 히포크라테스의 저작을 바탕으로 쓰인 것들이었다. 콘스탄티누스의 라틴어 번역서들은 큰 반향을 일으켰고 이는 번역서에 대한 수요가 높아지는 계기가 되었다.

아베로에스가 본 아리스토텔레스

저명한 철학자 아리스토텔레스는 논리학과 생물학을 창시했으며, 윤리학, 정치학, 천문학, 문학, 자연학ta physika과 형이상학ta metaphysika('자연학 다음에 〔저술했다〕'는 뜻, 영어 메타피직스metaphysics의 어원)에 관한 글을 남겼다. 아랍의 위대한 학자 아베로에스(이븐 루시드, 1198년 사망)는 아리스토텔레스를 열광적으로 추종했다. 그는 아리스토텔레스에 관한 해설서를 집필해 고대 그리스철학과 아랍철학을 결합했다. 아베로에스는 아리스토텔레스를 다음과 같이 설명했다.

그는 우월하고 완벽한 인간상을 보여주기 위해 자연이 만들어낸 모범 사례로 (…) 우리가 알 수 있는 것은 무엇이든지 알 수 있는 신성한 섭리에 따라 우리에게 보내졌다.

또한 아베로에스는 그리스 의사 갈레노스에 관한 해설서도 집필했다.

이렇듯 이제는 고대를 아랍어로도 배울 수 있게 되었다. 새로운 학생 독자층을 위한 교재가 아랍어로 편찬, 소개되고 해설과 논평이 등장했다. 고전기 학문이 높이 평가를 받기는 했어도 과거의 것이었으므로 이들 책에는 당대 아랍 세계 의사들의 새로운 의학적 발견도 함께 소개되었다. 이 저작들은 모두 라틴어로 번역되었다. 토마스 아퀴나스는 아리스토텔레스를 아랍어 원서의 라틴어 번역본을 통해 접했다. 그럼에도 불구하고 서구에서 고전기 세계가 지니는 권위는 그야말로 지대했기 때문에 아랍인들의 기여는 서구에 결코 완전히 통합되지 못했다. 라틴어로 작업한 아랍인 저자들은 제대로 인정받지 못할 때가 많았다. 1492년 기독교도들이 스페인을 탈환했을 때 광신적인 가톨릭교도들은 아랍어로 글을 쓰는 것을 금지하고 아랍어 서적을 모두 폐기했다. 게다가 아랍어 문자는 너무 복잡해서 구텐베르크혁명의 혜택도 누리지 못했다. 이 중요한 역사적 시기

에 아랍인들의 저작을 널리 전파하는 것이 사실상 불가능했다는
의미이다.

제3장

과거를 발굴하다

아르테미스 신전에서 고대 경제까지

관광 또는 고적 답사

가이드북과 바가지요금을 치른 플라스틱 생수통을 움켜쥐고 입심은 좋으나 때로는 무지한 관광 가이드의 장광설을 애써 외면하며 고대 유적지를 휘청휘청 걷는다. 그래도 나 이외에도 족히 100만 명이 똑같은 짓을 하고 있다고 생각하면 그것도 나름 큰 위안이 된다. 보이는 이 하나 없는 에페소스(터키)와 같은 고대의 주요 도시를 홀로 걷고 있노라면 사람들이 모두 떠난 오늘날의 런던을 돌아다니는 기분이 2000년 전에 이랬을까 싶다.

고대 유적지를 방문하면 수천 가지 질문이 떠오른다. 사람들은 이곳이 에페소스였다는 것을 어떻게 알 수 있을까? 이곳은 무슨 일이 벌어져서 이 지경이 되었을까?(고대 세계에는 폭탄

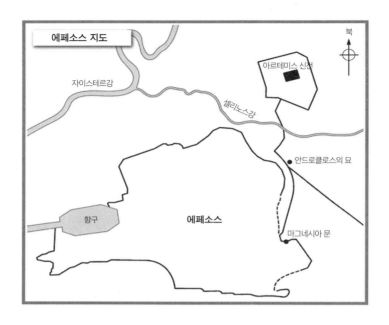

에페소스 지도

자이스테르강

셀리노스강

아르테미스 신전

안드로클로스의 묘

항구

에페소스

마그네시아 문

북

도 없었다) 얼마나 오랫동안 이 모습으로 있었을까? 에페소스
는 아르테미스 신전으로 널리 알려져 있다. 아르테미스 신전은
어디 있을까? 그곳이 아르테미스 신전이란 것을 어떻게 알 수
있을까? 아직 발견되지 않은 것들은 얼마나 될까? 에페소스, 특
히 이곳의 위대한 신전 복구에 얽힌 사연을 여기 밝힌다.

첫 아르테미스 신전

에페소스는 오늘날의 터키 서해안 인근에 위치해 있다(위쪽
지도 참조). 기원전 1000년경 그리스 도시로 안드로클로스라는

사람이 건설했으며(그리스인들은 그렇게 생각했다), 당시에는 해안에 자리해 있었다. 기원전 4세기부터 주요 항구도시로 발전했다. 에페소스의 거대한 신전은 사냥의 여신 아르테미스(로마신화의 디아나)에게 바쳐진 것으로, 최초의 대리석 건물이며 현재까지 알려진 고대 그리스 건축물 중 가장 큰 규모를 자랑한다.

아르테미스 신전은 기원전 560년에 지어졌으며, 리디아의 왕 크로이소스가 건설비를 후원했다. 크로이소스는 굉장한 부자였는데, 돈을 쌓아놓으면 그곳에서 뛰어내려 자살할 수 있을 정도였다고 한다. 그러나 이 신전은 기원전 356년 화재로 무너졌는데, 방화범은 헤로스트라토스라는 자로 그냥—오늘날에도 가끔 벌어지는 일이다—'유명'해지고 싶어서 불을 질렀다고 한다. 대리석으로 지은 신전을 어떻게 화재로 허물어뜨릴 수 있을까? 정답은 지붕의 받침목을 태우면 지붕이 무너지면서 다른 것도 같이 허물어진다. 그런데 아르테미스 여신은 왜 신전을 지켜주지 않았을까? 필시 알렉산드로스대왕의 탄생을 지켜보느라 출타중이었으리라…….

신전을 다시 짓다

에페소스 사람들은 곧바로 예전과 비슷하게 거대한 새로운 신전을 지었다. 새 신전을 받치는 기단의 크기는 약 가로 50미터, 세로 115미터로, 파르테논 신전의 3배였다. 이 크기를 감당할 수 있도록 기둥을 측면에 각각 두 줄, 그리고 전면에 세 줄을 세웠다. 가늘고 우아한 이 이오니아식 기둥들은 웅장한 조각 장식이 돋보였고, 약 17미터 높이로 총 127개였다. 일찍이 기원전 334년 알렉산드로스대왕은 이 신전을 보고 건축을 완공할 건설비를 지원하겠다고 제안했다. 그러나 알렉산드로스대왕에게 머리를 조아릴 마음이 없었던 에페소스 사람들은 재빨리 거절할 구실을 찾았다. 신이 다른 신에게 제물을 바치는 것은 적절치 않다는 게 그들의 대답이었다. 이렇게 새로 지어진 신전은 오늘날 고대 세계 7대 불가사의 중 하나가 되었다.

기원전 10년경 활동한 그리스의 경구시인 안티파트로스는 아르테미스 신전의 우월함을 다음과 같이 묘사했다.

전차들이 따라 달릴 만큼 긴 바빌론의 험준한 성벽도,
[올림피아의] 알페이오스 강가에서 본 제우스 신상도,
공중정원과 [로도스의] 태양신 거상도,
웅장한 피라미드들을 만들어낸 어마어마한 노동력도,
마우솔로스의 으리으리한 묘도, 막상
구름에 닿을 듯한 아르테미스 신전을 보고 나면
모두 그늘에 가려지고 마는구나. 올림포스 말고는,
태양은 한 번도 그것과 동등한 것에 빛을 내린 적이 없어라.

로마의 지배

기원전 129년 로마인은 터키 서부를 속주로 만들고 아시아라고 불렀다(57~58쪽). 에페소스는 아시아 속주의 행정 및 경제 중심지가 되었고, 인구는 약 25만 명에 달했다. 그러므로 오늘날 우리가 이 도시에서 보는 건물은 거의 모두 로마제정시대(서기 2~5세기)에 지어진 것들이다. 이때가 에페소스의 가장 빛나는 전성기였다([그림 1] 참조). 우리가 이런 사실을 알 수 있는 것은 많은 건물에 새겨진 명문 덕분인데, 명문에는 해당 건물이 어느 로마 황제 때 건립되었는지가 적혀 있다. 잘 알려져 있듯이 서기 53년경 사도 바울은 에페소스 기독교도들에게 편지를 쓰고 이곳을 방문한 적이 있다. 이때 아르테미스 신전의 우아한 축소판 모형을 팔아 짭짤한 수입을 올리던 이 지역의 은 세공인들이 그를 방해꾼으로 여겨 박대하는 바람에 사도 바울은 큰 곤란을 겪었다.

점진적 쇠퇴

에페소스는 476년 로마제국이 붕괴할 때 살아남았지만 기독교도들은 곧 이교도 신전을 파괴하고 그 자리에 교회를 세웠다

[그림 1] 에페소스 재건

(에페소스에는 성요한 교회, 성마가 교회, 성누가 교회와 종교 박해를 피해 달아났다가 에페소스에서 잠든 '7인의 동굴'도 있다). 이슬람교의 부흥 이후에는 아랍인의 지배를 받았다. 처음에는 튀르크족, 그다음은 비잔틴제국 그리고 1304년 다시 튀르크족의 지배를 받으며 에페소스에 이슬람 사원들이 세워졌다. 그런데 에페소스가 자리한 비옥한 평원은 자이스테르강 하구 인근에 위치해 있었다. 자이스테르강과 그 지류의 침식작용으로 산에서 토사가 내려와 수년에 걸쳐 항구는 육지가 되었고, 건물들이 토사에 뒤덮였다. 교역이 점차 쇠퇴했다. 한때 웅장하던 고대 아시아의 도시 에페소스는 그렇게 서서히 중세 시골마을로 전락했다. 17세기 말라리아가 창궐하면서 에페소스는 결국 인적 없는 도시가 되었다.

하지만 위대한 도시는 그냥 사라지지 않는다. 물론 용암에 뒤덮이거나 고대 그리스 올림픽대회의 발상지인 올림피아처럼 토사에 아예 파묻힌 경우를 제외한다면 말이다. 도시들은 보통 '재활용'된다. 사람들은 버려진 도시나 방치된 건물에서 쓸 만한 돌을 수레로 실어다 새 건물을 짓는 등 다른 곳에 활용한다(기둥이나 장식보다 사각 블록이 더 유용했다). 돌이 대리석이면(에페소스에서는 대부분이 그랬다) 부수어 다른 용도로 쓸 수 있었다. 예를 들면 대리석에 (열을 가해) 석회로 바꾸어 회반죽을 만들 수 있었다. 더 특이하게는 금속이 매우 귀했던 중세에 문을 고정시키는 쬠쇠와 다월dowel(콘크리트에 삽입하는 철심-옮긴이)을 떼어가 그것에서 금속을 추출하기도 했다.

재발견

17세기와 18세기 이 광활하고 웅장한 고대 도시를 방문한 서구의 초기 여행자들은 여기저기 흩어진 건물의 처량한 잔해밖에 볼 수 없었다. 그마저도 평원에 쌓인 토사에 절반쯤 묻혀 있었다. 한때 화려하던 아르테미스 신전의 흔적은 아예 남아 있지 않았다([그림 2] 참조).

오스만제국에 가려 에페소스라는 이름은 사람들의 기억에서 사라진 지 오래였지만, 초기 서구 여행자들은 이곳에서 발견된

[그림 2] 에페소스 유적지(1860년경 판화 작품)

명문과 '에페소스'라고 적힌 주화를 보고 이곳의 정체를 대번에 알 수 있었다. 다음은 한 명문의 예이다.

아시아 최초이자 최대 도시 에페소스시의 위원회와 인민이 위대한 아르테미스 축제 경연에서 승리한 에페소스의 남성 희극인 T. 플라비우스 사르페돈이 보여준 뛰어난 기량과 성실한 훈련, 그리고 그가 연기에 기울인 세심한 노력에 보답하고 그를 기리며.

1844년부터 1845년까지 이 지역을 탐사한 에드워드 포크너 Edward Falkener는 1862년 에페소스에 관한 책을 출판했다. 포크너는 이 책에서 에페소스의 마그네시아 문을 발견했다고 주장하면서 아르테미스 신전의 위치를 추측했다. 하지만 우리 이야기의 영웅인 제임스 터틀 우드James Turtle Wood는 이 책을 전혀 몰랐거나 알았어도 무시했던 것 같다.

철의 사나이: 첫 발굴

제임스 터틀 우드는 오스만제국의 스미르나-아이딘 철도회사에 고용된 기술자(스미르나는 오늘날 터키의 이즈미르이다)로, 열정적인 아마추어 고고학자이기도 했다. 1863년 우드는 지방 파샤(터키 문무 고관의 존칭-옮긴이)에게 에페소스에서 예비 조사를 수행해도 좋다는 허락을 받고 몇 차례 소득 없는 삽질을 한 뒤 1864년 대영박물관에 100파운드의 지원금을 신청했다. 이는 여전히 땅 위로 일부가 보이는 주요 극장과 오데이온(평의회 소집 장소였을 것으로 추정되는 소극장)의 발굴에 드는 비용이었다. 우드는 이 발굴로 아르테미스 신전을 찾을 수 있을 것이라는 희망을 품었다. 어쩌면 신전의 위치를 파악할 수 있는 단서가 될 명판이나 명문을 발굴할 수 있을지도 모를 일이었다. 우드는 탐사에 도움이 될 만한 고대 사료를 샅샅이 뒤졌다. 그중 의미 있었던 사료들은 다음과 같다. 중요한 정보는 굵은 글씨로 강조했다.

사료

박물학자 대★플리니우스: **신전은 축축한 땅에 지어서 지진이나 지반 침하의 영향을 받지 않게 했다.**

비평가 필로스트라토스: 부유한 로마인 다미아누스가 마그네시아 문을 통과하는 도로를 확장해 신전을 도시 안으로 들였다. 확장된 도로는 **지붕이 덮인 주랑**('스토아stoâ')으로, **총 길이는 600피트**(약 180미터—옮긴이)이며 모두 돌로 지어졌다. 주랑으로 제작한 이유는 비가 올 때마다 사제들이 신전을 떠나 있으면 안 되기 때문이었다.

여행작가 파우사니아스: 에페소스 사람들은 [건설자] 안드로클로스를 그들의 영토에 묻었고, 내가 사는 이 시대에도 그 묘를 볼 수 있다. 묘는 도로가에 있다. 이 도로는 신전에서 올림페이온(올림피아의 제우스 신전—옮긴이)을 지나 마그네시아 문으로 이어진다.

지리학자 스트라본: 신전은 현재[서기 1세기]까지도 성소로서 권리를 보호받고 있지만 그 경계는 자주 바뀌어왔다. 알렉산드로스대왕은 경계를 600피트로 확장했다.(…) 마르쿠스 안토니우스는 총 길이를 그 2배로 늘려 도시의 일부를 경내에 포함시켰다. 하지만 이 명령으로 도시에 범죄자들이 활개를 치자 아우구스투스가 이 명령을 취소했다.

중요한 진전은 마그네시아 문, 다미아누스 주랑, 안드로클로스의 묘 등 주요 지점을 찾아내는 데 있을 터였다. 그리고 대大 플리니우스가 신전이 축축한 땅에 지어졌다고 했으니 그 위치는 자이스테르강이나 셀리노스강 인근일 수 있었다. 이 점을 생각하면 일찍이 초기 탐사자들은 어째서 일관되게 바다가 바라다보이는 위치만 팠던 것인지 참으로 의아하다.

대운

1864년 우드는 발굴 지원금을 이후 3년 동안 받았고 1867년 그는 대운이 트인 듯했다. 법령이 새겨진 판版이 연달아 출토되었다. 이는 서기 104년 아르테미스 신전에 기증된 금은 조각상에 관한 법령으로, 기증자는 로마의 재력가 가이우스 비비우스 살루타리스였다.

그리고 민회가 열리는 날에는 상기 조각상과 여신의 조상彫像을 일체 신전 밖 극장에 옮겨두었다가 다시 신전 안에 들여 보관하며, 청년들도 마그네시아 문부터 코레시아 문까지 함께 옮긴다.

그러니까 민회가 소집되는 날(과 위원회와 민회에서 법으로 정한 다른 날) 조각상을 신전에서 극장으로 옮겼다가 마그네시아 문(130쪽 지도 참조)을 통과해 신전에 다시 가져다두어야 했다. 이것은 우드가 그토록 찾아 헤매던 단서였다. 이제 우드는 마그네시아 문의 위치를 파악하는 데 총력을 기울였다. 부분적으로 보이는 도시 성벽을 따라가던 중 마침내 우드는 그 문을 발견했다(이 문이 마그네시아 문으로 불리게 된 까닭은 에페소스 북쪽의 도시 마그네시아로 가는 입구―앞에서 언급했듯이 수년 전 포크너가 발견했다―가 인근에 있었기 때문이다).

안드로클로스의 묘

이제부터 할일은 마그네시아 문에서 이어지는 도로를 발굴하는 것이었다. 우드는 1868년 이 작업에 착수했지만 40미터쯤 파나가다보니 야속하게도 도로가 둘로 갈라졌다. 우드는 이에 굴하지 않고 양쪽 모두 파나갔다. 오래지 않아 어느 쪽이 맞는지 확신이 섰고—통행량이 많아서 바퀴자국이 남은 쪽—이 도로를 따라 마그네시아 문에서 450여 미터 떨어진 지점에서 돌로 된 다리를 발견했다. 다미아누스가 닦은 보행로를 지탱하던 다리임에 틀림없었다. 그리고 1869년 2월 우드는 결정적인 단서를 찾아냈다. 그것은 약 13제곱미터 크기의 거대한 주춧돌로, 그 위에는 하얀색의 엄청나게 큰 대리석 블록이 층층이 쌓여 있었다. 기념비는 찾을 수 없었지만 우드는 이곳이 안드로클로스의 묘라고 확신했다. 파우사니아스가 마그네시아 문에서 신전으로 이어지는 도로(130쪽 지도 참조)에 있다고 말한 바로 그 묘였다.

우드는 180여 미터를 더 파나갔지만 이제 4월이어서 에페소스 들판에 파종한 보리가 한껏 자라 있었다. 우드는 보리밭 주인들에게 지급할 보상금이 없었기 때문에 발굴을 중단할 수밖에 없었다. 한편 대영박물관은 인내심을 잃어 우드가 대박을 터뜨리지 않으면 다음 분기에는 지원금을 지급할 수 없다고 경고를 보내왔다.

대박

이제는 도박을 걸어야 했다. 우드는 이 고대 도로가 어디로 뻗어 있을지 예상해본 뒤 인부들에게 앞쪽 올리브밭에 구덩이를 몇 군데 파게 했다. 그곳에서 두꺼운 오래된 벽이 나왔다. 우드는 이 벽의 경로가 현재 땅 위로 일부가 보이는 지금의 벽과 이어진다는 것을 눈치채고 지금의 벽 옆으로 구덩이를 더 파보았다. 여기, 오래된 벽이 꺾이는 지점에서 우드는 다음의 명문을 발견했다.

> 카이사르 아우구스투스 황제[뒤에 긴 칭호가 열거된다]께서 디아나 신전 주변에 벽을 세우게 하셨으니……

고대의 지리학자 스트라본이 아르테미스 신전의 성소 구역이 지정된 과정을 설명하면서 언급한 '경계 벽peribolos'임이 분명했다. 아우구스투스가 다시 축소한 성소 구역의 새 경계를 표시한 벽이었다. 우드는 이 벽을 따라 북쪽으로 270여 미터, 동쪽으로 180미터 가까이 더 파나가며 신전이 세워졌던 구역을 표시했다. 1869년 우드는 대영박물관으로부터 발굴 현장을 통째로 사들일 수 있는 돈을 받아왔고, 같은 해 12월 31일 신전의 대리석 바닥으로 추정되는 부분을 발견했다. 1870년 새해 첫날, 신전 바닥의 형태가 모습을 드러냈는데, 이는 과거에 이곳이 그리스였음을 증명하기에 충분했다.

모습을 드러낸 신전

우드의 발굴 작업은 4년 더 이어졌다. 작업 환경은 종종 열악했다. 신전이 지표면에서 6미터 정도 아래 있었고, 강우량이 많은 시기에는 물이 2미터 높이까지 차오르기도 했다(발굴 현장은 인근 자이스테르강의 수면보다 1미터 정도 낮았다).

안타깝게도 유적지의 풍경은 기대와는 사뭇 달랐다([그림 3] 참조). 신전은 산산이 파괴되어 있었으며 대리석은 빈틈없이 재활용되었다. 조각난 잔해가 많았기 때문에 —평평한 판, 깨진 기둥조각, 모자이크 장식—1873년 60톤가량을 배에 실어 런던으로 보냈다. 그렇게 4년이 되어갈 즈음 우드는 할 수 있는 모든 조치를 취했고 그뒤 옮겨진 흙의 총량을 계산해보니 10만 1149세제곱미터였다. 아르테미스 신전이 다시는 세워질 수 없을지 몰라도 우드는 주화의 신전 그림과 대*플리니우스의 설명에 힘입어 신전의 위치와 형태를 파악해 재건설을 제안할 수 있었다([그림 4a, 4b] 참조).

오늘날 이곳을 찾는 방문객들이 볼 수 있는 것은 군데군데 습지가 있고 움푹 꺼진 너른 지대에 돌조각이 의미 없이 흩어져 있으며 그 가운데에 기둥 하나가 우뚝 서 있는 풍경이다. 이 기둥은 방문객들이 신전의 원래 높이를 가늠할 수 있게 기둥의 잔해를 이용해 세운 것이다. 꼭대기에 황새가 둥지를 틀고 있는데, 이는 아르테미스가 출산의 여신인 것을 생각하면 꽤나 잘 어울리는 조합이다([그림 5] 참조).

[그림 3] 아르테미스 신전의 발굴 현장(1870년경 판화)

[그림 4] 아르테미스 신전의 재건
(a) J. T. 우드의 신전 재건 구상도(판화)

(b) 아르테미스 신전이 그려진 주화의 앞면과 뒷면

골치 아픈 사업

　이렇게 압축된 이야기를 들으면 반드시 이런 결과가 나올 수밖에 없도록 사업이 치밀하고 논리적으로 진행된 것처럼 생각하기 쉽다. 일이 끝나면 늘 그렇게 보인다. 하지만 사업은 종종 난맥상을 드러냈다. 우드는 막다른 골목에 처했던 순간들을 언급했다. 그나마 괜찮은 인력을 고용하고 유지하는 문제, 이동

[그림 5] 지금의 아르테미스 신전 유적지

(기차로 편도 3시간 반 거리를 매일 다녔다), 노상강도(우드는 경호원을 두어야 했고 한 인부는 피살되었다), 그리고 성가시게 구는 관광객들까지. 하지만 우드가 보기에 최소한 미국인들은 이 일에 가장 흥미를 느끼는 부류였다. 우드는 이렇게 말했다. "나는 미국인에 대해 굉장히 좋은 인상을 갖게 되었다. 그들은 대체로 유적지 잔해를 피상적으로만 보지 않으려고 애썼다. 내가 기억하기에 단체로 어울려 다니면서 어딘가 자리를 잡고 앉아 먹고 마시길 좋아한 사람들 중에 미국인들은 없었던 것 같다. 그들은 눈에 띄는 흥미로운 물체들을 무엇이든 조심스럽게 살펴보곤 했다."

아마추어의 열정과 의지는 훌륭한 것이지만 오늘날 유적지 발굴은 훨씬 더 전문적으로 이루어진다. 그렇지만 고고학이든 문헌이든 거의 모든 획기적인 연구는 진행중에 난맥상을 드러내기 마련이다. 또한 절대 일차원적으로만 접근할 수 없다. 우드의 아르테미스 신전 발굴은 삽을 이용하는 작업이 전부가 아니었다. 라틴어, 그리스어, 고대사, 여기저기 흩어져 있는 사료들, 명문과 명문에 관련된 관습, 주화, 건축 형태, 공학 등에 관한 지식에서 창의력, 사고력, 근성, 운, 자금 조달 능력까지 이 모든 것이 사업의 성패를 갈랐다.

과학기술의 활용

고고학은 제임스 터틀 우드가 살았던 시대 이래 많은 발전을 이루었다. 우드가 살았던 시대에는 고고학계에서 유명한 다음의 금언이 통했을지 모른다. 돌 하나는 돌, 돌 두 개는 유구feature(옛 건축물의 구조나 양식을 알려줄 수 있는 단서가 되는 잔존물—옮긴이), 돌 세 개는 벽, 돌 네 개는 건물, 돌 다섯 개는 궁전, 돌 여섯 개는 외계인이 세운 궁전. 하지만 고고학의 궁극적 목표가 유물의 발굴, 기록, 이해, 보존이라는 사실은 지금도 변하지 않았다. 주된 차이점은 유적 탐사에 착수하는 과정과 발굴된 유물에서 정보를 추출하는 방식에 있다.

어디를 파볼까?

육상 조사는 힘든 작업이지만 때로는 매우 중요하다. 고고학자들은 몇 개의 팀을 구성해 제곱미터 단위로 표시한 구역을 찬찬히 거닐며 눈에 띄는 모든 것—토기 조각, 가공된 석조물(예를 들어 도구들), 벽 등—을 살펴본다. 1제곱미터 지표면에서 발견되는 모든 것을 면밀히 관찰하고 정확히 기록해—물론 휴대용 전자기기를 활용해 모든 결과물을 서로 맞춰가며—정착지의 규모와 인구밀도에 대한 감을 잡은 다음, 발견한 유구들을 근거로 정식 발굴 작업이 필요할지의 여부를 판단한다. 지표투과레이더와 전자기탐사 조사로 결과물을 얻기도 한다. 무덤에

탐침봉을 삽입해 혹시 예전에 파헤쳐진 적이 있는지 파악할 때
도 있다.

상공에서

항공 조사가 한층 더 낫다. 가끔은 다른 목적으로 촬영한 사
진이나 위성사진으로도 항공 조사를 수행할 수 있다. 건물이 땅
에 오래 묻혀 있으면 주변 토양의 색깔 또는 농작물의 색깔과
키에 영향을 준다. 예를 들어 땅속에 건물이 있으면 그 땅에서
자라는 작물은 주변에 비해 덜 무성하다. 이런 특징은 오로지
상공에서만, 특히 특정한 광선이나 특정한 각도에서만 관찰할
수 있다. 이때 드론이 유용하다. 볼록한 매장지, 로마시대의 도
로, 야영지 등은 모두 항공 조사로 발견되었다. 항공기에서 레
이저빔을 쏘아 숲지대나 수풀에 가려진 건축물을 찾아내는 '라
이다LiDar'(light detection and ranging, 빛 감지 및 탐색) 기술도
있다.

발굴과 기록

하지만 실제 발굴 작업은 예전과 크게 달라지지 않았다. 한편
에서는 곡괭이, 삽, 외바퀴 손수레를 사용해 힘을 쓰는 작업을
하는가 하면, 한편에서는 가는 붓과 이쑤시개를 사용해 매우 정

밀하고 섬세한 작업을 하거나 유물에서 제거된 흙을 모두 체에 걸러 아주 작은 물체를 찾아내기도 한다. 가장 중요한 것은 유물을 옮기기 전에는 반드시 '원 상태 그대로in situ'의 사진을 찍는 것인데, 이는 맥락이 모든 것을 말해주기 때문이다. 따라서 유물은 그것이 발견된 자리가 완전히 치워져 그곳에서 이 유물을 제거해도 방해받는 것이 전혀 없을 때라야 비로소 들어낼 수 있다.

또한 유물에 관해서만 기록하는 것이 아니다. 토양의 색깔과 질감의 변화를 기록하는 것 역시 중요하다. 토양의 색깔과 질감이 변했다면 이는 다른 수준의 군락을 나타내는 신호일 수 있다. 이러한 층리stratification는 완전히 노출되어야만 쉽게 파악할 수 있다. 2004년 올림픽대회 개최를 위해 건설된 아테네 도시철도 역에서 이렇게 완전히 노출된 층리를 볼 수 있다. 일부 역에서 흙벽에 창유리를 설치해놓아 각기 다른 층을 선명하게 보여준다.

연대 추정: 폼페이 낙서

물론 가장 좋은 경우는 출토중인 토양층에서 연대 추정이 가능한 유물―주화가 좋은 예인데, 황제의 두상과 그것에 수반된 정보로 연대 구간을 폭넓게 추정해볼 수 있다―이 발견되는 것이다. 2018년 8월 폼페이에서 발견된 낙서는 굉장히 큰 소득이었다. 인부가 쓴 것으로 보이는 이 낙서는 "11월 칼렌다이(고대 로마력에서 한 달 중 첫째 날―옮긴이) 열엿새 전에 [X]가 먹을 것으로 배를 채웠다"라는 내용으로, 이 날짜는 10월 17일에 해당한다.

언뜻 이것만으로는 연대 구간에 관한 유용한 정보가 없는 것 같지만 정말 그럴까? 만일 이 낙서가 베수비오 화산이 분출한 해에 쓰인 것이라면 이 낙서는 대단히 중요한 사료가 된다.

그 이유는 다음과 같다. 우리가 알기로 베수비오 화산은 서기 79년에 분출했다. 로마 정무관 소小플리니우스는 역사가 타키투스에게 보낸 편지에서 8월 24일이라고 정확한 날짜를 알려주었다. 하지만 이 날짜와 관련해 오래전부터 몇 가지 질문이 제기되어왔다.

- 첫째, 지금까지 전해지는 사료들을 종합해보면 10월 30일, 11월 1일, 11월 23일 등 총 12가지 각기 다른 날짜(!)가 있다.
- 둘째, 잔해에서 발견된 티투스황제의 주화에는 "임페라토르 imperator로 15차례 연호되었다"라고 적혀 있다. 이 주화는 서기 79년 9월 이전에는 주조될 수 없었다.
- 셋째, 일반적으로 8월이 지나야 익는 과일이 잔해에서 발견되었다. 물론 수확 시기는 그보다 일렀을 것이다.

그렇다면 이 낙서는 서기 79년도나 그 이전에 쓰인 것일까?

낙서가 지워지기 쉬운 목탄으로 쓰여 있다는 점을 감안한다면 아마도 78년도나 77년도보다는 79년도의 같은 날짜에 쓰였을 가능성이 더 높을 듯하다.

새로운 연대 측정 기술

이 자체로도 충분히 훌륭한 오래된 방식의 기초 고고학이다. 하지만 이제 우리는 과거 유물에서 알아냈던 것보다 훨씬 더 많은 정보를 밝혀낼 수 있는 완전히 새로운 과학적 세계에 살고 있다. 더욱 새로워진 연대측정법―나이테 관찰, 방사성탄소연대측정법, 재하이드록시화(토기를 구울 때 증발된 수분이 다시 얼마나 흡수되었는지 알 수 있다) 기법, 열발광(전자기가 얼마나 남아 있는지 측정한다) 기법 등―은 여전히 우리가 언제든 활용할 수 있는 도구들이며, 지금도 수많은 기술이 끊임없이 등장하고 있다. 이 기술들은 단순히 주요 역사적 사건의 연대를 추정하는 차원을 넘어서 고대 세계에 대한 이해의 지평을 넓히고 있다.

로마의 (기후변화에 따른) 극적인 몰락

고대사에서 너무 유명한 사건 중 하나인 로마의 멸망이 카일 하퍼Kyle Harper의 저작 『로마의 운명*The Fate of Rome*』에서 다시 검증되었다. 이 탁월한 저작은 오늘날 과학적으로 얻은 방대한 양의 새로운 자료를 통해 우리가 할 수 있는 것이 무엇인지 보여준다. 하퍼의 결론은 기후 악화와 전염병의 결합이 로마의 몰락에 주요한 역할을 했다는 것이다.

하퍼의 연구 작업은 요즘 발전하고 있는 기후변화 조사를 바탕으로 수행되었다. 기후변화 조사에서는 비교 연구를 위해 현대뿐만 아니라 고대의 기후 패턴도 함께 파악한다. 자연에 남겨진—또는 기록 보관되었다고도 할 수 있을 것이다—다양한 자료, 즉 나이테, 빙하 코어, 종유석, 호수의 퇴적층, 태양 활동, 나일강 범람 등에 새로운 증거가 보관되어 있다고 할 수 있다. 이들 증거를 조사한 결과 역사상 어느 시대에나 이렇듯 자연에 남겨진 기록 자료와 기후 조건 사이에 '일관된 연관성'이 있음을 발견했다.

하퍼는 고대 사료에 나오는 증거와 이 새로운 자료를 결합해본 뒤 로마제국의 팽창이 가장 맹렬했던 시기인 기원전 250년에서 서기 150년까지의 날씨는 "안정적이고 따뜻하며 강수량이 적당"한 것이 특징이었다고 결론지었다. 그래서 수확량이 증가하고, 경작 가능한 땅도 늘어났으며, 제국의 발전을 지탱해줄 인구가 증가했다는 것이다. 하지만 서기 150년에서 450년까지는 가뭄, 기온 감소, 건조지대 증가, 나일강 범람의 간헐적 중단이 나타났고, 서기 450년에서 650년까지는 '소小빙하기'가 찾아왔다. 서방에서 이미 어려움을 겪고 있던 로마제국은 이때 완전히 붕괴되었다. 서기 165년에서 180년, 251년에서 270년, 541년에서 542년에는 끔찍한 전염병까지 유행해 서로마제국은 힘든 시간을 보낼 수밖에 없었다. 사실 하퍼는 "태양이 예전의 빛을 잃어버린"(서기 536년 로마의 정치인 카시오도루스의 명언) 해를 200여 년에 걸친 기온 감소와 541년의 전염병과 연관 짓는다. 이어 인구가 급감하면서 오래된 로마 세계는 7세기 무슬림 침략자들의 만만한 표적이 되었다.

이는 아직 가설이다. 이 결론이 사실이라고 가정해도 문헌에 나타난 다른 증거—4세기 후반부터 시작된 게르만족의 서로마제국 침략, 로마 내부에서의 잦은 갈등, 사람들의 기후변화 대처 능력 등—와의 상관성도 따져보아야 한다는 문제가 여전히 남아 있다. 그렇지만 하퍼가 새로운 과학기술을 통해 얻은 자료를 문헌 자료와 접목시킴으로써 우리가 자연계에서 작동하는 힘들을, 그리고 이 힘들이 생명체에 미치는 영향을 더 잘 이해할 수 있게 해주었다는 것만큼은 분명한 사실이다.

동위원소

하퍼의 결론만큼 극적이지 않을지 모르지만 식물과 인간의 잔해에 자연이 '감춘 비밀'을 찾아내는 작업도 똑같이 중요하다. 자연은 마치 우리가 이 비밀을 찾아내지 못하게 하려는 것만 같다. 자연의 비밀을 파헤치는 이 작업에 이용되는 것은 동위원소이다.

방사성동위원소(예를 들어 탄소-14)는 시간이 지남에 따라 붕괴되며, 우리는 그 붕괴 속도를 알고 있다. 따라서 나뭇조각에 포함된 탄소-14가 얼마나 붕괴했는지 파악하면 이 나뭇조각의 나이를 알 수 있다.

안정동위원소의 핵은 방사성동위원소와 달리 스스로 붕괴하지 않는다. 아주 간단히 설명하면 우리가 먹는 음식에도 동위원소가 들어 있다. 음식마다 들어 있는 동위원소가 다른데, 이 동위원소들은 우리의 뼈와 치아, 체세포의 일부를 이룬다. 동위원소를 검사하면 어떤 사람이 어떤 음식을 먹었고, 그 음식이 어디서 난 것인지 판별할 수 있다. 예를 들어 그 사람이 주로 생선을 먹었는지, 고기를 먹었는지까지 판별이 가능하다. 어린이의 치아를 구성하는 각기 다른 층들을 분석하면 이 아이가 언제 모유를 끊고 고형식을 시작했는지도 알 수 있다.

한 가지 예를 들어보면 과거에는 영국에 토끼가 처음 들어온 시기가 중세라고 생각했다. 하지만 영국에서 발견된 토끼 뼈를 최근 검사해본 결과 이 뼈가 생성된 시기는 서기 1세기까지 거슬러올라갈 뿐만 아니라 이 뼈의 '동위원소 시그니처isotope signature'(안정동위원소의 비율)로 미루어 판단하건대 이 토끼는 자기 배설물 알갱이를 먹은 것으로 나타났다. 일반적으로 우리에 가두어 키우는 토끼가 이런 행동을 보이기 때문에 이 토끼는 애완동물로 키웠을 것으로 짐작된다. 다른 동물의 뼈 검사

결과를 보면 로마의 개들은 일반적으로 건강 상태가 양호했지만, 소형견 품종이 특히 더 많은 돌봄과 귀여움을 받았던 것으로 보인다.

신장

신장을 측정하는 기술은 점점 더 정교해지고 있다. 영국은 로마의 지배를 받았을 때 신장이 전보다 명백히 감소했고 건강 문제 관련 지표도 악화되었다. 이러한 추세는 로마시대 이탈리아에서도 동일하게 나타났다. 당시 계층구조가 심화되어 사회 불평등과 스트레스가 증가한 것과 관련이 있을까? 사춘기는 현대의 표준에 비해 늦게 시작된 것으로 보인다. 남자는 20대에도 여전히 성장했고, 여자는 10대 후반까지도 생식능력이 생기지 않았다. 이는 영양 섭취 상태가 좋았던 지배계층에게는 해당되지 않았다.

DNA

마지막으로 인간과 동식물의 DNA를 조사하는 방법이 있다. 이를테면 영국 잉글랜드 북동부 요크 지역에서 나온 로마시대의 유해를 검사해보니 이 사람들의 DNA는 주로 영국 켈트족과 유사하기는 하지만 중동 사람들과도 유사성이 있었다.

이 모든 기술과 이전보다 체계 잡힌 유물의 대조·보존·보관 기술, 유물에 담긴 정보의 종류를 파악해내는 정교한 지식까지 학문의 경계를 넘나드는 고고학이 제시하는 이 멋진 신세계가 우리를 어디까지 데려갈지 아직은 알 수 없다. 하지만 과학적 자료로 얻은 결론을 우리가 어디까지 신뢰할 수 있는지에 관해서는 여전히 논란이 있다.

고대 경제: 다섯 장의 스냅사진

확정적인 자료의 부재로 인해 유형적인 유물을 활용한 최근의 과학적 연구가 그렇듯이 고대 경제의 작동 양상과 그 결과에 관해서도 학자들 사이에서 의견이 분분하다. 학자들이 내린 결론들은 한낱 추정에 불과할지도 모르지만 바로 이 결론들이 있어서 논의는 더욱 활기를 띠게 된다. 특히 오늘날 사업을 하는 사람들이 자신의 전문 분야와 고대 관행(다음 내용 참조) 사이에서 연관성을 발견하는 것은 매우 흥미로운 일일 것이다. 여기 고대 경제와 관련된 최신 연구 결과가 담긴 스냅사진 다섯 장을 소개한다(제3장 참고문헌 참조).

무역, 상업, 국가

이 주제에 관한 새로운 정보와 연구는 방대한 양을 자랑한다. 이에 힘입어 최근 들어 그리스인과 로마인의 교역 경제에 대한 새로운 상식이 자리를 잡아가고 있다. 그리스인과 로마인의 무역 경제는 어떤 의미에서도 '원시적'이지도 '소규모'이지도 않았고, 농업과 비교해 경제에서 차지하는 비중도 작지 않았다. 당시 상류층 사람들은 무역업을 경시했지만 이것만 가지고 당시 무역의 중요성이 낮았다거나 엘리트층이 무역에 덜 참여했다고 판단할 수는 없다. 실제로 농경활동이 창출한 잉여생산물에서 부를 일구어낸 것은 바로 무역과 상업이었다.

서기 4세기까지만 해도 그리스의 교사 리바니오스는 이렇게 썼다.

우리 모두가 공유하는 하나의 대륙, 하나의 바다, 섬들, 활짝 열린 항구와 문. 곳곳에서 상선이 각지의 상품을 실어나르며 정박지가 북적인다. 공동 지역사회는 사실상 태양 아래 모든 영토로 확장되어 누군가는 탐사차, 누군가는 다른 이유로 여행을 떠나고 누군가는 대양을, 누군가는 대륙을 횡단한다. 서방 사람들은 나일강에 경탄하고, 나일강 사람들은 서방의 아름다움에 경탄한다. 시칠리아 정박지에 페니키아 사람들이 있고, 페니키아항구에 시칠리아 사람들이 있다. 자연히 아테네시는 불법거래상의 무대가 되었고, 탐욕스러운 자들이 비티니아왕국을 찾으니……. 이제 세계의 현명한 국가들이 지도자들의 지휘에 맞춰 조화로운 합창을 시작한다.

리바니오스가 묘사한 풍경의 한 예로 이집트 알렉산드리아에서 작성된 무역 계약서가 있다. 무지리스산産 파피루스에 그리스어로 쓰였으며, 작성 시기는 서기 2세기이다. 알렉산드리아행 선박이 중간에 이집트 홍해 연안 어딘가에서 화물을 하역한다는 내용이 실려 있다. 이 화물의 출발지인 인도 무지리스(오늘날의 파타남Pattanam으로 추정된다)에서는 이 운송을 성사시키기 위한 공채公債를 모집하기도 했다. 총 가치가 로마 돈으로 700만 세스테르티우스(관세 25퍼센트를 제한 금액)에 이르는 화물―코끼리 상아, 나르드, 직물 등―과 낙타와 당나귀 짐꾼들에게 지불할 육상 운반비 내역이 나열되어 있었다.

대大플리니우스가 제시한 수치를 살펴보면 무지리스 한 곳에서 이집트로 수입되는 상품만 보아도 그 총액이 한해에 약 5억 세스테르티우스에 달했을 것으로 짐작된다. 로마제국은 나머지 지역에서도 도기, 목재, 석재, 유리, 직물에서 실크, 상아, 향신료, 진주에 이르기까지 모든 교역 상품에 관세를 부과했다. 관세로 로마제국이 거두어들인 수입은 과연 어느 정도였을까?

이 책에서는 로마제국은 국가가 필요할 때 효과적으로 시장에 개입했기 때문에 경제가 번성했다는 새로운 주장을 제기한다. 안노나annona(모든 로마 시민에게 지급된 수당) 배급용 곡물, 올리브기름, 사치품, 군수품 등 대량 수매, 세금 및 법률 체계 정비(특히 신용거래 알선), 해운업 장려책(운송비가 매우 저렴했던 것으로 보인다), 도로나 항만 같은 인프라 마련이 그 예이다. 또한 제국 전역에서 평화를 유지하고, 운송로를 개방하고, 공통 화폐의 (자발적인) 사용을 장려해—이 모두가 국가의 역할이다—무역이 번성할 수 있는 환경을 제공했다. 이렇게 국가는 평민들이 계속 일할 수 있게 하고 엘리트층이 생활방식을 유지하게 함으로써 수익을 올렸다.

이러한 조건 아래에서는 어느 누구든 자기 나름대로의 방식으로 무역에 참여해 이익을 취할 수 있었다. 따라서 프리랜서 무역상이 공존했고 비교적 활발히 활동했다. 수입에는 전부 세금이 부과되어 국가는 상당한 수익을 거두어들였다. 중요한 것이 잘 작동했고, 영국에서 인도, 중국까지 지역 및 국제 교역지대가 대단히 광대했으므로 어느 한 곳에서 문제가 발생하더라도 그 문제가 다른 지역으로까지 확산되지 않았다.

(A. 윌슨Wilson과 A. 보먼Bowman의 저서『고대 로마의 상업, 무역, 국가Trade, Commerce, and the State in the Roman World』참조)

로마의 경제혁명

어떤 의미로든 산업화 이전 사회에서 경제성장을 일으키는 것이 가능했을까? 당시 존재하지도 않았던 금융체제를 이용해 경제성장을 촉진했을 가능성은 당연히 없지만, 최근 주장에 따르면 기원전 150년에서 기원전 50년 사이—즉 제2차 포에니전쟁 이후 로마공화정이 실질적으로 멸망하기까지—로마 경제는 0.54퍼센트 성장했다고 한다. 물가상승률을 감안한 1인당 연평균 복합성장률 수치이다.

기원전 5세기부터 로마는 이탈리아 전역으로 세력을 확장했고, 도로와 수도교를 건설할 정도로 많은 재산을 축적했다. 그러나 이 재산은 카르타고와 치른 두 차례의 포에니전쟁에서 사라졌다. 하지만 로마는 결국 카르타고를 정복했고 뒤이어 여러 다른 지역을 속주로 만들었다. 스페인(거대한 은광이 있었다), 그리스와 근동 지역 상당 부분(이 두 지역은 한니발을 지지한 것에 대한 보복 차원에서 정벌되었다. 57쪽 참조)이 속주가 되면서 광산에서 그리고 전리품, 전쟁 보상금, 세금 명목으로 금괴와 은괴가 로마 국고와 개인들의 돈주머니로 쏟아져 들어왔다. 기원전 300년에서 기원전 200년 사이 로마의 수입은 약 5000탈렌툼이었지만 기원전 200년에서 기원전 150년 사이에는 4만 5000탈렌툼으로 껑충 뛰었다. 이중 2만 7280탈렌툼이 전쟁 보상금이었다. 이후 50년간 광산에서 수입이 끊이지 않고 들어왔으며 속주가 늘어나면서 세수도 증가했다.

놀랍게도 기원전 150년에서 기원전 50년 사이 통화공급량은 10배 가까이 증가했음에도 물가상승률은 은행에서 통화공급량을 극적으로 증가시키고 나중에는 최고 부유층까지 합세했음에도 불구하고 연평균 0.67퍼센트 정도로 소폭 상승했다. 하지만 여기서 중요한 점은 이 돈은 건설 사업뿐만 아니라 군사 확충에도 막대하게 쓰였고, 이로 인해 전쟁이 끊이지 않았다는 사실이다. 오늘날과 달리 당시의 전쟁은 엄청나게 수익성이 높은 사업이었다.

국내외에서 로마의 이러한 확장 사업에 참여한 사람들은 자연히 막대한 부를 거머쥐었다. 특성화된 투자 농업(라티푼디움), 포도주 무역, 노예와 사치품이 증가한 것은 이로 인한 결과였을 것으로 짐작된다. 하지만 물가상승률 억제에 기여한 주요 요인은 다름아닌 전반적으로 증가한 경제활동이었다. 다시 말해서 시중에 풀린 통화가 실질적이고 현실적인 용도로 사용된 것이다.

(P. 케이Kay의 『로마의 경제혁명Rome's Economic Revolution』 참조)

> 기원전 167년부터 이탈리아에 거주하는 로마 시민들은 세금을 내지 않았다. 해외 영토를 획득하면서 수입이 늘어났기 때문이다.

폼페이의 경제

폼페이는 연구자들로부터 변함없는 큰 관심의 대상이다. 최근의 많은 연구는 폼페이가 극소수의 부유층과 다수의 빈민층으로 구성된 도시가 아니었다고 밝히고 있다. 그렇다고 단순히 나폴리만灣에 점점이 흩어져 있는 빌라에 로마의 지배계층이 편안히 정착해 높은 가격에 고급 서비스를 누리던 도시였던 것도 아니다.

- 폼페이의 많은 가구가 최저생활 수준을 훨씬 웃돌게 살았던 것 같다. 약 30퍼센트의 주택에서 예술적이고 건축학적으로 가치가 높은 상류층 스타일의 장식을 볼 수 있다.
- 동일한 사회적·경제적 지위에 속한 가정에서 금속, 유리, 도자기 그릇을 매우 다양하게 소유하고 있었다. 이 사실로 미루어볼 때 당시 상품 선택의 폭이 넓었고, '소비지상주의'가 폼페이 경제에서 하나의 요인으로 작용했음을 짐작할 수 있다.
- 하수관에 쌓인 잔해를 보면 도시의 생애주기 동안 음식의 다양성이 점차 증가했음을 알 수 있다. 수입품이 많았고, 저소득 및 중간 소득 계층에서도 이러한 식품의 다양성에서 오는 혜택을 누렸다.
- 서기 79년 베수비오 화산 분출이 있은 뒤 희생자들의 유골을 조사해보니 대체로 상당히 건강했으며 꽤 고령인 사람도 많았다(뼈에 나타나는 나이 관련 질환으로 판단함).
- 부유층이 재산 증식과 지위 상승을 위해 대여용 숙박시설, 작업장, 술집 등을 새로 짓거나 확장하는 등 다양한 방식으로 부동산을 개발했다는 증거가 있다. 예를 들어 헤르쿨라

네움 성문 밖에는 14개의 타베르나taberna(단칸방 가게)가 있는 복합 상가건물이 한 채 있었는데, 이는 분명히 상업용 부동산에 대한 투자 용도로 지어졌을 것으로 보인다.

그러니까 이 돈은 모두 어디에서 왔을까? 흥미롭게도 폼페이 경제의 원동력 중 하나가 포도주였을 것이라는 주장이 새롭게 떠오르고 있다. 베수비오산 주변 지역에서 생산된 포도주는 폼페이 지역 포도주 수요의 4배에 달했던 것으로 추산된다.

(M. 플로어Flohr와 A. 윌슨의 『폼페이의 경제*The Economy of Pompeii*』참조)

바다에서의 수확

로마인의 개발 사업은 육지에서 끝나지 않았다. 클로디우스 알비누스라는 그리 잘 알려지지 않은 로마 황제(서기 193년 두 달간 재위했다)는 한자리에서 굴을 400개씩 먹어치웠다고 한다. 이 일화로 판단하건대 당시에는 자연산 굴을 채취하는 것보다 양식이 더 활발했던 것 같다. 당시 굴은 매우 인기가 많은 기호식품이었고, 로마가 영국을 차지하자 굴 섭취량은 급상승했다. 처음에 굴 양식은 야생에서 채취한 유생幼生을 밧줄이나 구운 도기 타일에 붙여 연안의 웅덩이처럼 굴이 자라기 좋은 환경에 놓아두는 것으로 시작되었다. 굴껍데기가 수 미터 내륙에서도 발견되는 것으로 보아 장거리 굴 교역이 이루어진 것으로 보인다.

'가룸garum'(그리스어로는 '가론garon')은 널리 알려져 있듯이 염장 생선으로 만든 로마의 베트남식 액젓이다. 로마보다 훨씬 앞서 페니키아와 그리스에서도 이미 흔하게 사용되고 있었다. 전승에 따르면 그리스의 폭군 시라쿠사의 히에론 2세(재위 기원전 270~기원전 215)는 염장된 생선 1만 암포라를 아르키메데스가 설계한 거대한 선박에 실어 이집트의 프톨레마이오스 3세에게 보냈다고 한다. 이 선박은 너비가 약 110미터로, 화물 1800톤과 승객 2000여 명을 한꺼번에 실을 수 있을 만큼 거대했다. 지나치게 커서 정박지가 마땅치 않았던 탓에 이 선박은 결국 알렉산드리아로 가는 이 길이 최초이자 최후의 여정이 되었다. 아르키메데스는 도전을 즐기는 사람이었다.

로마인들은 축구장 두 개를 합친 크기의 거대한 인공 웅덩이에 양식장을 조성했다. 달이 뜨지 않는 밤이면 불빛으로 양식장에 물고기를 유인해 야간 낚시를 하기도 했다. 생선은 건조, 염장, 훈연해 상업적으로 장거리 유통되었다. 염장 공장은 소고기, 양고기, 말고기 염장까지 사업 분야를 확대했는데, 오늘날 스페인과 북아프리카, 흑해 연안에서 이러한 염장 공장이 발견되었다. 염장된 생선이 상품으로 광범위하게 교역되었다는 것은 당시 어업 및 운송 산업의 규모가 크고 경제성이 높았음을 시사한다. 당대 명문들을 살펴보면 이 분야에 종사한 사업체들은 회계사와 자금관리인까지 완벽히 갖추고 있었다.

(A. 마르차노Marzano의 『바다에서의 수확Harvesting the Sea』 참조)

아테네의 제조업

철학자와 부유층이 상업을 얼마나 경시했는지와 상관없이 아테네 인구 절반가량이 일정 기간 제조활동을 했고(주로 집안에서 직접 사용하거나 외부에 판매하기 위해서였다. 예를 들어 옷은 거의 다 집안 여자들이 만들었다), 자유인 인구의 4분의 1가량이 풀타임으로 제조활동을 했다는 증거가 있다. 수공예, 사업, 제조업─금속 가공(광부, 대장공, 무기공, 은세공인 등), 목공(수목관리인, 톱질꾼, 목수, 가구공, 목조선박공), 양모 세공, 도예─소매업, 작업장 등의 흔적이 있는 유물이 아테네 전역에서 발견되었다.

1인이나 2인 작업장을 둔 일부 사업체(예를 들어 도예나 방적)는 노예나 견습생 1명을 데리고 가족이 함께 기술을 배워 일했다. 예를 들어 도기를 제작하는 소규모 가족 사업체는 생산량이 사업을 근근이 유지할 수 있는 정도밖에 되지 않았다. 작업장 규모가 경쟁에 부적합했기 때문이다. 하지만 이러한 사업을

'투자 기회'로 생각하는 사람은 없었다. 이는 그저 생업일 뿐이었다. 이러한 경제활동에서 여자들 역시 큰 역할을 했는데, 주로 자재를 관리하거나 생산품을 함께 만들었다. 큰 사업체들은 노예를 단체로 고용해 경쟁 우위를 확보했다. 이러한 사업체에서는 노예 주인에게 고정 금액을 지불한 뒤 남은 돈을 수익으로 가져갔다. 지금까지 전해지는 상업 관련 법정 연설(돈이 많으면 최고의 변호인을 고용할 수 있었다)을 보면 이런 작업장들에 관한 다양한 사실들을 알 수 있다. 이들 작업장은 제조 분야에서 상당히 번성했던 것으로 보인다.

결론은? "농업이야말로 사회 불평등에 기여한 진짜 자본주의였고, 무역과 산업은 오히려 농업이 초래한 불평등을 상당히 완화했다"는 것이다. 하지만 민회가 사회 불평등에 미친 영향에 관해서는 183쪽을 확인하자.

(P. 액턴Acton의 『포이에시스: 고전기 아테네 제조업*Poiesis: Manufacturing in Classical Athens*』 참조)

제4장

민주정의 짧은 시대

귀족정에서 참주정까지

기원전 8세기부터 시작된 이른바 초기 아테네는 귀족 가문이 통치했다고 전해진다. 서기 100년경 전기작가 플루타르코스에 따르면 아테네를 창건한 신화적 인물 테세우스는 '제의를 주관하고 아르콘(국정 운영자)들을 배출하며, 종교와 관련한 법과 규칙을 가르치는 역할'을 귀족들에게 맡겼다고 한다. 세속 권력과 종교 권력이 모두 귀족의 손안에 있었던 셈이다.

기원전 594년 개혁가 솔론은 귀족이 독점한 권력을 빼앗아 비非귀족 부유층에 넘겼지만 소수에 의한 통치는 여전했다. 그러다 아테네에는 급기야 1인 통치까지 출현했다. 기원전 560년경 귀족 페이시스트라토스가 짧게나마 단독 '투란노스turannos' (오늘날 폭군을 뜻하는 영어 단어 '타이런트tyrant'의 어원)로서 권력을 차지한 것이다. 이 '투란노스 통치', 즉 참주정은 기원전 510년 외부 세력 스파르타의 도움으로 무너졌고 다시 귀족정이 시작되었다.

클레이스테네스: 민주정의 아버지

기원전 508년 아테네의 클레이스테네스는 소수 특권층만의 세상을 해체시키기 위한 첫걸음을 뗐다. 바로 세계 최초이자 최후의 민주정을 세운 것이다. 민주정을 의미하는 영어 '데모크라시democracy'는 그리스어 '데모스dêmos'(사람들, 시민-체, 구역/구, 민중)와 '크라토스kratos'(힘, 장악, 권력, 통치)가 합쳐진 말이다. 이 새로운 정치 질서에 곧바로 이런 명칭이 붙여진 것은 아니다. '데모스'라는 말은 스스로를 민중보다 우월하게 여기는 사람들이 부정적인 의미로 빈번히 사용했다. 따라서 부유층과 귀족층이 통치하는 기존의 과두정을 대체하면서 '민중 정치'로 받아들여질 수 있는 이 단어를 사용한다면 일부러 말썽을 불러일으키는 것과 다름없었을 것이다. 그리하여 초기에는 '법 앞에 평등함'을 의미하는 '이소노미아isonomia'('이소스isos'[평등]+'노모스nomos'[법])라는 어찌 보면 조금은 꾀바른 표현이 사용되었다.

원숙한 민주정

민주정은 클레이스테네스의 머리에서 완성된 형태로 튀어나오지 않았다. 민주정은 역사 속에 존재했던 180여 년 동안 점점 더 급진적인 변화를 겪었다. 여기서는 기원전 5세기에서 기원전 4세기까지 발달된 가장 중요한 특징을 추려 개략적으로 소개하겠다.

아테네의 인구통계는 단지 추정만 할 수 있을 뿐이다. 다음은 한 가지 가능한 예이다.

	기원전 431년	기원전 317년
남성 시민	50,000	21,000
아테네 여성과 어린이	200,000	84,000
이방인 거주자 중 남성	25,000	10,000
이방인 거주자 중 여성과 어린이	50,000	20,000
노예	100,000	50,000
합계	325,000	185,000

참고: 여기서 '이방인'이란 비非아테네인을 의미한다.

아테네 민주정의 심장부에는 시민이 있었다. 여기서 시민이란 만 18세를 넘긴 모든 성인 남성을 말하는데 여성, 노예, 비아테네인(이방인도 시민권을 받을 수 있었지만 그런 일은 매우 드물었다)은 정치에 전혀 참여할 수 없었다. 아테네 민주정의 주요 운영 단위는 다섯 개가 있었다.

1. 데모스dêmos 구區. 아티케(아테네시와 이를 둘러싼 시골 및 해안 지역으로 구성된 도시국가)의 '구획'이나 '구역'을 의미한다. 클레이스테네스는 아티케에 총 139개의 데모스를 두었다.

2. 필라이phylai 부족. 사람들은 오랫동안 출생에 따라 나뉘는 부족에 속했다. 총 열 개 부족이 있었다. 클레이스테네스는 각 부족을 도시 지역의 구 한 묶음, 해안 지역의 구 한 묶음, 시골 지역의 구 한 묶음을 결합해 만들었다. 이들 부족은 각각 최고 행정관리들을 선출했고, 아테네 기초 군사조직을 형성했다.

3. 에클레시아ekklêsia 민회. 만 18세를 넘긴 모든 성인 남성으로 구성되었으며, 아테네 도시국가의 주권 집단이었다. 의사결정은 모두 거수로 이루어졌다. 8일마다 열렸고, 특별한 일이 있을 때 언제든 소집할 수 있었다. 국가의 입법부에 해당했다.

얼마나 많은 시민이 민회에 참여했을까? 민회가 열리던 프닉스Pnyx 언덕은 당시 6000명 정도밖에 수용할 수 없었다. 아테네에서 가장 먼 데모스는 40여 킬로미터 떨어진 토리코스로 이동하는 데 족히 하루가 걸렸다. 토리코스 소속 시민이 민회에 참여하려면 오가는 이틀을 포함해 총 사흘을 할애해야 했던 셈이다. 그러므로 정치에 참여한 이들은 주로 아테네와 그 인근에 사는 시민이었을 것이다. 전쟁, 강화講和, 조약, 동맹, 원정, 건설 사업, 조세, 지출, 공직자 규율 등 폭넓은 주제의 안건이 민회 정치에서 다루어졌다. 간단히 말해서 당시 아테네 민회에 모인 사람들은 오늘날 의회가 하는 모든 일을 했다고 볼 수 있다.

4. 불레boulê 평의회. 30세를 넘긴 시민 500명이 소속되어 1년간 활동하며 민회에 일종의 자문위원회 역할을 했다. 운영위원(총 열 개 부족에서 각각 50명씩)은 투표가 아닌 추첨으로 구 단위에서 선정되었다. 평의회 의원은 최대 2번까지 지낼 수 있었고 연임은 금지되었다. 평의회는 정책이나 법안 발의권은 없었다. 민회의 의제를 준비하고(마음에 들지 않으면 민회는 해당 의제를 채택하지 않을 수 있었다) 의사결정이 원활히 진행되도록 인력과 자원을 배치하는 집행 기관 역할을 수행했다.

5. 프리타네이스prytaneis 평의회의 하위위원회. 평의회의 실무를 지원했다. 아테네시의 달력은 총 열 개의 '달'로 나뉘었고, 각 달은 약 35일이었다. 매달 총 열 개 부족 중 한 부족은 자신의 부족 소속 평의회 의원 50명을 24시간 상시 대기시킬

의무가 있었다. 이 상임 평의회를 '프리타네이스'라고 불렀다. 이 상임 평의회 의원들은 국비로 '회의소' 내 여관에 머물면서 사업체나 외교사절단 등을 맞이했고, 평의회에 자세한 내용을 전달했다. 프리타네이스의 수장인 '프리타니스 pritanis'는 날마다 바뀌었고, 필요한 경우에는 그날의 민회에서 의장 역할을 수행하기도 했다. 어느 날에는 소크라테스가 의장이었다고 전해진다. 그날 하루만큼은 아테네의 운명이 어느 정도 소크라테스의 손에 달려 있었던 셈이다. 프리타니스가 되는 것은 시민의 특권이자 의무였으며, 해가 갈수록 상당히 많은 수의 평범한 시민들이 이 직위를 맡았다.

행정관

아르콘archon, 즉 행정관은 민회의 의결사항을 이행하는 이들로 시민 중에서 선출되었다. 군사령관, 회계 담당관, 세금징수원에서부터 도량형이나 시장 통제, 도로 청소를 담당하는 관리까지 직무가 다양했다(아리스토텔레스에 따르면 그 수가 700명에 달했다). 행정관이 되려면 만 30세를 넘겼으며 재산 상태가 양호한 시민이어야 했다. 대부분 추첨으로 선정되었으며, 한 직위에서 단 1년만 봉사할 수 있었다. 보수는 없었다. 극빈층 시민인 경우에만 입후보가 제한되었다.

이렇게 매년 담당자를 바꾸는 것은 권력을 최대한 분산시키기 위한 한 가지 방법이었다. 장 자크 루소는 이와 같은 보직의 순환을 독재정을 타도하기 위한 핵심 요소로 보았다.

명망 높은 자리

아르콘은 추첨으로 선정했지만 예외가 있었는데 회계 담당 관들과 '스트라테고스strategos'(영어 '스트래터지strategy'[전략]와 비교), 즉 10명의 군사령관이었다. 다른 규정에도 차이가 있어서 이 보직은 재임이 가능했고 무급이었다. 이들 관리는 투표로 뽑았을 뿐만 아니라 연임도 가능했다. 특히 스트라테고스는 매우 명망 높은 자리였으며, 이 자리 덕분에 군사지휘권이나 국가 정책에서 연속성을 발휘할 수 있는 가능성이 생겨났다. 예를 들어 빼어난 그리스의 정치가 페리클레스는 기원전 443년부터 기원전 429년 사망하기까지 15차례나 연달아 스트라테고스로 선출되었다.

공식적인 감사

모든 공직자는 민회에 보고할 의무가 있었다. 임기 말에—필요하다면 임기중에도—업무 내용을 민회에서 확인받아야 했다. 보고된 내용이 민회의 마음에 들지 않으면 벌금형에서 권리박탈, 추방, 사형까지 다양한 처벌이 내려질 수 있었다. 민회의 지시를 따랐을 뿐이라는 변명은 아무런 소용이 없었다. 민회는 절대 잘못을 범할 수 없었다. 아테네는 철저한 민주정 국가였지만, 평균적으로 매년 10명의 스트라테고스 중 2명 정도가 사형선고를 받았다. 하지만 어느 누구도 이에 굴하지 않고 이 자리를 맡겠다고 나섰다.

재판관과 배심원

민주정은 그 형식이 항상 바뀌어도 결코 벗어나지 않는 중심원칙이 있었다. 아테네 데모스(18세를 넘긴 아테네 남성 시민)들은 8일마다 민회에 모여 모든 의사결정을 내렸다. 오늘날 정치인들이 우리 대신 하는 일이다. 그리고 매년 만 30세 이상 시민 중 6000명이 배심원으로 선정되었고, 여기서 무작위로 뽑힌 아테네 시민이 배심원석에 앉아 모든 법적인 판단을 내렸다. 정치재판이든 형법재판이든 마찬가지였으며 재판관은 없었다. 이들을 감독하는 상급기관도 없었다. 다시 말해서 '권력분립'은 없었다. 모든 정치적·법적 문제의 주권은 아테네 시민에게 있었으며, 아테네 시민이 재판관이자 배심원이었다. 기원전 322년 마케도니아 그리스인들은 알렉산드로스대왕의 아버지 필리포스 2세가 개시한 원정에서 이 원칙을 폐기했다(56쪽 참조).

최고 지도자? 페리클레스의 사례

이런 체제 아래에서 최고 지도자들이 대단한 역할을 하기는 어려울 것 같다. 평의회에 모인 데모스가 모든 의사결정을 다수결로 처리하고, 추첨으로 뽑은 500명으로 구성된 민회가 실무를 수행하는 이 체제에서 페리클레스처럼 영향력 있는 지도자가 과연 무슨 역할을 할 수 있었을까?

답은 민회에서 페리클레스는 다른 아테네인과 동등한 투표권과 의사결정을 내릴 수 있는 동등한 행정권을 부여받았다는 것이다. 다시 말해서 페리클레스도 다른 시민들과 마찬가지로 민회의 결정에 따라야 했다. 페리클레스가 가진 것은 타인을 설득하는 능력이 전부였고 그의 권위도 여기에서 나왔다.

실제로 아테네인들은 페리클레스를 높이 평가했다. 아테네인들은 페리클레스를 15년간 연이어 스트라테고스로 선출했다. 사람들은 페리클레스가 민회에서 발언하면 경청했고 그의 연설을 분명 마음에 들어 했다. 페리클레스의 장악력은 참으로 대단했다. 동시대 역사가 투키디데스는 이 시기 아테네를 긍정적으로 평가하면서 "명목상 민주정이지만 실제로는 일인자의 제국"이라고 묘사했다. 투키디데스가 이야기하는 일인자는 바로 페리클레스였다. 페리클레스는 동등한 자들 중에 으뜸이었으며 항상 시민의 뜻을 받드는 자였다.

선거철 이외에는 우리를 설득할 의무감을 전혀 느끼지 않는 오늘날 '민주주의' 정부를 아테네인들이 본다면 참으로 의아해할 것이다.

여전히 귀족이 다스리는……?

훗날 민주정이 활짝 꽃피었을 때도 사람들은 귀족들에게 타고난 통치권이 있다는 생각을 버리지 않았고, 권력이 뒤따르는 관직은 페리클레스 같은 귀족 출신들이 차지했다. 육상경기대회(예를 들어 올림픽대회)의 승자들을 칭송한 5세기 시인 핀다로스는 다음의 시에서 통치자는 타고나는 것이라는 생각을 드러냈다.

사람은 타고난 광휘가 있어야 진중한 무게를 지닌다.
오로지 배워 익힌 기술만을 지닌 자는 가볍기 이를 데 없으니,
이리저리 바람에 흔들리고, 결코 단단히 서지 못해,
소소한 공적만 수없이 쌓을 뿐, 그 어디에도 닿지 못한다.

핀다로스, 『네메이아 송가』, 3.40-3

귀족적 정신이 진하게 풍겨온다. 그럼에도 민주정에서 귀족들은 그들을 뽑아주는 시민이 있어야만 권력의 자리에 오를 수 있었고, 시민이 허락한 범위 내에서만 권력을 행사할 수 있었다는 사실은 반드시 강조되어야 한다.

······하지만 마지막 발언권은 시민에게 있었다

그러므로 누가 실세인지 아무도 의심하지 않았다. 당연히 시민이었다. 여기 민주정이 운영되는 모습이 묘사된 스케치 4장을 소개한다.

희극 같은 민회

그리스의 극작가 아리스토파네스의 희극 「아카르나이 사람들」은 기원전 425년에 초연되었다. 이때는 아테네인들이 스파르타와 전쟁을 치르던 시기로, 희극은 농부 디카이오폴리스가 민회가 아직 열리지 않았다고 투덜대는 장면으로 시작된다. 그는 평화를 원했지만 아무도 그의 의견에는 관심이 없는 듯했다.

동틀녘에 민회가 있는데도 누가 나왔는가? 아무도 없어. 프리타니스조차 없지. 다들 느지막이 나타나서는 마치 오늘만 사는 사람들처럼 서로 앞자리를 차지하려고 거칠게 밀고 들어올걸. 평화를 강구할 방법 따윈 안중에도 없을 테고. 오, 나의 도시, 나의 도시여! 민회에서 가장 먼저 자리를 잡는 사람은 언제나 나야. 늘 혼자 한숨 쉬고 하품하고, 기지개 켜고 방귀나 뀌며 어쩔 줄 몰라 하지. 바닥에 낙서도 해보고 머리카락도 몇 가닥 뽑다가 머릿속으로 이런저런 셈을 하고, 줄곧 저멀리 시골 풍경을 바라보며 평화를 바라고 이 도시를 미워하고 나의 데모스를 그리워해······. 자, 이제 나는 소리치고 방해하고 평화를 말하지 않는 연사는 모두 혈뜯을 준비가 되었어. 여어, 저기 프리타니스가 오는군. 정확히 정오가 되어서 말이야. 내가 뭐랬어? 내가 말한 꼭 그대로 앞자리를 향해 밀치고 들어오는군.

아리스토파네스, 「아카르나이 사람들」, 19-42

실제 상황

기원전 339년 11월 웅변가 겸 정치가 데모스테네스는 마케도니아의 필리포스 2세에게 엘라테이아가 점령되었고 이제 그들의 도시 아테네까지 위협받고 있다는 소식이 당도했을 때의 상황을 묘사한 바 있다(51쪽 참조).

저녁에 전령이 도착해 프리타니스에게 엘라테이아가 무너졌다고 알렸습니다. 저녁식사를 하던 사람들이 일제히 자리에서 일어났지요…….
이튿날 새벽 프리타니스가 회의소에 평의회를 소집했고, 여러분은 모두 민회로 향했습니다. 평의회가 회의를 개최하거나 의안을 상정하기 전에 모든 시민이 자리를 잡았습니다. 평의회가 도착하자 프리타니스가 그들이 들은 소식을 보고했고, 전령이 소개를 받고 내용을 전했습니다.
그다음 전령이 물었습니다. "누가 발언하시겠습니까?" 모두 꼼짝하지 않았습니다. 전령은 재차 묻고 또 물었습니다.

군사령관들과 정치가들이 모두 참석해 있었으며, 누군가 나서서 나라를 구하라고 우리 조국이 절규하건만, 여전히 아무 응답이 없었습니다. 그날 구국의 외침에 응답해 앞에 나와 여러분에게 연설한 사람은 바로 저였습니다.

데모스테네스, 『왕관에 관하여』, 169-70

민주정의 실제

기원전 427년 아테네는 레스보스섬 전역에서 일어난 반란을 진압했다. 이는 레스보스섬의 주도主都 미틸레네의 지도자들이 일으킨 반란이었다. 역사가 투키디데스에 따르면 아테네인은 반란 주도자들뿐만 아니라 미틸레네의 남자들을 모두 처형하고 여자와 어린이는 노예로 팔 것을 명령하는 법안을 통과시켰다. 그후 민회는 3단 노선을 미틸레네로 보낼 것을 지시했다. 이 배는 미틸레네의 아테네인 사령관 파세스에게 민회의 결정사항을 이행하라는 명령을 전달할 터였다. 투키디데스의 기록을 살펴보자.

이튿날 사람들 사이에서 갑작스러운 마음의 변화가 일어 죄인들뿐만이 아닌 온 도시를 죽음으로 내모는 것은 지나치게 야만적인 처사임을 인정했다. 이 분위기를 감지한 아테네 주재 미틸레네 대사들과 그들을 지지하는 아테네인들이 이 사안을 다시 논의하기 위해 당국[즉 평의회]과 협의했다.

평의회가 보기에도 여러 사람들이 이 문제를 재고하기를 원한다는 것이 명백했으므로 그들을 설득하기는 어렵지 않았다. 그리하여 민회가 소집되었다.

투키디데스, 『역사』, 3.36

저명한 아테네의 클레온은 원안을 지지하는 발언을 했지만 디오도토스의 반대에 부딪혔다. 이에 사형의 목적과 효과를 주제로 흥미진진한 토론이 벌어졌다.

아테네인들은 열띤 토론을 벌였고 거수 결과 근소한 차이로 디오도토스의 제안이 채택되었다. 명령을 받은 다른 3단 노선은 전속력으로 출발했다. 앞서 출발한 3단 노선이 먼저 도착한다면 미틸레네는 파괴되고 말 것이었다. 미틸레네 대사들은 뱃사람들에게 포도주와 보릿가루를 제공했으며, 앞서 출발한 배를 앞지르면 큰 상을 내리겠노라고 약속했다. 뱃사람들은 엄청난 속도를 냈다. 포도주와 기름에 비빈 보릿가루를 먹고, 잠을 교대로 자며 쉼없이 노를 저었다[3단 노선은 보통 해변에 정박해 식사를 하고 수면을 취했다]. 다행히 맞바람이 불지 않았고, 앞선 배는 불쾌한 임무를 앞두고 딱히 서두르지 않은 반면 뒤이은 배는 앞에서 언급했듯이 전속력으로 이동했기 때문에 파세스가 결의안을 읽고 명령을 이행하려는 순간 두번째 배가 도착해 참극을 막을 수 있었다. 미틸레네의 위기 모면은 참으로 아슬아슬했다.

투키디데스, 『역사』, 3.49

미틸레네 사람들 모두가 위기를 모면한 것은 아니다. 아테네인들은 토론 끝에 반란에 책임이 있는 자들만큼은 처형하기로 결정했다. 앞에서 인용한 글은 시민들이 기존의 결정을 흔쾌히 뒤집기도 했다는 사실은 물론이고 시민들이 국가의 주요 사안에 얼마나 많은 권한을 가지고 있었는지를 잘 보여준다.

필로스 논쟁

시민의 힘을 보여주는 더욱 놀라운 사건은 기원전 425년에 일어났다. 스파르타와의 전쟁에서 필로스에 진지를 구축한 아테네인들은 스파르타 영토 밖의 섬에 스파르타의 지휘관들을 몰아넣었다. 아테네인들은 재빨리 그들을 포획해 협상에 이용하고 싶었지만 때는 가을이어서 항해철이 끝나가고 있었고 운도 따라주지 않았다. 아무 공직도 맡지 않은 클레온(앞부분 참조)은 민회에 참석해 장군들이 무능하다고 비난을 퍼부었다. 니키아스 장군이 민회에 참석해 있었다. 투키디데스는 계속 다음과 같이 이야기했다.

클레온은 평소 마음에 들지 않았던 니키아스 장군을 가리키며 만일 우리가 진정한 사내들을 장군으로 뽑았다면 군사를 데리고 섬으로 가서 스파르타인들을 잡는 것은 쉬웠을 것이라고 말했다. 또한 자신이 지휘를 맡았다면 진즉에 그렇게 했을 것이라며 니키아스를 조롱했다. 니키아스는 그게 그렇게 쉬워 보이면 왜 지금 직접 배를 몰고 떠나지 않느냐고 아테네인들이 클레온을 향해 불평하는 것을 들었다. 더 나아가 니키아스 자신이 공격의 대상이 되자 클레온에게 장군들은 신경쓰지 않을 테니 당신이 군대를 골라 직접 시도해보라고 말했다.

처음에 클레온은 니키아스가 그냥 해보는 말일 것이라고 생각했지만 이내 그것이 진심임을 깨달았다. 클레온은 연단에 올라 장군은 자기가 아닌 니키아스라고 말했다. 클레온은 덜컥 겁이 났다. 니키아스가 자신에게 지휘권을 주고 물러나리라고는 전혀 예상치 못했던 것이다. 하지만 니키아스는 제안을 반복하며 필로스의 지휘권을 내려놓았다. 니키아스는 아테네인들이 자신의 그런 모습을 똑똑히 봐주길 바란다고 말했다. 무릇 군중이 그렇듯이 클레온이 자신이 뱉은 말을 뒤집으려고 하면 할수록 더욱더 지휘권을 넘기라고 니키아스를 부추겼고, 클레온을 향해 어서 출정하라고 소리쳤다. 마침내 클레온은 자신이 한 말을 주워 담을 수 없다는 사실을 깨달았다. 원정 지휘권을 넘겨받은 그는 앞으로 나가 자신은 스파르타인들이 두렵지 않다고 말했다. …… 그리고 스무날 안에 스파르타인들을 산 채로 잡아 데리고 돌아오거나 아니면 그들을 그 자리에서 죽이겠다고 했다. 큰소리치는 클레온을 보고 아테네인들은 웃음을 참지 못했다. 분별 있는 일부 사람들은 크게 걱정하지 않았는데 생각해보면 이것은 손해볼 것이 없는 장사였기 때문이다. 만일 이 일로 클레온이 제거된다면 이는 그들이 바라는 일이라 할 수 있었고, 혹시 그러지 못하더라도 스파르타인들을 포획할 수 있을 터였다.

투키디데스, 『역사』, 4.27부터

그리하여 시민이 선출한 장군 니키아스는 자리에서 물러나 공개적으로 클레온에게 지휘권을 넘겨주었다. 시민의 힘이란 이런 것이다. 어째서 지금의 정치체제가 민주정이 아닌지 이제는 알 수 있을 것이다. 예를 들어 우리가 진정한 민주주의체제에 살고 있다면 장거리 화물차 운전기사 도리스 노버가 예산심의 때 하원 방청석에 앉아 총리를 향해 내가 당신보다 훨씬 잘할 수 있다고 큰소리칠 것이고, 주변에 앉은 군중이 그에게 수긍하면 총리는 사임하고 도리스가 직위를 넘겨받아야 할 것이다.

그건 그렇고 클레온은 정말로 스파르타인들을 스무날 안에 섬에서 데리고 나왔다!

시민 권력이 경제에 미친 영향

철학자 플라톤에 따르면 민회에서 기술적인 문제가 토론에 부쳐졌을 때는 발언 기회를 기술 전문가에게만 주었다고 한다. 하지만 정책 문제에 관해서는 '목수, 금속세공인, 무두장이, 상인, 선주船主 등 빈부귀천에 상관없이' 누구나 발언권을 가졌다. 한마디로 모든 시민에게 발언권이 있었다.

그런데 이 '모든 시민'을 구성하는 것은 누구일까? 분명히 부자들보다 가난한 사람들의 수가 훨씬 많았을 것이다. 사회구조란 으레 그렇기 마련이니까. 따라서 의사결정을 내리는 사람들은 가난한 사람들이었다. 그 결과 가난한 사람들은 재정 문제를 다룰 때 자신들이 현금을 내놓는 일이 없도록 했다. 국가에 재원이 있으면 국가가 재정 부담을 감당하고, 그렇지 않으면 부자들이 감당해야 했다.

민회는 수차례에 걸쳐 시민들의 배심원 봉사나 민회 출석에 대해 국가가 보수를 지급해야 한다는 법을 만들었다. 공적 의무(그리스어로 '레이투르기아이leitourgiai', '인민을 위한 봉사')가 부자들에게 지워져 아테네인이 누리는 사치스럽고 화려한 문화 행사(비극·희극·음악 경연)의 경비를 보조하고, 전시에는 3단 노선 수리비 및 장비 구입비와 선원들(모두 가난한 시민이었다)의 보수를 지급해야 했다. 광범위한 목적으로 부자들에게만 징수되는 세금이 따로 있었고, 때로는 긴급세가 부과되기도 했다. 고대의 어느 작가는 "그래서 아테네에서는 가난하고 평범한 사람들이 부유한 귀족보다 더 큰 권력을 지닌다는 것"이라고 불평했고, 어느 희극 서사시의 인물은 "우리를 우려먹는 3단 노선과 특별세 이야기가 언제쯤 사라지려나?"라고 묻기도 했다.

이는 철저한 민주정체제가 이룬 결과였다. 그리고 이 영향은 평화로운 시기보다 군대를 동원해야 하는 전시에 더 확실하게 나타났다. 시민 권력이 국고 지출과 부유층의 재산에 영향력을 갖게 되면서 오늘날 기준으로 보았을 때 부의 불평등이 상대적으로 매우 낮은 수준으로 감소했다.

따라서 페리클레스 같은 아테네의 정치인들이 민회에서 (또는 다른 곳에서) 존경을 받아 시민의 지지를 등에 업었다고 한들 그것으로 부를 증식할 수 있는 것은 아니었다. 게다가 앞에서 언급했듯이 국가 공직자들은 무보수로 일했다.

사법체제

적어도 대부분의 서구 민주주의 국가에서 법은 모든 정치적·종교적·사회적 고려를 초월하는 독립적인 존재이다. 법은 바깥세상에서 무슨 일이 벌어지든 상관하지 않고 자체적인 방식에 따라 자체적인 규칙을 구성 및 적용하는 자율적 체제이다. 그렇다고 법이 바깥세상과 전혀 조응하지 않는다는 뜻은 아니다. 법은 항상 바깥세상에 조응한다. 다만 그 자체의 내부적인 실천 규약을 따를 뿐이다.

이러한 법의 개념은 우리가 로마 세계에서 물려받은 가장 중요한 유산 중 하나이다. 로마의 법 개념은 공화정 시기에 처음 생겨났고, 제국 시기에는 공화정의 미덕들이 죽지 않았음을 보여주려고 치열하게 노력했던 황제들의 열성적인 지원 속에 발전을 거듭했다. 하지만 고대 그리스 세계에서는 이러한 법의 개념이 낯설었다.

분쟁 조정 절차

아테네의 법률 체계가 어떻게 작동했는지 살펴보자. 오늘날처럼 아테네에서도 분쟁이 발생하면 곧바로 법정으로 가기보다는 먼저 본인들끼리 해결하려고 노력했다. 이 과정은 '디아이타 diaita'라고 알려져 있다. 화해(쌍방이 스스로 합의에 이르는 것)와 조정(제삼자가 합의를 이끄는 것) 사이 어딘가에 위치한다고 볼 수 있다. 먼저 피해자가 증인들을 모아 가해자를 찾아가 피해를 당했다고 주장했는데, 이 단계에서 문제가 해결되기도 했다. 그렇지 않은 경우 쌍방은 민간 조정자를 찾아가는 선택안이 있었다. 쌍방은 조정자 및 위임사항에 합의했고, 이후 조정자의 판단에 따르겠다는 내용의 계약서를 작성했다. 이 계약서는 법적인 효력이 있었다.

쌍방이 여기에 동의하지 않으면 구두로 소환장이 전달되었고, 쌍방은 정해진 날짜에 증인들과 함께 아르콘(법률 행정관)

을 찾아가야 했다. 아르콘이 할일은 이 사건이 소송을 통해 공적인 조정을 받을 만한 일인지 결정하는 것이었다. 만약 그렇다고 결정되면 원고는 정식으로 고소장을 서면으로 작성했고, 피고도 공식적인 반대 의견서를 제출할 수 있었다. 쌍방이 재판 비용을 현금으로 맡기면(재판에 드는 비용은 패소한 측이 부담했다) 고소장이 공개되었다.

공판일이 되면 쌍방은 진실만을 이야기하겠다고 맹세하고 공적 조정자(공직자가 아닌 군복무 가능 연령 이상의 아테네 시민들 중에서 추첨으로 선정된 자) 앞에서 증거를 제시했다. 결정이 내려지면 사건은 종결되었다. 만일 그렇지 않으면 사건은 최고법원으로 이송되었다. 이제 증거는 더이상 추가할 수 없었고, 상자('에키노스ekhinos', 고슴도치 또는 성게라는 뜻)에 담아 봉인된 뒤 때가 되면 법정에서 낭독되었다. 쌍방은 언제든 민간 차원의 조정으로 돌아가는 것에 합의할 수 있었다.

네아이라 사건 중재

여기 한 사례가 있다. 네아이라는 (비아테네인) 여자 노예였는데 자유인이 되기 위해 돈을 모으고 있었다. 어느 날 아테네인인 프리니온이 큰돈을 지불하고 네아이라를 노예 신분에서 해방시켜주었고, 네아이라는 고마운 마음을 간직하고 아테네에서 프리니온과 함께 살기 시작했다. 그런데 프리니온은 네아이라를 난잡한 상류층 파티에 수시로 데려갔다. 이에 네아이라는 더이상 참지 못하고 어느 날 자기 몫이라고 생각하는 재산을 챙겨 집을 나갔다.

우여곡절 끝에 네아이라는 스테파노스라는 남자와 다시 아테네에 정착했다. 프리니온이 이 소식을 듣고 스테파노스의 집에 들이닥쳤다. 프리니온은 네아이라는 자신의 여자이므로 그녀와 자기 재산을 돌려받아야겠다고 주장했다. 스테파노스는 네아이라는 돈을 지불하고 자유인이 되었으므로 네아이라 스스로가 원하는 사람과 살 권리가 있다고 반박했다.

이 사건은 '디아이타'를 거쳤다. 쌍방은 각각 한 명씩 조정자를 지정했고 합의하에 제삼자를 추가 지정했다. 조정자들은 네아이라가 자유인이라는 결정을 내렸다. 또한 옷, 장신구, 개인 몸종을 제외한 모든 재산을 프리니온에게 돌려주어야 하며, (그들이 합의를 거쳐 다른 방식을 택하지 않는다면) 두 남자와 하루씩 번갈아 살면서 부양을 받아야 한다는 판결을 내렸다. 세 사람은 이 결정에 따랐다. 모두에게 매우 만족스러운 결정이었을 것이 틀림없다.

법정으로 가다

사건이 법정으로 가더라도 국가의 통제를 받는 사법기관—경찰, 검찰, 법무관—은 없었다는 사실을 이해하는 것이 중요하다. 따라서 사건을 해결할 수 있는 주체는 국가가 아니라 개인이었다. 마찬가지로 법정에는 재판관이나 변호사, 사무관이 없었다. 당연히 참고할 서적도 없었다. 공직자들이 법정에 참석하는 목적은 오로지 절차상 규칙이 준수되는지 확인하기 위해서였다.

배심원단은 30세를 넘긴 아테네 시민 중에서 무작위로 선정된 사람들이었다(규모는 법정의 성격에 따라 정했고, 최대 2000명까지 가능했다). 소송당사자들은 정해진 똑같은 시간 안에 발언을 했다. 데모스테네스 같은 연설문 작가에게 원고를 의뢰하거나, 원한다면 본인 대신 연설할 사람을 고용할 수도 있었다. 관련법이 인용되었고(정확성은 별개였다. 어차피 확인할 사람은 아무도 없었다), 공적 조정자가 이 사건은 법정에서 해결해야 한다고 처음 결정을 내렸을 때 수집되었던 증거가 이때 낭독되었다.

증거 제출 관련 규칙이나 증인 교차심문 같은 것은 없었다. 배심원단이 논의하기 위해 잠시 퇴정한다거나 재판관이 배심원단에게 관련법 인용이나 법률과 관련해 조언하는 일도 없었다. 배심원단은 2번의 연설을 듣고 투표에 참여했다. 유죄판결이 나고 정해진 처벌이 내려지면 사건은 거기서 종료되었다. 만일 그렇지 않을 경우 쌍방은 처벌 수준을 제안하기 위해 한 번 더 연설을 했고, 배심원단은 둘 중 선호하는 쪽에 한 번 더 표를 던졌다(소크라테스의 재판도 이런 방식으로 진행되었다).

간음중피살

다시 말하면 실제 성문법은 사법 절차에서 역할을 하기는 했지만 반드시 주된 역할을 한 것은 아니었다. 만일 법이 소송당사자의 주장에 도움이 된다면 상관없었다. 하지만 그렇지 않을 경우에는 법을 무시하거나 잘못 인용하거나 본인에게 도움이 될 만한 다른 내용을 이야기했다. 예를 들어 어느 소송에서 한 남자가 피고인의 아내를 유혹해 동침하던 중 들켜 그 자리에서 바로 남편에게 살해되었는데 남편은 자신에게 그럴 권리가 있다고, 법이 그렇다고 주장했다(226쪽부터 참조). 사실 법에는 이 상황에 대응할 다양한 방법이 제시되었으며 그중 단 한 가지만이 즉결 처형이었지만, 원고는 배심원단 앞에서 즉결 처형이 허용된다는 부분만 읽었다. 기소인측 연설은 지금까지 남아 있지 않지만 추측컨대 분명 다른 소견을 담고 있었을 것이다. 하지만 법정에는 인용된 내용이 관련법의 일부에 지나지 않는다는 사실을 지적해줄 의무가 있는 사람이 아무도 없었다.

부패한 법률 전문가

다음 사례는 니코마코스에 관한 사건이다. 기원전 5세기 말 니코마코스는 아테네 법을 개정하고 판에 새기는 위원회의 일원이었는데 어느 소송에서 피고가 되었다. 이 소송과 관련해 현재 우리가 가지고 있는 자료는 기소인측 연설뿐이다. 이 소송에서 흥미로운 점은 피고에게 제기된 혐의를 제대로 파악하는 것이 거의 불가능하다는 사실이다. 기소인이 내세운 죄목은 "노예 출신으로 시민이 되었고", "본래 거지였는데 부자가 되었으며", 마지막으로 "서기보였던 사람이 입법가가 되었다"는 것이었다.

이는 죄라고 할 수 없었다. 그러나 핵심은 여기에 있다. 법률 전문가인 니코마코스는 어쩌다 유력자인 적들의 분노를 샀던 것이다. 적들은 자신들의 이익을 위해 이런저런 불분명한 혐의를 씌워 그를 법정에 세웠지만 이 혐의들은 기껏해야 횡령, 부패 그리고 일반적인 부정행위를 저질렀을 수도 있다는 암시에 지나지 않았다. 다시 말해서 적들에게 동기를 부여한 한 질문은 '이 사람이 법을 어겼는가? 우리가 위법을 입증할 수 있는가?'가 아니라 '우리한테 자꾸 방해가 되는 이자를 어떻게 하면 제대로 혼내줄 수 있을까?'였던 것 같다.

이런 일은 법정에서 흔하게 벌어졌다. 종종 피고인도 실제 혐의는 깡그리 무시하고 자신이 공적 의무(184쪽 참조)를 통해 아테네에 얼마만큼 공헌하고 국가의 부에 기여했는지를 배심원단에게 설명하는 데 치중하곤 했다. 배심원단이 염두에 둔 질문은 '이자가 죄를 지었는가?'가 아니라 '이자에게 제기된 혐의가 무엇이든 우리 앞에 있는 이자를 우리가 어떻게 처리할까?'였던 것 같다.

마찬가지로 법의 주된 기능은 분쟁을 해결하는 것이지만 실제로는 오히려 분쟁을 길게 연장하는 수단으로 이용되기도 했다. 이런 소송에는 여자들이 종종 참여했다. 특히 유산과 관련된 사건에서 가문의 어느 한쪽 사람들이 다른 쪽 사람들에게 권리를 빼앗기지 않으려고 방어할 때 여자들의 증언이 결정적인 경우가 많았다. 이런 사건들은 가문의 오래된 불화에서 비롯된 경우가 많았고, 여자들도 남자들처럼 소송에서 나름대로 추구하는 바가 있었다. 자신들의 살길이 같이 걸려 있었으니 놀라운 일도 아니다.

그렇다고 법이 아무래도 좋았다는 말은 아니다. 소송당사자가 자기 좋을 대로 법을 오용하면 반대편은 반드시 배심원단에게 잘못된 내용을 정정해 알려주었다. 하지만 전체 소송 과정을 감독할 힘이 있는 국가기관은 없었다. 법은 사유화되었으며, 사법적 자유시장에서 만인은 각자도생해야 했던 것 같다. 만일 A의 적인 B가 그리 똑똑하지 못해서 A가 법을 잘못 인용해도 이를 알아채지 못하면 B만 더욱 바보가 되었다. 하지만 반대로 A가 상대를 속이려고 한 것을 B가 알아채기만 하면 B는 법정에서 재빨리 반격을 가할 수 있었다(거짓 증인을 내세우면 중대한 처벌을 받았다). 결론적으로 말해서 그리스의 '정의'를 오늘날 우리의 정의 개념으로 이해하기는 어렵다. 어쩌면 '정당화'가 더 적절한 표현일지도 모르겠다.

어떻든 간에 그리스 민주정은 처음이자 마지막으로 신분계층이 반영되지 않은 정치 질서를 도입했다는 점에서 이례적인 성취였다. 그리스 민주정에서 자치 정부의 권력은 시민의 손안에 있었고, 모든 시민은 평등과 법의 연계를 바탕으로 수평적으로 결속되어 있었다. 그리고 이렇듯 놀랍고 독특한 발전을 일구어내는 데 살기등등한 프랑스대혁명 같은 것은 필요치 않았다.

현대 민주주의?

오늘날 민주정은 아테네 민주정과 아무런 연관성이 없다는 것은 자명하다. 서구 '민주정'에서 국민은 국가를 통치하지 않는다. 당연히 최고 권력을 지니지도 않는다. 국가를 통치하는 것은 의회이다. 그런데도 사람들은 여전히 이것이 민주정이라고 말한다. 하원의원들이 의회에서 우리를 '대표'하는 '의회 민주주의', 즉 거창한 말로 '대의정치'라는 것이다. 하지만 이 말이 얼마나 엉터리인지는 몇 가지 질문만으로도 쉽게 드러난다. 선거에서 누가 후보로 나올지를 누가 정할까, 국민일까 정당일까? 정당이다. 후보자가 무슨 정책을 추진할지 누가 정할까, 국민일까 정당일까? 정당이다. 하원의원이 의회에서 어느 쪽에 투표할지 누가 정할까, 국민일까 정당일까? 정당이다. 다시 말해서 '의회' 또는 '대의' 민주주의는 국민을 대표하지 않는다. 정당을 대표한다. 최소한 하원의원만큼은 우리가 직접 뽑는다고 대답할지 모르겠지만 그것이 우리 정치체제가 민주주의적이라는 뜻이 될 수는 없다. 선거는 민주주의의 필요조건이지 충분

조건이 아니다. 스탈린은 몇 번이고 어마어마한 표를 얻어 당선되었다.

사실 현대 민주정은 민주주의가 아니다. 우리는 현대 민주정 체제에서 산다고 생각하지만 사실은 과두정, 즉 소수가 지배하는 정치체제에서 살고 있다. 과두를 5년마다 선출하므로 엄격히 말하면 우리는 선출식 과두정에서 산다고 할 수 있다. 과두정이 나쁘다는 것은 아니다. 최고의 정치체제를 논하는 자리에서 고대 그리스의 역사가 헤로도토스는 과두정을 다음과 같이 정의했다. "그 나라 최고의 사내들을 선택해 그들에게 권력을 주는 것이다. (…) 최고의 사내들이 최고의 정책을 낳으리라는 것은 지극히 당연하다."

우리가 선거로 하려는 것이 정확히 이것이지 않을까? 서구 역사는 민주정이 아닌 과두정이 승리한 이야기이다. 사실 우리네 정치체제는 정당의 구성원으로 정의되는 엘리트가 (선거를 통해) 합법적으로 국가 전체에 권력을 행사하기 위한 수단이다. 그리하여 한 나라의 수상이나 대통령 같은 개인은 흡사 군주의 지위에 오를 수 있는 것이다. 이런 정치체제가 민주정과 어떤 식으로든 연관이 있다고 생각하는 것을 보면 아테네인들은 매우 어리둥절해하리라.

노예와 여성

이쯤에서 사람들은 노예와 여성에게는 투표권을 주지 않았다는 이유로 그리스인들을 비난할 것이다. 다시 몇 가지 질문을 던져보자. 영국에서는 언제 모든 남성 시민이 투표권을 얻었을까? 1918년이다. 여성도 이때 투표권을 얻었지만 1928년까지는 남성과 동등한 권리를 누리지 못했다. 그러니까 2500년 전 그리스의 사례가 있었음에도 우리는 겨우 백 년 전에 비로소 그들의 투표제도를 채택해 모든 남성 시민에게 투표권을 부여했다. 놀랍게도 여기서 한 걸음 더 나아가 여성에게까지 투표권을 부여하기는 했다. 그렇지만 우리는 아직도 민주정까지는 나아가지 못했다.

노예제도에 대해 이야기하자면 19세기까지 노예제도는 각기 형태는 다를지라도 전 세계에서 일반적인 것으로 통했다. 초기 기독교는 노예제도 폐지를 제안한 적이 없다('양성의 동등한 투표권'에 관해서는 두말할 것도 없다). 그러므로 노예제도가 마치 고대 그리스에만 있었던 것처럼 그들에게 손가락질할 수는 없다. 노예들에게 투표권을 부여한 때가 정확히 언제였는지 기억하기도 어렵다. 우리가 그렇게 깨어 있다면 (그리고 저 형편없는 그리스인들과 정말 그렇게 다르다면) 응당 그랬어야 할 텐데 말이다. 그러므로 나는 우리가 이런 문제로 고대 그리스인들을 비난할 자격이 없다고 생각한다.

요약하자면 아테네 남성 시민들은 민회에서 타인의 주장을 경청하고 그 주장에 찬성 또는 반대하는 표를 던져 국정을 운영했다. (출생신분에 따라 부여된) 시민권 이외에는 다른 어떠한 구별도 없었다. 극빈층을 제외한 모든 시민이 행정관 후보로 나설 수 있었고 추첨으로 자리를 정했다(이것이 진정한 민주주의이다. 아리스토텔레스가 지적했듯이 선거제도는 귀족주의이다. 최고의 인물을 선택한다는 점에서 실력주의라고 일컬을 수도 있다). 이것이 민주주의가 의미하는 진정한 인민의 권력이다.

이와 동시에 견제가 있었다. 모든 행정관리는 민회에 보고할 의무가 있었으며, 이들의 활동은 감시와 평가를 받았다. 이것이 있어서 체제가 작동할 수 있었다. 무능하다는 이유로 임기를 마치고 처형될 가능성이 높다는 것을 알고 있는 이상 아무도 이 일에 재미삼아 나서지는 않을 테니 말이다. 영국의 하원의원들 중 평생 이룬 것도 없이 이따금 무능하다는 평가까지 받으며 상원에 진출해 우리를 괴롭게 하는 현상과는 참으로 대조적이다.

민주정 비판자들

고대 그리스 세계에서는 많은 그리스인이 그들 스스로 민주정을 강도 높게 비판했다. 그리스의 역사가 투키디데스는 15년간 연달아 공직을 맡은 페리클레스를 존경했지만 민회에 관해서만큼은 자주 혹평했다. 플라톤은 '우중hoi polloi'이 정책 결정을 내리는 것을 강하게 반대했다. 플라톤은 기원전 375년경

『국가』에서 민주정을 다음과 같이 묘사했다.

교사가 학생을 무서워해 학생에게 아첨하고, 학생은 스승을 얕본다. 남에게 제멋대로인 폭군처럼 보이고 싶지 않은 지역사회 늙은이들은 젊은이들의 비위를 맞추며 경망과 아양을 떨고 그들의 행동을 흉내낸다……. 이 지역사회에서는 짐승이 사람에 비해 얼마나 큰 자유를 누리는지 당신은 결코 믿지 못하리라……. 말과 당나귀가 절대 자유를 누리며 당당히 걷는 법을 배우는데 이 짐승들은 길에서 누가 비키지 않으면 아무나 들이받는다.

모두가 더없는 진실이다. 플라톤이 오늘날의 사람이었다면 영국에서 박쥐를 귀찮게 하는 사람은 최대 5000파운드까지 벌금을 물 수 있다는 점을 지적했으리라.

기원전 4세기 아리스토텔레스는 민주정을 부자에 대한 빈자의 폭거라고 일컬었다. 그는 플라톤 못지않게 강한 의구심을 표명하며 플라톤의 주장을 새롭게 비틀었다. 아리스토텔레스는 지주계층은 지나치게 바쁘고 즐길 거리가 많아 정치 놀음 따위는 할 수 없다고 말했다. 하지만 아리스토텔레스가 보기에 권력을 갈망하는 무지렁이 하층민보다는 지주계층이 훨씬 더 신뢰할 수 있는 사람들이었다.

심지어 기원전 2세기 로마 부흥의 역사(61쪽)를 칭송한 그리스의 귀족 폴리비오스도 아테네의 정치체제가 무익하다며 이를 무시했다. 평민을 폄하했던 로마 작가들은 민주정에 절대 호의적이지 않았다.

민주정의 폭도꾼들

기원전 5세기 그리스의 화가 파라시오스는 어느 그림에서 아테네인들을 "뚱하고 화가 났으며 부정不正하고 변덕스러운 한편 유순하고 관용적이며 인정 많고 뽐내길 좋아하며 (…) 자부심 있는 동시에 겸손하고 대담한 동시에 소심한" 사람들로 그렸다(고 한다). 이 묘사는 후대인들이 아테네인들에게 갖게 될 인상―종잡을 수 없고 예측이 불가능한 사람들―을 잘 포착했다. 그리스인이 일구어낸 그 모든 화려한 문화적 성취에도 불구하고 로마인은 그리스인들을 무질서한 폭도꾼들로 보았고, 특히 로마의 민회는 (지나치게 민주적이 아니면서도) 질서정연하고 위엄 있는 데 반해 아테네의 민주적 민회는 무질서의 중심이라고 생각했다.

소수가 이끄는 귀족정을 채택한 공화주의자들이 이런 반응을 보인 것은 조금도 놀랍지 않다. 모든 것을 전제적이고 제국주의적인 안경을 쓰고 바라본 서기 100년경 역사비평가 플루타르코스는 아테네의 역사를 원칙이 없는 민중 선동가들에게 괴롭힘을 당하면서 변덕스러운 폭도를 제어하려고 애쓰는 소수의 홀륭한 정치가들의 이야기로 만들었다. 플루타르코스에게는 '민주주의=폭도정치=질서 문란, 변덕스러움과 부정행위=대 재앙'이라는 등식이 성립했다.

로마의 공화주의

오늘날 영국의 민주정으로 통하는 것은 고대 그리스인들에게 아무것도 빚지지 않았다. 오늘날 영국 민주정의 근본은 위탄회의Witangemot에서 찾을 수 있다. 위탄회의는 왕의 위원회로 최고 귀족들로 구성되어 있었으며(서기 600년경부터는 강력한 교회파 세력이 구성원에 추가되었다), 서기 5세기부터 1066년까지 잉글랜드를 통치한 앵글로·색슨 왕들의 자문기관이었다. 그러므로 위탄회의는 태생적으로 로마공화정체제에 더 가까웠다. 로마공화정체제 역시 로마의 초기 왕들(39~40쪽 참조)에게 조언하는 파트리키 귀족 자문단에서 파생된 것으로, 여러 면에서 그리스의 민주정체제와는 상당한 차이가 있었다.

심지어 영국 '의회의 모태'를 만든 사람들도 노르망디의 윌리엄 공이 1066년에 우리 영국을 장악한 이후 줄곧 이 나라를 다스려온 프랑스 권력자들이었다. 13세기에 초기 형태의 의회를 처음 소집한 인물 시몽 드 몽포르는 프랑스 가스코뉴

태생이었다. 그러므로 영어로 의회가 '팔러먼트parliament'
(프랑스어 '파흘레parler'는 '말하다'를 뜻함)인 것은 놀라운
일이 아니다. 영국의회에서는 1362년까지 영어가 사용되지
않았다.

간단히 말해서 로마의 행정관리, 즉 정무관magistratus은 모
두 로마 시민들이 각 선거구에서 투표로 선출했는데, 이는 미국
에서 대통령을 선출하는 방식과 비슷했다. 일단 정무관으로 선
출되면 자동으로 로마의 '조정朝廷'에 해당하는 원로원의 종신
회원이 되었다. 원로원은 현직 정무관들과 협력해 실질적으로
법을 제정했다. 로마의 정치체제에는 민주주의적 요소가 두 가
지 있었다.

1. 호민관(즉 평민의 관리)으로 알려진 공직자들이 원로원에
소속되어 있었다. 이들은 구속력 있는 법을 통과시킬 수 있는
평민회를 주재했고, 찬성하지 않는 모든 원로원 법안에 거부
권을 행사할 수 있었다.
2. 원로원에서 의결한 법안이라도 인민이 각 선거구에서 투
표를 통해 법안을 승인해야만 효력을 발휘할 수 있었다.

로마 권력의 최고위층인 과두들 사이에서 오늘날 정부에서
만큼이나 치열한 거래가 오갔을 것이라는 사실은 어느 누구도
부인할 수 없다. 공화정체제 아래에서 막강한 귀족 가문들이 국
정을 장악했음은 의심의 여지가 없다. 로마는 그리스식 민주주
의와 전혀 닮은 데가 없었다. 게다가 로마 인민들은 대개 원로
원이 결정을 내리면 나중에야 겨우 반응을 보일 수 있었을 뿐
거기에 제약을 가하지는 못했으며, 선거구 조정이 비일비재하
게 일어났다(일부 선거구는 의도적으로 왜곡되었다).

오늘날 정치와 상당히 비슷하다. 하지만 상상해보자. 국민의
대표가 정부에서 자기 마음에 들지 않는 법안은 무엇이든 거부
권을 행사할 수 있게 하자고 제안한다면 굉장한 반발이 일어나
지 않을까? 또한 정부가 합의한 모든 법안이 효력을 발휘하려
면 반드시 국민의 승인을 다시 받아야 한다면 어떻게 될까? 도
가 지나치게 민주적일까? 사실 오늘날의 민주정은 공화정이 무
너진 후의 로마제국 시기를 연상시킨다. 그때도 정무관들과 원
로원은 있었지만 사실상 모든 권력은 단 한 사람, 황제의 손안
에 있었다(제6장 참조).

민주주의 논쟁

아테네 민주정의 미덕(또는 악덕)에 관한 논쟁의 역사는 오
래되었다. 19세기까지 사람들은 '민주주의'라는 말을 입에 올

리기 꺼렸다. 이 말이 생겨난 이래 지식인과 권력층은 항상 깊은 의심을 거두지 않았으며, 민주정은 결코 다시 시도된 적이 없다. 역사를 돌아보면 권력을 좇는 자들은 대체로 로마 정치제제의 안정성과 스파르타의 군사 중심의 엄격한 과두정을 선호했다. 그들의 눈에는 정치가가 아닌 국민이 의사결정을 내리는 정치체제는 그저 자신들의 위상에 대한 위협으로만 보였기 때문이다.

플루타르코스가 대표적이다. 그가 쓴 『영웅전』은 르네상스시대 이래 지식인들 사이에서 교과서로 통했다. 실제로 18세기 미국에서는 성서 다음으로 많이 판매되었다. 15세기에서 18세기까지 아테네 역사를 다룬 대부분의 글에 플루타르코스의 로마공화정이 지닌 미덕과 개화된 전제주의에 대한 강렬한 동경이 녹아 있다. 그리고 이는 민주주의에 관한 논쟁에서 일반적인 논조를 이루었다.

프랑스와 미국에서의 혁명

심지어 프랑스대혁명과 미국독립혁명도 민주주의의 대의를 발전시키는 데 그리 큰 기여를 하지 못했다. 프랑스는 로마와 스파르타를 모범으로 삼았고(철학자 루소는 스파르타의 열성 지지자였다), 영국을 비롯한 여러 국가에서는 혁명이 있었다는 사실이 오히려 그러한 급진적인 실험을 피해야 한다는 주장을 강화하는 근거로 작용했다. 1792년 미국에서는 "아테네에서는 미미했던 것이 미국에서는 창대하리라"라고 주장한 토머스 페인Thmas Paine조차도 아테네의 직접민주주의보다 대의민주주의가 더 적합한 정치제도라고 인정했다. 미합중국 건국의 아버지들은 다양한 종류의 헌법에 관해 오랫동안 열띤 논의를 펼쳤다는 찬사를 받는다. 그들은 특히 아테네의 정치체제를 수차례 분석했다. 하지만 그들이 아테네에 바친 그 모든 찬사에도 불구하고 막상 1787년의 헌법은 전반적으로 아테네 민주정에 적대적이었다. 일례로 존 애덤스John Adams는 민주정은 가장 소란스럽고 불안정한 정치체제라고 주장했다. 그 결과 1787년 미국 헌법에는 그리스적 요소가 전혀 없었다. 미국인들이 로마 공화정으로 방향을 돌린 것이다.

어떻든 간에 이 시기 논의의 중심에는 선출된 대표(먼 훗날 링컨이 주창한 명언을 따르자면 "국민의, 국민에 의한, 국민을 위한" 대표)라는 개념이 있었고, 이때 '민주주의자democrat'라는 위험한 작은 단어가 뒷문으로 슬쩍 입장했다. 이렇게 새로 탄생한 정당들 중 하나가 민주공화당으로, 이는 오늘날 미국 민주당의 전신이다.

독일의 관점

18세기 독일에서도 민주정에 대한 새로운 관점이 형성되고 있었다. 1755년 출간된 빙켈만Winckelmann의 걸출한 저작 『회화와 조각에서 그리스 작품의 모방에 관한 고찰*Reflections on the Imitation of the Greeks in Painting and Sculpture*』은 독일식 헬레니즘의 탄생을 예고했고, 궁극적으로는 전체 논의의 축을 뒤바꾸어놓았다. 빙켈만은 (누구도 의심하지 않는) 아테네 문화의 위대한 미학적 성취는 철저한 민주정체제의 발전과 불가분의 관계에 있었다고 주장했다. 이렇게 아테네 민주정을 정당화하고 본래의 영광을 되살리자 다른 모든 것이 가능해졌다.

프리드리히 실러는 스파르타에 미학적이고 정신적인 면이 부족했다는 것은 그 자체로 그들의 접근법이 잘못되었다는 방증이라고 주장했다.

더 긍정적인 접근방식?

민주정이라는 개념은 이렇듯 수많은 우여곡절을 거쳐 19세기에 이르러 드디어 자리를 잡았다. 1820년대 그리스는 오스만 제국에 대항해 독립투쟁을 벌이며 주변으로부터 더 많은 공감을 불러일으켰는데, 이때부터 민주정을 그리 나쁘게 보지 않는 분위기가 빠르게 형성되었다. 영국에서는 1832년 대개혁법이 중요한 계기로 작용했다. 대개혁법은 그 자체로는 대단한 성취를 거두지 못했지만—선거권에 거의 영향을 미치지 못했다—손쓰기 힘들 정도로 부패한 체제도 변화가 가능하다는 것을 보여주었다. 이어 1867년과 1884년에 나온 개혁안들은 훨씬 더 파급력이 있었다.

그 결과 한동안 금기어로 통했던 '민주정'이라는 용어가 채택되고 적절히 다듬어져 국민이 대표를 선출하는 체제라면 어디에나 안전하게 사용할 수 있는 개념으로 거듭났다. 즉 이것은 선거제가 가미된 과두정 또는 (한 명 내지 두 명의 군주를 둔 체제와 얼추 비슷한) 오래되고 평범한 공화정에 지나지 않은 것에 좀더 매력적인 이름을 붙여준 것이나 다름없었다. 전문가 집단을 선호한 아리스토텔레스는 이 정도면 꽤 성공적인 타협이라고 생각할지도 모르겠다. 국민이 투표로 뽑는 것은 국정을 운영할 전문가들이니까.

희망의 빛?

본래의 형태에 가까운 진정한 민주정을 실천하고 있는 나라가 서구에 두 곳이 있다. 두 나라 모두 이 체제 때문에 딱히 문제를 겪고 있는 것 같지는 않다. 스위스는 국민들에게 헌법 개정을 제안하거나 주요 입법부에서 표결한 법에 찬반 일반투표를 실시할 것을 요구하는 권리를 부여하고 있다. 미국의 여러 주정부, 특히 캘리포니아주는 요청이 있으면 특정 사안에 대해 일반투표를 실시할 수 있다.

하지만 다른 나라에서는 이 무지한 '포퓰리스트'들에게 국정을 개방할 기미는 보이지 않는다. '브렉시트Brexit' 국민투표 결과와 엉망진창인 브렉시트 논쟁에 대한 영국의회의 적대적인 반응만 보더라도 분명 영국의회는 유럽연합 탈퇴 협상을 자신들의 방식으로 끌고 가기로 결심한 것 같다.

제5장

여자 위에 남자

가족과 재산에 관한 그리스 법이 기록된 어느 표준서를 보면 '여성'의 하위 항목은 달랑 하나, '행위 무능력'이다. 하지만 삶과 법은 다르다.

남자들 세상

고대 세계는 남자들 세상이었고, 지금까지 전해지는 고대 기록문서는 거의 전부 남자가 작성했다. 그러므로 이 시대 여자들의 경험을 되살리기란 불가능에 가까운 일이다. 그저 남자가 여자를 어떻게 생각했는지 정도만 가늠할 수 있을 뿐이다. 텍스트를 남긴 남자들은 대부분 부유한 귀족이었고, 그들의 삶에서 절대 우위를 차지하는 것은 비슷한 부류의 남자들 사이에서 명예와 존경과 높은 지위를 얻는 것이었다. 그들이 작성한 텍스트는 대부분 사적인 글이 아니다. 역사와 비극에서 철학, 풍자, 서정시에 이르기까지 하나같이 자기 자신을 공개적으로 드러내는 글이었다. 힘있고 자만심에 찬 사내들이 얼마나 능수능란하고 호소력 있게 스스로를 드러냈을지 능히 짐작할 수 있으리라. 하지만 사적인 문서가 아예 없는 것은 아니다.

키케로와 툴리아

기원전 45년 2월 로마의 정치가 키케로는 테렌티아와의 혼인 관계가 파탄에 이르렀고 그 자신도 정치적으로 외면받고 있었다. 그러던 어느 날 사랑하는 딸 툴리아마저 출산 중에 세상을 떠나고 말았다. 키케로는 깊은 슬픔에 사로잡혔다. 그는 친구에게 보내는 편지에 다음과 같이 썼다. "예전에는 은거와 휴식에서 안식을 찾고 대화와 여타 기분좋은 수단을 통해 모든 걱정과 슬픔을 내려놓곤 했네." 그러나 이제 모든 것은 과거로 사라졌으며 사생활과 공적 생활 모두 똑같이 괴로울 뿐이었다. 로마에서 수 킬로미터 떨어진 자신의 빌라로 물러난 키케로는 다시 편지를 썼다.

여기서 나는 그 누구와도 대화하지 않는다네. 매일 아침 일찍 일어나 빽빽하고 거친 숲으로 숨어들어가서 저녁 어스름이 내릴 때까지 나오지 않지. 나에게 고독은 자네 다음으로 가장 좋은 벗일세. 그 상태로 그저 내 책과 대화를 한다네 [당시 그는 현재 유실된 저작 『슬픔을 달래는 법에 관하여』를 집필하고 있었다]. 이 대화는 별안간 터지는 울음에 중단되곤 하지. 눈물을 참으려고 최선을 다해 싸워보지만 매번 지고 만다네.

양극성

특히 그리스 사유는 세상을 양극화하는 경향이 있었다. 모든 존재는 자신과 반대되는 것이 있었고―남자/여자, 그리스인/야만인 등―둘은 결코 만날 수 없었다.

> 최초의 그리스 철학자 탈레스(기원전 6세기)는 행운의 여신에게 자신에게 내려진 세 가지 축복에 대해 감사했다. 자신이 "짐승이 아닌 인간anthrôpos으로, 여자가 아닌 남자로, 야만인barbaros이 아닌 그리스인으로 태어났음"에.

아리스토텔레스는 상반되는 원리의 목록을 정리했고, 철학자 피타고라스의 추종자들은 이 목록의 진가를 알아보았다. 유한-무한, 동등-부등, 단일-다수, 좌-우, 정-동, 직선-곡선, 명-암, 선-악, 정사각형-직사각형 등. 여성이 부등, 어둠, 좌, 악에 연결된 것은 우연이 아니다. 하지만 이번에도 삶과 철학은 다르다.

전반적으로 볼 때 지난 80년간 여성들이 상대적으로 더 자유를 누릴 수 있었던 것은 예전에는 유례를 찾아볼 수 없는 수준으로 발전한 의료적·사회적·경제적 환경에 힘입은 바가 크다. 그렇다고 이런 환경이 2000년 전에 진즉 조성되었다면 어땠을지 상상해본다고 딱히 얻을 수 있는 것은 아무것도 없다. 역사가는 과거 세계에 현대의 가치들을 들이대지 않으려고 늘 노력하지만 물론 그것이 좀처럼 쉽지는 않다.

혼인

기독교 교회는 혼인─하느님 은총을 전하는 성사聖事로 치러진다─을 평생의 약속으로 정했다. 1857년 최초로 보편적으로 적용 가능한 이혼법이 국가에서 시행되었다. 단 성적 일탈만 이혼 사유로 허용되었다. 이후 이혼의 자유가 서서히 확대되었고, 현재 잉글랜드에서는 '귀책사유 없는' 이혼을 허용하는 새 법안이 제안되었다. 우리 시대가 차츰 기독교 이전의 관행에 가까워지고 있는 셈이다.

고대 그리스·로마 세계에서 혼인은 본질적으로 두 가문 간의 합의였다. 양가의 아버지들이 동의해 최종 합의에 이르면 (당사자들의 의견을 전혀 고려하지 않았다는 뜻은 아니다) 신부 아버지는 딸에게 지참금을 주었다. 로마에서는 단순 동거도 혼인으로 받아들여질 수 있었다. 공식적으로 국가는 친족관계에 개입하지 않았다. 국가는 출생, 혼인, 이혼, 사망 등의 기록을 관리하지 않았다. 물론 자식의 적통성에 관한 법은 있었다. 페리클레스가 제정한 법에 따르면 아테네 시민은 아테네인 아버지와 어머니의 자녀이어야 했다. 하지만 혹여 이 문제로 분쟁이 생겨 법정으로 가더라도 각각의 주장을 입증하거나 반증할 국가 공인 서류는 구할 수 없었다. 따라서 증거로 제공되는 것은 결국 어떤 '정통성'을 부여하기 위해 해당 지역사회에서 사적인 차원에서 행한 혼인식이나 탄생식 등의 의식에 참석한 증인, 즉 가족이었다.

이혼에 이르게 된 과정이 얼마나 고통스러웠는지에 상관없이 이혼 절차 역시 똑같이 비공식적이었다. 아테네에서 이혼을 원하는 남편은 아내를 친정아버지나 친정아버지를 대신할 누군가에게 돌려보냈다. 아내가 이혼을 원하는 경우 아내는 이 사실을 공무원에게 통지했다. 로마에서 남편이나 아내는 살던 집에서 그냥 나와 상대방에게 이 사실을 통지한 뒤 재산 분할을 진행했다. 두 문화권 모두 양육권은 아버지에게 있었고, 별다른 조건이 없다면 지참금은 아내에게 귀속되었다.

관습이 어떻든 혼인은 어디까지나 사람들 사이의 일이었다.

키케로는 아들 퀸투스의 아내 폼포니아가 누가 가사를 운영하느냐는 문제로 남편과 이야기하다 심한 짜증을 부린 일화를 쓴 적이 있다. "제가 평소 얼마나 참고 사는지 아시겠죠?"라고 퀸투스는 말했다. 폼포니아는 점심식사 자리에도 참석하지 않았고 퀸투스가 보낸 음식도 돌려보냈다. 키케로는 폼포니아가 보인 행동에 넌더리를 냈다. 하지만 누군가는 폼포니아의 입장도 들어보고 싶을 것이다. 두 사람의 결혼생활은 좋지 않게 끝났다.

그리스와 로마 모두에 일반화해 적용할 수 있는 여성에 관한 고대의 여섯 가지 통념은 다음과 같다.

여자의 의존성

첫째, 고대 세계에는 사회적 지위와 의존성 사이에 광범위한 연관성이 있었다. 당시 여자는 남자에게 의존적이었기 때문에 절대 남자와 동등한 지위를 추구할 수 없었다. 로마의 풍자작가 유베날리스는 『풍자시집』 6권에서 여성이 더이상 누군가에게 의존하지 않는 새로운 질서가 지배하는 세상을 상상하면서, 여성들(성행위를 병적으로 좋아하고, 씀씀이가 헤프며, 지조가 없고, 육아에는 전혀 관심이 없으며, 남자 노릇을 하고 싶어 안달이 나서 학자연하고 돌아다니는 말솜씨가 화려한 여자들)을 향해 살벌하고 외설적인 공격을 펼쳤다. 전반적으로 남성 작가들은 남자처럼 행동하는 여자와 그런 여자에게 설설 기는 남자를 비방하곤 했다.

여자의 두뇌

둘째, 남자들은 이러한 입장을 합리화하기 위해 지적 능력과 자기 절제 면에서 여자들이 자신들보다 열등하다고 여겼다. 동시에 여자는 남자에게 위험한 존재였는데, 그들의 성적 매력이 의지가 가장 굳건한 남자의 두뇌마저 흐트러뜨릴 수 있기 때문이었다(여자들은 보통 술과 성행위에 미쳐 있다는 고정관념이 있었다). 그리스나 로마 문화에는 모두 여자에 대한 후견인 제도가 있었다. 여자에게 아버지나 남편이 없으면 다른 남자를 후견인으로 지정해 여자의 일을 보살피게 하는 제도였다.

후견인 제도가 얼마나 엄격하게 지켜졌는지는 알 수 없다. 로마제국시대에 폼페이에서는 에우마키아라는 여성이 건설 사업 자금을 기증하자 폼페이시에서 그녀를 굉장한 부와 사업을 일군 여성이라 치하하며 조각상을 세웠다. 적어도 이 무렵에는 후견인 제도가 이미 형식적인 것에 불과했음이 분명하다.

정치적 지위

셋째, 여자는 정치에 참여할 권리가 없었고, 정치가 이루어지는 민회에서 발언이나 투표할 자격이 없었다. 하지만 남자들을 통해 권력을 휘두른 여자들이 일부 있었다. 페리클레스의 애인 아스파시아는 그에게 연설문을 써주었다고 하며, 희극작가 아리스토파네스의 다소 황당한 주장에 따르면 아스파시아는 매춘부들을 훈련시켰는데 메가라 사람들이 이 매춘부 2명을 훔쳐가는 바람에 펠로폰네소스전쟁이 발발했다(「아카르나이 사람들」 526~9). 어쨌든 아리스토파네스가 이 일을 웃음 소재로 만들 생각을 했다는 것은 아스파시아가 풍자 대상이 될 정도로 공적인 명성이 있었음을 암시한다.

그리고 앞에서 언급한 네아이라(187쪽 참조)를 상대로 법정에서 싸운 기소인은 네아이라가 합법적 혼인과 합법적 자녀가 주는 모든 이점을 취하기 위해 거짓말을 하고 있다고 주장했다. 기소인은 배심원들이 집으로 돌아가 그녀에게 무죄를 선고했다고 말했을 때 집안 여자들에게서 듣게 될 말을 예상했다.

그리고 만일 여러분이 피고에게 무죄를 선고한다고 합시다. 여러분이 집으로 돌아가면 아내나 딸, 어머니가 여러분에게 "어디 다녀왔느냐"고 묻겠지요. 여러분은 "법정에 다녀왔다"고 답할 것이고, 그들은 다시 "누구 재판이었느냐"고 물을 것입니다. 그러면 여러분은 (당연히) "네아이라 사건이오. 왜냐면 그 여자는 아테네인이 아닌데 법을 어기고 아테네인과 같이 살다가 자기 딸을 시집보냈는데, 그 딸은 매춘부였고 결혼 상대는 '아르콘' 왕이었으며, 이 딸은 아테네의 이름으로 제일 은밀한 의식을 치르고 디오니소스 신에게 바치는 혼인 [의례]를 거행했으니까" 등을 이야기하겠지요. 그러면 이 말을 들은 여자들이 "그래서 당신은 어떻게 했느냐"고 물을 것이고, 여러분은 "우린 그 여자에게 무죄를 선고했다"고 답하겠지요! 덕성 높은 이 여성들이 화가 나서 자리를 박차고 일어나지 않겠습니까? 공공의식과 종교적 의례를 충실히 거친 그분들과 그 여자가 하등 다를 게 없다고 여긴 여러분을 비난하면서 말입니다!

[데모스테네스], "네아이라 사건 연설문", 110~11

배심원이 집에 가면 벌어질 상황에 대한 묘사가 실제 현실과 전혀 연관성이 없었다면 기소인이 다루는 의제와 상관없이 그가 하는 말들이 아무런 의미가 없었을 것이다.

로마 황실의 여자들은 황제 측근에서 권모술수를 부리기도 했다. 예를 들어 아그리피나는 클라우디우스황제가 친자 브리탄니쿠스를 제치고 아그리피나의 아들 네로를 황위에 오르게 만들었다. 역사가 카시우스 디오는 가장 유명한 사례인 아우구스투스의 아내 리비아의 성공 비법을 기록한 바 있다.

누군가 그녀에게 아우구스투스를 어떻게 그리도 꽉 잡고 있었느냐고 물으니, 그녀는 흐트러짐 없이 정숙을 지키고, 남편이 원하는 것은 무엇이든 기쁘게 했으며, 남편 일에 간섭하지 않았고, 남편의 애정 문제에 관해서는 일절 듣지도 아는 척도 하지 않았다고 답했다.

카시우스 디오, 『로마사』, 58.2.5부터

하지만 이것은 완전한 진실은 아닐 것이다. 어느 명문(두 사람의 결혼생활 초기에 작성된 것으로 보인다)에는 리비아가 그리스 사모스섬 때문에 젊은 아우구스투스의 환심을 사려고 하여 그가 매우 불쾌해했다고 기록되어 있기도 하다.

결혼과 자녀

넷째, 여자의 첫번째 역할은 결혼해서 적법한 자식을 낳는 것이었다("여자들과 결혼하는 것은 자식을 낳아 상속자를 만들기 위해서이지 쾌락과 기쁨을 누리기 위해서가 아니다"라고 의사 소라누스는 엄중히 말했다. 소라누스에게는 분명 그랬을 것이다). 여성에 관한 고대 의학 자료는 오로지 여성의 이런 역할에만 치중되어 있다. 고대 세계에서 자식을 낳는 일은 매우 중요했으며, 출산은 한 가문에 가장 희망찬 순간인 동시에 산모나 아기를 잃을 수 있는 가장 위험한 순간이기도 했다.

고대인들은 위생과 관련된 지식이 거의 없었기 때문에 새로 태어난 아기의 절반가량이 1년 안에 사망했다. 사회가 안정적으로 유지되려면 모든 여성이 낳은 자식들 중 적어도 2명은 성인으로 자라 또다시 자식을 낳아야 했다. 당시 사망률을 감안할 때 이 목표치를 달성하려면 여자들은 자녀를 대략 일곱이나 여덟은 낳아야 했다. 아이가 없으면 사회도 없다.

종교

다섯째, 고대 세계에는 인간사를 광범위하게 관장하는 남성과 여성 신들이 있었다. 신들은 인간이 살면서 갑작스럽게 겪을 수 있는 모든 사건들을 관장했다. 이 신들을 모시는 대규모 공공의례가 도시를 대표해 치러졌는데 남녀 모두 각자에게 주어진 역할이 있었다. 그리스의 경우 여신은 대개 여자 사제가 모셨다. 그러나 어느 행사에서나 사제가 맡는 의례적 역할은 성별에 상관없이 동일했다. 또 여자들만을 위한 축제와 성별에 상관없이 개방된 숭배의식이 광범위하게 퍼져 있었다.

로마에서는 대부분 남자 사제가 의례를 주관했지만 일부 직책은 사제의 아내에게도 공식적 지위를 부여했다. 6명의 베스타 신녀들은 가장 중요한 예외 사례였다. 베스타 신녀들은 사춘기 전부터 30년간 봉직하며, 공공희생제에 필요한 곡식을 준비하고 로마의 신성한 불을 관리했다(이 불이 꺼졌다는 것은 베스타 여신 중 한 명이 순결하지 않으며 로마가 위험에 처했다는 증거였다). 여자만을 위한 숭배의식이 있었고(보나 데아[선한 여신] 축제. 이와 비슷한 행사로 그리스에는 다산을 기원하는 테스모포리아제전이 있었다), 외래의 숭배의식(유대교나 기독교 포함)이 특히 여자들의 관심을 끌었던 것 같다. 신을 모시는 것을 최우선시해야 한다는 기독교적 믿음은 여성의 성적 쾌락에 대한 그리스·로마 문화권의 '공식적인' 반감과 결합되어 여러 흥미로운 결과를 낳았다. 정조, 순결, 수녀(영어 '넌nun'은

할머니를 뜻하는 라틴어 '논나nonna'에서 유래했다)에게 부여된 명예가 바로 그 예이다.

신화에서의 여성

마지막으로 로마인들이 많은 부분을 받아들인 그리스신화는 여성 인물에게 빈번히 끔찍한 역할을 부여했고(푸리아 여신들, 하르피아이, 세이렌, 스킬라와 카리브디스, 메두사, 스핑크스), 남자를 파멸시키는 존재로 그리곤 했다(메데아, 클리타임네스트라, 파이드라, 아가우에). 반면 안티고네, 알크메네, 페넬로페, 안드로마케 같은 인물들은 도덕적으로나 지적으로 남자들 못지않은 위엄을 보여주었다. 호메로스 같은 (남성) 시인과 그리스의 비극작가들에게 여자들은 파멸적이든 성스럽든 밀도 높은 탐구 대상으로 여겨졌고, 가족이 지닌 자기파괴적인 힘은 그들이 늘 되돌아가곤 했던 주제였다. 문학적이고 극적인 효과를 위해 남성과 여성 인물들을 극단으로 내모는 이런 사례들에서 특별한 교훈을 이끌어내기는 어렵다.

개방적인 로마인?

이야기를 일단락 지으며 로마인이 그리스인보다 여성과 관련된 문제에서 개방적인 성향을 보였음을 덧붙일 필요가 있다. 제정기 무렵 로마에서 여성 후견인 제도는 형식적인 것에 지나지 않았다. 로마에서는 사실상 동거는 혼인으로 인정되었고, 별거는 이혼으로 인정되었다. 기원전 60년 시인 카툴루스는 집정관 메텔루스의 아내 클로디아(애칭 레스비아)와 공공연한 연인 사이였고, 최초의 황제 아우구스투스는 상류층의 결혼 풍습을 우려해 법까지 제정했지만 효과가 없었다. 마침내 로마인들은 결국 이탈리아인들과 외국인들을 로마 시민으로 받아들였다. 이 모두가 그리스의 방식과는 판이하게 달랐다.

여기서 나는 고대 세계의 남성과 여성의 사적인 삶을 엿볼 수 있는 그리스와 로마 문헌(연설문, 서간문, 명문 등)을 골라 간단한 해설을 곁들여 인용하고자 한다.

그리스 텍스트의 예

호메로스: 헥토르와 안드로마케

트로이의 영웅 헥토르는 전쟁터를 떠나 희생제를 올리기 위해 일리온으로 돌아왔다. 그곳에서 그는 어린 아스티아낙스를 데리고 있는 아내 안드로마케와 만난다. 안드로마케는 헥토르에게 그리스군과 목숨을 걸고 싸우지 말라고 애원한다. 헥토르는 안드로마케에게 남은 전부이기 때문이다.

"그러니 헥토르, 당신은 내게 강인한 남편일 뿐만 아니라 아버지요, 어머니이며 오라버니이기도 해요. 부디 나를 불쌍히 여겨줘요. 여기 탑에 머물러요. 부디 당신의 아들을 고아로, 당신의 아내를 과부로 만들지 말아요. 트로이 사람들을 저 무화과나무 옆, 도시로 기어올라와 성벽을 공격하기 가장 쉬운 곳에 결집시키세요. 두 아약스, 이름 높은 이도메네우스, 아가멤논, 메넬라오스, 용맹한 디오메데스가 이끄는 최정예 군대가 벌써 3번이나 그곳으로 몰려와 공격을 시도했어요. 분명 신탁을 들은 누군가가 그들에게 일러주었거나 아니면 무언가 다른 이유가 있어서 그곳을 공격한 것이겠지요."

빛나는 투구를 쓴 위대한 헥토르가 대답했다.

"안드로마케, 나도 줄곧 그 생각을 해왔소. 하지만 내가 겁쟁이처럼 숨어 대결을 피한다면 트로이 사람들과 길게 끌리는 가운을 입은 트로이 여자들 앞에서 나는 수치심만을 느낄 거요. 내 심장도 이를 용납하지 않소. 나는 언제나 훌륭한 전사가 되기 위해 선두대열에 서서 아버지와 나 자신의 영예를 쟁취하고자 나 자신을 단련시켜왔소.

하지만 나는 내 심장 깊은 곳에서부터 신성한 일리온과 프리아모스의 백성들, 그리고 튼튼한 물푸레나무 창을 지닌 프리아모스가 멸망할 날이 다가오고 있음을 느끼고 있소. 하지만 나를 괴롭게 하는 것은 단지 트로이 사람들이 앞으로 당하게 될 고통이나 헤카베 자신 또는 프리아모스왕이나 적들의 손에 흙바닥에 고꾸라질 내 수많은 용맹한 형제들에 대한 생각만은 아니라오. 그보다는 청동 갑옷을 입은 어느 그리스인이 슬피 우는 당신을 끌고 가 당신의 자유를 앗아 가리라는 생각에 더욱 괴롭소.

당신은 그리스에서 다른 여자를 위해 물레 앞에 앉아 일을 하고, 메세이스나 히페레이아 같은 이방의 샘에서 물을 길어야 할 거요. 마음이 내키지 않아도 달리 어쩔 도리가 없겠지. 당신이 눈물을 흘리는 것을 보고 사람들은 말할 거요. '저기 헥토르의 아내가 가네. 일리온을 지키기 위해 싸웠던 헥토르는 말을 잘 길들이는 트로이 사람들 중에서 으뜸가는 전사였지.' 사람들은 그리 말할 것이고, 그 말을 들은 당신은 당신의 자유를 지켜주었을 한 남자를 잃은 것에 새삼 슬퍼질 거요. 당신이 끌려가며 외칠 비명소리를 듣기 전에 부디 높은 흙더미가 죽은 내 몸을 덮어주었으면."

이렇게 말하고 영광스러운 헥토르는 아들에게 손을 내밀었다. 하지만 아기는 아버지의 모습에 놀라 울면서 몸을 움츠리고 허리띠를 맨 유모의 품으로 파고들었다. 아버지의 청동 투구에 달린 말털 장식이 까딱거리는 모습에 겁을 먹고 있었던 것이다. 아버지와 어머니가 웃음을 터뜨렸다. 영광스러운 헥토르가 재빨리 번쩍이는 투구를 벗어 땅에 내려놓았다. 그러고는 사랑스러운 아들에게 입을 맞추고 팔에 안아 어르며 제우스와 다른 신들에게 기도했다.

"제우스와 다른 신들이여, 이 아이가 저처럼 트로이 사람들 사이에서 탁월하고, 저처럼 강인하고 용맹하며 일리온의 강력한 통치자로 자라게 하소서. 이 아이가 전쟁터에서 돌아올 때 사람들이 '아버지보다 훨씬 훌륭한 사내'라고 말하게 하소서. 적을 죽이고 피 묻은 갑옷을 가지고 돌아와 어머니의 마음을 흐뭇하게 하소서."

이렇게 말하고 헥토르는 아들을 아내의 품에 넘겨주었고 아내는 향기로운 품에 아들을 받아 안으며 눈물 젖은 얼굴로 웃음을 지었다. 이 모습을 본 남편은 아내가 한없이 안타까웠다. 남편은 아내를 어루만지며 말했다.

"여보, 부탁이니 너무 괴로워마시오. 때가 되기 전에는 어느 누구도 나를 하데스로 보낼 수 없다오. 하지만 이 세상에 왔다면 겁쟁이든 영웅이든 누구도 죽음을 피할 수 없어요. 이제 당신은 집으로 돌아가서 베틀과 물렛가락으로 당신이 맡은 일을 하고, 시녀들에게도 자기 일에 힘쓰라고 이르시오. 전쟁은 남자들의 일이라오. 이 전쟁은 일리온에 사는 모든 남자들, 그중에서도 특히 나의 일이오."

이 말을 마치고 영광스러운 헥토르는 말털 장식이 달린 투구를 집어들었다. 아내는 집으로 향했으나 자꾸만 뒤를 돌아보며 눈물을 뚝뚝 흘렸다. 아내는 곧 전사 헥토르의 안락한 궁에 도착했다. 궁 안의 수많은 시녀들이 모두 그녀를 보고 통곡했다. 그들은 헥토르가 아직 살아 있음에도 헥토르의 집에서 헥토르를 애도했다. 격분한 그리스인들의 공격에

서 살아남아 전쟁터에서 돌아오지 못하리라고 생각했던 것
이다.

호메로스, 『일리아스』6권, 429-502

남편과 아내와 아기가 나오는 이 유난히 감동적이고 다정한
장면은—집이 아닌 곳에서 만나고 있음에도 더없이 사적이
다—부모의 역할이 서로 다름을 보여준다. 안드로마케에게는
집안과 가족을 돌보는 것이 삶의 중심이었다. 헥토르에게는 트
로이에서의 자신의 지위, 그리고 도시와 아내와 전사가 될 아들
의 보호자로서의 역할이 삶의 중심이었다. 헥토르는 아내가 이
를 잘 이해할 것이라고 생각했다. 안드로마케는 이 경계를 넘어
보려고 했지만 소용이 없었다.

호메로스의 작품에서는 남편과 아내 사이에서 일어나는 깊
은 공감이 종종 눈길을 끈다. 각자의 역할에 대한 경계선이 분
명하지만 호메로스가 가부장적이라는 느낌은 들지 않는다.

아리스토텔레스의 유언장

아리스토텔레스에게는 (1)이전 결혼에서 얻은 딸 피티아스,
(2)나중에 만난 헤르필리스와의 사이에서 낳은 아들 니코마코
스, (3)조카 니카노르가 있었다.

- 잘될 것이다. 하지만 무슨 일이 생길 경우를 대비해 아리

스토텔레스는 다음과 같이 정한다.

- 안티파테르[마케도니아 귀족]가 총 유언집행자이다.
- [내 조카] 니카노르가 [마케도니아군 복무에서] 돌아올 때까지 [이름이 적힌 5명]이 내 자녀[피티아스와 니코마코스]와 헤르필리스의 재산을 관리한다.
- 딸아이[피티아스]는 성년이 되면 니카노르와 혼인한다.
- 피티아스가 혼인하기 전이거나 혼인은 했지만 아이가 생기기 전에—그러지 않길 바라며 그러지 않겠지만—그 아이에게 무슨 일이 생길 경우 니코마코스와 다른 모든 일에 관한 전권은 마땅히 니카노르에게 있다.
- 니카노르는 피티아스와 니코마코스를 적절하다고 생각하는 대로 아버지이자 형으로서 책임진다.
- 니카노르가 피티아스와 혼인하기 전이거나 혼인은 했지만 아이가 생기기 전에—그러지 않길 바라지만—그에게 무슨 일이 생길 경우 니카노르가 정한 사항이 그대로 유지되도록 한다.
- 테오프라스토스[아리스토텔레스의 학문적 계승자]가 피티아스의 집에서 함께 살기를 원할 경우 테오프라스토스가 니카노르와 동일한 책임을 지도록 한다.
- 그렇지 않으면 유언집행자들이 안티파테르와 상의해 피티아스와 니코마코스에게 최선이라고 생각되는 결정을 내린다.
- 유언집행자들과 니카노르는 나와 나에 대한 헤르필리스의

애정을 기억하여 헤르필리스를 어떠한 일에서도 보살필 것이며, 헤르필리스가 혼인을 원할 경우 우리와 어울리지 않는 자에게 그녀를 보내지 않는다. (…)

- 유언집행자들과 니카노르는 헤르필리스가 이미 받은 것 외에 재산에서 은 1탈렌툼 그리고 이미 헤르필리스의 소유인 하녀 아이와 노예 피라에우스뿐만 아니라 헤르필리스가 추가로 선택한 하녀 셋을 그녀에게 주어야 한다.
- 헤르필리스가 칼키스에서 지내기를 바라면 농원 부근 집에서 살게 하고, 스타게이로스에서 지내기를 바라면 내 부친의 집에서 살게 한다.
- 헤르필리스가 어느 집을 선택하든 유언집행자들은 헤르필리스와 상의해 집에 세간을 적절히 갖추어주어야 한다.

디오게네스 라에르티오스, 『아리스토텔레스의 생애』, 5.11-14

그리스 여자들은 자기 재산을 소유할 수 없었고 허락 없이 혼인할 수도 없었다는 사실을 보여주는 전형적인 사례이다. 이 글만 보아서는 사전에 당사자들끼리 어디까지 상의했는지 알 수 없다(여러 조항이 가능성을 다양하게 열어두었다). 또한 이 글은 우리가 어디까지를 여자들에 대한 제약이라 할 수 있고, 또 어디까지를 보호라고 생각할 수 있을지에 관해 상당히 중요한 문제를 제기한다.

리시아스: 에우필레토스 아내의 간통 사건

연설자 에우필레토스는 자기 아내와 간통한 에라토스테네스를 살해한 혐의로 기소되어 법정에서 자기 자신을 변호했다.

아테네인들이여, 나는 한 여자와 결혼해 식구로 들이면서 아내에게 간섭하지 않으면서도 아내가 자기 하고 싶은 대로만 하게 내버려두지도 않으려고 했습니다. 하지만 되도록 아내를 성심껏 돌보며 적당히 행실을 주시했습니다.

우리 아이가 태어나면서 나는 아내를 믿기 시작했고 아내에게 내 재산을 관리하게 했습니다. 나는 이것이 친밀함을 보여주는 가장 큰 증표라고 생각했지요. 처음에 아내는 세상 어느 여자보다 훌륭했습니다. 영리하고 알뜰한 주부로 매사 신중했지요. 하지만 어머니가 돌아가셨고, 이 일로 인해 모든 문제가 시작되었습니다. 왜냐하면 어머니의 장지까지 아내가 동행했는데 이때 그 남자가 아내를 보았고 결국 아내를 타락시켰기 때문입니다. 그자는 우리집의 장 보는 하녀를 주시하다 아내에게 접근했고 결국 아내를 망쳐놓았습니다.

여러분, 먼저 상황을 구체적으로 말씀드리겠습니다. 내 집은 2층짜리로 위층과 아래층의 면적이 같습니다. 여자들은 위층을 쓰고 남자들은 아래층을 쓰지요. 아기가 태어나자 아내는 젖을 물렸습니다. 그런데 아내가 씻을 때 계단을 내려오는 게 위험하므로 종종 내가 위층을 쓰고 여자들이 아래층을 썼습니다. 이것이 일상이 되어 아내가 자주 아래층으로 내려가 아기와 같이 자면서 아기가 울지 않게 젖을 물렸습니다. 이런 상태가 오래 지속되었지만 나는 아무것도 의심하지 않았습니다. 내 아내가 아테네에서 가장 정숙한 여자라고 믿을 만큼 그저 순진했지요.

여러분, 시간이 흐른 어느 날 나는 시골에 갔다가 예정보다 빨리 집으로 돌아왔습니다. 저녁식사를 마쳤는데 아기가 [아래층에서] 소란스럽게 울었습니다. 사실 일부러 아기를 울리려고 몸종이 귀찮게 한 것이었지요. 사내가 집안에 있었던 것입니다. 나는 이 모든 사실을 나중에야 알았습니다. 나는 아내에게 아래층에 가서 아기가 울음을 그치게 젖을 물리라고 했습니다. 아내는 내가 집에 오랜만에 와서 굉장히 반가운 양 처음에는 내려가지 않겠다고 하더군요. 나중에 결국 내가 화를 내며 어서 가보라고 하니 아내는 "알겠어요. 하녀한테 수작을 부리려나 보죠. 전에 취했을 때 당신그 아일 잡아끌었잖아요"라고 했습니다. 나는 가볍게 웃어넘겼습니다. 하지만 아내는 자리에서 일어나 방에서 나가문을 닫고는 장난스럽게 빗장을 걸었습니다. 나는 아무렇지않게 생각했습니다. 순진무구하게도 시골에서 돌아와 집에서 푹 잘 생각을 하니 그저 행복할 뿐이었습니다.

해질녘 아내가 돌아와 문을 열었습니다. 나는 왜 밤중에 대문 소리가 났느냐고 물었습니다. 아내는 아기방 등잔불이

꺼져서 이웃집에서 불을 붙여왔다고 했습니다. 나는 그대로 믿고 아무 말도 하지 않았습니다. 그런데 여러분, 자기 오라비가 죽은 지 30일밖에 되지 않았는데 아내는 얼굴에 화장을 한 것 같더군요.

[에우필레토스는 에라토스테네스가 줄곧 자기 아내와 정사를 나눠왔음을 알게 되었다. 에우필레토스는 하녀에게 자백을 받아냈고, 하녀는 에우필레토스가 아내와 에라토스테네스를 현장에서 덮칠 수 있게 그를 돕기로 했다.]

나에게는 소스트라토스라는 좋은 친구가 있습니다. 나는 소스트라토스가 시골에서 돌아왔을 때 해질녘에 그와 만났습니다. 그 시간에 집에 있는 친구가 한 명도 없을 것이기에 나는 소스트라토스를 저녁식사에 초대했습니다. 소스트라토스가 내 집에 왔고 우리는 식사를 하러 올라갔습니다. 우리는 즐겁게 식사를 했습니다. 그가 돌아가고 나는 침실로 갔습니다.

에라토스테네스가 들어옵니다, 여러분. 하녀가 나를 깨워 그가 집에 있다고 말합니다. 나는 하녀에게 문을 지키고 있으라 말하고 조용히 집에서 나가 친구들을 찾아갑니다. 몇은 집에 있었고 몇은 시내에 있었습니다. 나는 친구들을 최대한 많이 모아 집으로 데리고 갔습니다. 가까운 가게에서 산 횃불을 들고 갔지요. 하녀가 재빨리 문을 열어주었습니다. 우리는 방문을 열어젖혔습니다. 앞서 들어간 사람들은 그가 내 아내 옆에 누워 있는 것을 보았고, 나중에 들어간 사람들은 발가벗은 그가 침대에서 몸을 일으키는 것을 보았습니다.

[에라토스테네스는 자신의 죄를 인정하고 보상금을 주겠다고 제안했지만 에우필레토스는 법을 내세워 그를 죽였다.]

리시아스, 1.6-24

이 이야기는 남편과 아내 사이의 사적이고 은밀한 관계를 공개적으로 상세히 드러냈다는 점에서 상당히 놀랍다. 남자들과 여자들은 남들의 시선을 받는 바깥과 집안에서 각기 다른 얼굴을 드러냈다. 더불어 이 글은 아내가 집안에서 자유를 얼마나 누렸는가에 관한 질문도 제기하고 있다. 이것은 고소 사건이기는 하지만—연설자는 이 고백으로 서른 살을 넘긴 남성 배심원 500명의 마음을 얻을 수 있으리라는 계산을 했을 것이다—바로 자기 집, 그러니까 말 그대로 남편 코앞에서 정사를 벌인 어느 그리스 여인에 관한 흥미로운 이야기이기도 하다. 횃불이 필요해서 가게에서 샀다는 대목도 눈길을 끈다.

[데모스테네스]: 농장 습격

이번 법정 연설문은 데모스테네스가 쓴 것으로 추정된다. 연설자는 자신이 테오페모스에게 빚을 진 사실을 인정하지만, 테오페모스 일당들이 대출금 대신 재산을 압수하러 그의 농장을 덮쳤을 때는 갚을 돈을 이미 은행에 예치해둔 상태였다고 주장했다. 테오페모스 일당들은 농장에서 양 50마리와 양치기, 노예 1명을 압수하고 집안으로 눈길을 돌렸다.

그들은 처음에 노예들을 데려가려고 했지만 노예들이 뿔뿔이 흩어져 도망갔습니다. 그래서 집으로 가 문을 부수고 내 아내와 아이들이 있는 뜰로 침입했습니다. 그러고는 집안에 남아 있는 가구를 모조리 옮기기 시작했지요. (…)
여러분, 그때 내 아내는 아이들과 뜰에서 식사를 하고 있었습니다. 부친이 해방시켜준 헌신적이고 충실한 내 늙은 유모도 함께 있었지요. 유모는 해방된 뒤 어느 남자와 같이 살았는데 그가 세상을 떠나 다시 누군가의 보살핌이 필요해지자 나를 찾아왔습니다. 나는 늙은 유모가 궁핍하게 살도록 내버려둘 수 없었습니다. 게다가 나는 일 때문에 당분간 배를 타고 집에서 멀리 떠나 있을 예정이어서 아내가 한집에서 함께 살 누군가를 구해주길 바라고 있었습니다.
그렇게 해서 그들이 다 같이 식사를 하는 중이었는데 이 일당들이 쳐들어와 식구들을 발견하고는 가구를 압수하기 시작한 것입니다. 소란한 소리에 놀란 다른 하녀들이 자신들의 거처인 탑으로 들어가 문을 잠갔기 때문에 그 일당들은 그곳에는 들어가지 못했습니다. 다른 곳에서 가구를 가져가는 데만 열중했지요. 내 아내는 그들에게 가구는 그녀의 지참금의 일부라며 가구에 손대지 말라고 했습니다. "당신들이 가져간 양 50마리와 양치기, 노예만 해도 당신들이 받아야 할 금액을 훨씬 넘겼다"고도 했습니다(이웃사람이 우리 집 문을 두드리고 아내에게 말해준 것입니다). 그뿐만 아니라 당신들이 받을 돈이 은행에 예치되어 있다고도 했습니다. 아내는 나에게서 이 말을 이미 들어 알고 있었으니까요. "여기서 기다리든지 아니면 당신들 중 한 명이 내 남편을 찾아가 즉시 돈을 가지고 오시오. 더이상 가구에는 일절 손대지 마시오. 무엇보다도 당신들이 받아야 할 금액은 이미 채웠으니까"라고 아내는 말했습니다.

[데모스테네스], "에우에르고스와 음네시불로스에 대한 반론", 52-7

이번에도 소송 사건이다. 연설자는 아내가 자신의 재무 상태와 사업에 관한 상세한 정보를 알고 있었을 뿐만 아니라 낯선 사내들이 집에 쳐들어왔을 때 자기 자신을 스스로 방어할 능력이 있었다는 사실을 밝히는 것이 자신에게 도움이 된다고 여겼다. 또한 연설자가 자신의 늙은 유모에게 베푼 온정에도 주목하자. 유모를 다시 집으로 들이게 된 사연을 설명하는 것이 자신에게 유리하게 작용하리라고 생각한 게 분명하다.

로마 텍스트의 예

플리니우스: 어느 소녀의 죽음

참으로 슬픈 마음으로 이 편지를 쓰네. 우리 친구 푼다누스의 작은딸이 세상을 떠났다네. 그렇게 유쾌하고 사랑스러운 소녀를 본 적이 없어. 그 누구보다 오래 살아야 할, 아니 영원히 살아 마땅한 아이였지. 열네 살도 다 채우지 못했지만 그 아이는 노인의 신중함과 기품 있는 부인네의 진지함과 어린아이의 사랑스러움을 두루 갖추고 있었고, 항상 때묻지 않은 순결한 모습이었지.

제 아버지의 목을 끌어안던 그 모습! 아버지 친구들인 우리를 어쩌나 다정하고 정숙하게 포옹해주었는지! 보모와 선생 그리고 가정교사에게 고마움을 표현하던 태도! 글을 읽을 때는 어쩌나 성실하고 영리했는지! 놀 때도 절대 정도가 지나치지 않았으며 적당한 선을 넘지 않았지! 병마와 싸우던 마지막 순간에 보인 담담함과 인내와 용기라니! 의사의 지시에 철저히 따르고, 자매와 아버지를 위로하고, 심지어 체력이 더이상 남아 있지 않았을 때에도 영혼의 힘으로 버텼어. 기나긴 병마와 죽음의 두려움에도 꺾이지 않고 마지막 순간까지 참아내는 모습을 본 우리는 그 아이를 잃는 슬픔에 더 많이 울 수밖에 없었네.

참으로 애절하고 비통한 최후였지. 죽음의 순간이 심지어 죽음 그 자체보다 더 잔인한 것 같았네. 그 아이는 훌륭한 인품의 청년과 막 약혼한 터였거든. 결혼식 날짜가 정해졌고 우리도 이미 초대받았었지. 기쁨은 고스란히 슬픔이 되었어. 푼다누스가 옷과 진주, 보석에 쓰려고 한 돈이 향과 연고, 향료를 사는 데 쓰여야 한다는 말을 들었을 때 내가 느낀 그 괴로움을 도저히 말로 표현할 수 없군. (…) 푼다누스는 외모뿐만 아니라 성품에서도 자신을 닮은, 특별한 방식으로 자기 아버지를 꼭 닮은 딸을 잃은 걸세.

플리니우스, 『서간집』, 5.16

이 글에서 플리니우스가 우선순위로 삼은 것들은 지금의 독자들이 보기에 불편할 수 있다. 그는 어린 소녀를 마치 어린 어른인 양 여기고 있다. 그런데 로마인이 어린아이를 보는 시각이 그랬다. 그러므로 소녀가 생전에 보인 여러 모습 중 가장 어른스러워 보이는 것들을 떠올리는 것은 플리니우스에게는 당연한 일이었다. 그런 것이 플리니우스가 바칠 수 있는 최고의 상찬이었다. 소녀가 이 가족에게 중요하지 않은 존재였다고 하는 것은 여기서 전혀 말이 되지 않는다.

어느 놀라운 구절에서 플라톤은 아이들이 놀이로 얻는 유희에서 종교적 의미를 보았다. "무릇 어린 생명체는 몸이나 입을 가만히 두지 못한다. 언제나 움직이고 소리를 내야 해서 쿵쿵 뛰고 흘딱거리는가 하면(예를 들어 재미로 춤을 추거나 놀이를 하면서) 별의별 소리를 다 내기도 한다. 다른 생명체들은 이런 동작에서 질서나 무질서—우리가 운율이나 화음이라고 부르는 것—를 지각하지 못한다. 하지만 그들과 다르게 우리는 춤에서 우리가 앞에서 언급한 신들을 우리 동반자로 선사받았다. 또한 신들은 우리에게 운율과 화음을 지각하는 능력을 주었다."

『법률』, 653-4

어느 아내의 묘비

셈프로니우스 피르무스로부터 해방된 푸리아 스페스가 사랑하는 남편을 위해 이 묘비를 세웠다. 우리는 소년과 소녀로 만나 늘 서로를 사랑해왔다. 내가 그와 함께 산 세월은 너무나 짧았다. 우리의 행복은 계속되어야 했건만 어느 잔인한 손길이 우리를 갈라놓았다. 성스러운 사자의 영혼들 Manes이여, 부디 밤의 시간 동안 제가 당신들에게 맡긴 사

랑하는 남편을 지켜주시고, 그에게 호의적으로 친절하게 대
해주십시오. 그리하여 제가 그를 [꿈에서라도?] 만날 수 있
도록, 또한 저도 어서 조용히 그에게 가게 해달라고 남편이
운명의 여신을 설득할 수 있도록.

『라틴어 비문집』, 6.18817

이렇게 부부가 서로를 칭송하며 세운 기념비는 많다. 이런 종
류의 기념비에서는 보통 여성보다 남성이 중시하는 가치가 부
각된다고 주장하는데 이는 타당한 지적이다. 하지만 이 비문은
다른 것 같다. 남자들이 일반적으로 중요하게 여기는 지위에 관
한 내용이 여기에서는 드러나지 않는다.

플리니우스: 중매

저에게 조카따님의 남편감을 구해달라고 하셨지요. 저에게
연락을 한 건 잘 하신 겁니다. 조카따님의 부친인 아룰레누
스 루스티쿠스—훌륭한 분이셨지요—를 제가 얼마나 존경
했는지, 또 제가 젊었을 때 그분께 얼마나 큰 영향을 받았
고, 제가 보람을 느낄 칭찬을 그분이 얼마나 많이 해주셨는
지 잘 아실 테니까요. 참으로 이것은 제가 맡을 수 있는 가
장 크고 가장 기쁜 임무로군요. 저에게 아룰레누스 루스티
쿠스 가문을 이어갈 젊은이를 찾는 것보다 더 영예로운 일

이 있을까요.

마치 운명처럼 이상적인 남자—미니키우스 아킬리아누스—가 지척에 있지 않았다면 신랑감을 찾는 데 그야말로 오랜 시간이 소요되었을 것 같군요. 아킬리아누스는 저보다 조금 젊으며, 우정을 나누는 청년들이 무릇 그렇듯이 그는 저를 무척 좋아할 뿐만 아니라 저를 꼭 친형처럼 존경하기도 합니다. 당신과 당신의 형님이 저의 진로를 돕고 이끌어주셨듯이 아킬리아누스도 제가 그에게 그리해주길 바라고 있지요. 그는 브릭시아[브레시아] 출신입니다. 브릭시아는 제 고향이 있는 이탈리아 지역으로, 옛 시절의 정직한 검약함과 시골스러운 소박함을 여전히 간직하고 지키는 곳이지요. 아킬리아누스의 부친 미니키우스 마크리누스는 기사계급[즉 사업가. 원로원 의원보다 낮은 계층]의 지도층 인사입니다. 그는 지금보다 높은 지위에 오르려는 소망이 없습니다. 베스파시아누스황제께서 그에게 법무관 자리를 내리려고 하셨지만[그랬으면 원로원에 진출했겠지요] 그는 우리처럼 공직자로서의—또는 역경의—삶을 살기보다는 대중의 눈에 띄지 않는 조용한 삶을 살길 원했습니다. 아킬리아누스의 외조모는 파타비움[파도바] 출신의 세라나 프로쿨라입니다. 파타비움 사람들이 어떤지 잘 아실 겁니다. 그분은 심지어 파타비움 사람들 사이에서도 엄격함의 모범이

셨습니다. 아킬리아누스의 외숙부인 푸블리우스 아킬리우스는 뛰어난 인품과 판단력, 고결함을 갖춘 분입니다. (…) 아킬리아누스 본인도 활력이 넘치고 근면하며 매우 겸손합니다. 재무관, 호민관, 법무관 등의 직을 맡아 이미 두각을 나타낸 바 있으니 그를 위해 [정치적으로] 선거운동을 해줄 필요는 없을 겁니다. 신사적인 외모에 건강하고 혈색이 좋으며, 귀족적 풍모와 정치인다운 기품을 갖췄습니다. 이런 장점들은 쉽게 간과하서서는 안 됩니다. 이런 것들은 신부의 순결함에 대한 보상이니까요. 아버지가 부유하다고 말할 수 있을지 모르겠습니다만, 당신이 우선순위로 여기는 것들을 고려해 그 문제는 넘어가도 상관없겠지요.

하지만 오늘날 여론이나 법에서 남자의 재산을 가장 중요하게 여기는 분위기가 있음을 고려한다면[기사계급이나 원로원계급에 오르기 위한 재산 요건이 있었다] 이 문제를 생략하고 넘어가선 안 될 듯도 합니다…….

플리니우스, 『서간집』, 1.14

흔히 중매결혼은 신부측에 불리했을 것이라고 짐작한다. 하지만 결혼을 하려면 신랑과 신부 2명이 필요한 법이다. 미니키우스 아킬리아누스는 과연 이 혼담에 어떻게 반응했을지 자못 궁금하다. 이 편지만 보아서는 결혼을 결정하는 문제에서 당사자들에게는 선택권이 없었던 것 같다. 하지만 앞에서 언급했듯이 어떤 관계나 거래의 공적인 면은 그것의 사적인 면과 반드시 일치하지는 않는다. 그렇다고 해도 만일 이 글이 누가 보아도 실제와 전혀 관련이 없다면 과연 플리니우스가 어떻게 이렇듯 정감 있고 사리 밝은 이야기를 오롯이 만들어낼 수 있었겠는가.

폼페이 낙서

마르쿠스는 스펜두사를 사랑해.

세레나는 이시도루스를 증오해.

티아스, 포르투나투스를 사랑하지 마시오.

사라, 나를 혼자 두고 떠나다니 당신은 나쁜 사람이오.

레스티투투스는 많은 여자들을 숱하게 속였다.

나는 여기서 여러 여자와 잤다.

나는 여기서 여자와 자고 집으로 갔다.

사랑을 아는 남자여, 흥해라. 사랑을 모르는 남자여, 망해라.

그리고 남의 사랑에 훼방놓는 남자여, 망하고 또 망해라.

연인을 매질하는 남자로 하여금 바람에 족쇄를 채우고

끝없이 흘러나오는 샘물을 막게 하라.

연인들이여, 꿀벌처럼, 달콤한 삶을 살아라.

조-앤 셸턴Jo-Ann Shelton, 『로마인들이 그랬듯이』, 133

그리스·로마의 희극과 사랑의 경구에서 끝없이 묘사되는

'진짜(혹은 가짜) 사랑'의 세계이다. 기원전 1세기 로마의 시인 카툴루스의 시를 살펴보자.

> 내 여인은 유피테르가 결혼하자고 해도
> 내가 아니면 누구와도 결혼하지 않겠다 하네.
> 그렇게 그녀는 말한다. 하지만 여자가 연인에게 쓰는 편지는
> 바람 또는 세차게 흐르는 물 위에 쓰여야 하느니.
>
> 카툴루스, 70

오늘날에도 그렇듯이 이 세계와 '위대하고 훌륭한' 귀족들의 혼인 세계는 평화로이 공존했다.

마음에 드는 그림?

이번 장은 고대 세계에서 여자의 존재를 비교적 장밋빛 시각에서 호의적으로 왜곡되게 묘사했다고 해도 무방할 것이다. 사람들은 보통 고대 세계에서 여자의 삶이 유독 더 지옥 같았으리라고 생각하지만 많은 남자들에게도 삶은 정말 고통스러운 것이었다. 가난과 의학적 무지가 괴로움의 주된 원인이었고, 두 가지 모두 사람을 가리지 않았다.

운명을 가르는 결정적 순간은 남녀 공히 태어난 가문과 전반적인 신체 조건이었다. 교육을 받은 상위 5퍼센트의 부유한 귀

족 가문에서 건강하고 튼튼한 몸으로 태어났다면 그 사람은 (아마도) 잘살 것이다. 그렇지 않다면 끊임없는 육체적 고난의 삶과 이른 죽음이 그를 기다리고 있었다. 다음의 풍자적인 비문은 핵심을 찌른다.

> 사람한테 필요한 것은 전부 다 있소. 유골이 달콤한 휴식을 취하는 이곳에서 나는 갑자기 먹을 게 떨어질까 걱정하지 않는다오. 관절염으로 아프지도 않고, 집세가 밀릴 염려도 없지. 사실 이 셋방은 만기가 없다오. 게다가 공짜!
>
> 『라틴어 비문집』, 6.7193ª

양식이 충분하고 집이 있으며 건강한 신체와 우애 좋은 친구들이 있어 평화로운 세계를 즐기는 것은 운좋은 집안의 이야기였다.

고대 그리스 가정의 닮은꼴

사료라고는 모두 남자들이 쓴 공적인 문서밖에 없는 시대를 산 사람들의 사적인 삶을 이해하기 위해서는 최대한 다방면에서 얻을 수 있는 모든 도움이 필요하다. 영화 「대부」를 보면 고대 로마 귀족사회에서 가족생활의 역동과 여자들의 지위에 대한 어느 정도 이해할 수 있을 것이다. 마찬가지로 J. K. 캠벨

Campbell이 1950년대에 수행한 그리스 서북부 사라카트사노이족에 대한 인류학적 조사(참고문헌 참조)를 통해서도 평범한 그리스 가정의 질서를 짐작해볼 수 있다.

남자가 거의 고결함 그 자체라면 악에 이끌리는 태생적 경향은 여자의 가장 큰 특징이다. 여자는 일단 교활하다. 특히 다른 사람, 즉 남자를 타락시킨다는 점에서 더욱 그렇다. 여자는 남자의 명예를 항상 위협한다. (…) 악마가 여자들을 장악하고 있고, 남자의 심장에 성욕을 불러일으키라는 임무를 부여해 여자들을 특사로 파견했다. 따라서 성행위가 남기는 수치심이라는 점은 온전히 여성에게 전가된다.
여자의 성적 매력이 지닌 힘은 이렇듯 초자연적 질서에 속하므로 남자는 대체로 저항할 수 없으며 (…) 남자가 여자에게 접근하면 여자는 그에 저항할 신체적 능력이 없다. 사라카트사노이족이 보기에 성행위에서 중요한 요인은 여자의 성적 매력과 약한 의지력 그리고 남자의 체력이다. 이런 이유에서 친족들은 여성 개개인이 '수치심'을 갖길 기대한다. 여자는 말, 몸가짐, 자세, 옷차림에서 성적인 매력을 최대한 감추어야 한다.
같은 이유로 가족들은 여자들, 특히 젊은 미혼 여성을 용의주도하게 감시한다. 여자가 혼자 우물에 가거나 땔감을 주우면 우려의 시선이 여자를 따라다닌다. (…)

아내는 남편에게 절대적으로 복종하는데, 이는 자신의 이러한 위치를 자연스럽고 필연적인 질서의 일부로 받아들이기 때문이다. 여자로 태어난 것은 자기 운명의 일부이다. 열악한 조건에서의 가사노동은 육체적 부담이 어마어마하다. 결혼해서 4, 5년이 지난 뒤에도 예전의 고운 외모를 유지하는 여자는 극히 드물다. (…) 아내가 이러한 복종적 역할과 신체적 고난을 감내할 수 있는 것은 상대적으로 자기 영역에서만큼은 자율을 누릴 수 있고, 특히 남편에 비해 아내의 지위가 해가 갈수록 나아진다는 것을 알기 때문이다.

따라서 남편이 자식과 아내를 보호할 수 있는 능력을 입증하고 자신의 힘을 가족에게 공정히 행사하면 아내는 남편의 권위를 받아들이고 존경과 경의를 표한다. 둘의 관계는 호혜적이어서 아내가 자식을 사랑으로 돌보고 육체노동을 무리 없이 해내면 남편 역시 아내를 인정한다.

남녀가 편안하게 웃으며 애정을 주고받을 수 있는 곳은 오로지 사생활과 내밀함이 있는 가족의 둥지뿐이다. 공적인 삶이 부여하는 짐은 상당히 무겁다. 집밖에서 남자는 진지하고 당당해야 한다. 자신이 하는 일이 세상에서 제일 중요하다는 듯 수컷 칠면조처럼 한껏 뽐내며 걸어야 한다. 실제로 무시를 당했거나 무시를 당했다고 생각해 분개했을 때를 제외하고, 자기감정을 절대 겉으로 드러내서는 안 된다. 공개적으로 남편은 아내와 딸에게 멸시하듯 짧고 거칠게 호통을 쳐야 한다. 미혼 여성이나 아내는 조신하게 천천히 걷고 시선은 아래를 향해야 한다.

이러한 관습을 내던질 수 있는 것은 오로지 집안뿐이다. 저녁식사를 마치면 가족끼리 교감을 나누는 시간을 갖는데 가족을 방문한 친척들만이 이 자리에 함께할 수 있다. 남녀노소 온 가족이 딱히 정해진 규칙 없이 화로 주변에 앉거나 누워서 웃고, 잡담하고, 수수께끼를 낸다. (…) 가족 간의 말투는 전반적으로 더없이 친밀하고 끈끈하며 공감적이다. (…) 서로 전혀 관련이 없는 사람들이 이처럼 편안한 동지애와 조용한 애정이 가득한 분위기를 누리기란 불가능한 일이다. 이것은 오로지 공적인 시선에서 벗어난 가족들끼리만 가능한 일이다. (…)

제6장

황제와 제국

로마의 자기비판

로마인은 좀처럼 자기비판적인 사람들로 보이지는 않지만 두 가지 측면에서만큼은 이 표현이 들어맞는다. 로마인은 자신들이 그리스인에게 진 문화적 부채(57~58쪽 참조), 그리고 속주 통치를 위해 파견된 일부 로마인들의 무능함 이 두 가지를 깔끔하게 인정했다.

변호사 겸 정치가인 키케로는 기원전 66년 한 법정 사건에서 "우리가 속주 통치를 위해 파견한 사내들의 방종하고 잔인무도한 행실로 인해 우리가 다른 나라들로부터 얼마나 큰 미움을 받고 있는지 이루 다 말로 표현할 수 없다"고 열변을 토했다.

로마의 역사가 타키투스는 서기 84년 전투를 앞두고 칼레도니아 사람들에게 연설하는 브리타니아의 장수 칼가쿠스의 입을 빌려 지금은 명언이 된 불평을 세상에 던졌다. "[로마인은] 불모지를 만들고 그것을 평화라고 부른다." 사실 로마인의 이러한 자기 비판은 높은 도덕적 가치가 아닌 이익 추구에서 나온 것이었다. 제국이 잘 작동하려면 속주들이 행복해야 했다. 잘못된 통치로 속주들이 혼란에 빠져 있는 것은 로마의 목적에 부합하지 않았다.

> 타키투스는 네르바황제와 트라야누스황제 이전의 폭군 황제들 치하에서의 삶에 관해서도 글을 남겼는데 비교적 덜 알려진 글이지만 신랄하기는 마찬가지이다. "우리의 굴종적 행태는 실로 놀랍기 그지없다. 옛 로마가 최대치의 자유를 경험했듯이 우리는 최대치의 예속을 경험하고 있으며, 생각을 주고받을 자유마저 비밀정보원들에게 강탈당했다. 망각이 침묵만큼 쉬운 것이라면 우리는 기억마저 혀와 함께 잃어버렸으리라"(『아그리콜라』, 2).

속주 총독에게 전하는 조언

기원전 60년경 키케로는 아우 퀸투스의 아시아 속주(터키 서부) 총독직 수행이 3년째에 접어들 무렵 다음과 같이 조언했다. 키케로는 중요한 실천사항으로, 아우가 나중에 로마에 돌아올 때 스스로에게 유리하게 작용할 훌륭한 명성을 쌓을 것, 부하들 (즉 참모진)을 잘 관리할 것, 요즘 뇌물과 부패 문제가 만연해 로마 법정이 시끄러우니 이 두 가지에 엄격한 태도를 취할 것을 강조했다.

아시아에서 최고 명령권자로 보낸 3년 동안 속주에서 제안 해오는 그 어떠한 유혹에도 흔들리지 않고 명예와 절제의 길을 걸어왔으니 참으로 훌륭하구나. (…) 너의 탁월함, 절 제력, 자제력을 어느 한구석에 감추어두지 말고 우리의 가 장 유명한 속주의 눈 그리고 모든 부족과 나라의 귀에 당당 히 드러내는 것보다 더 훌륭하고 바람직한 일이 무엇이겠느 냐? (…)

네가 속주에서 우리의 동맹과 시민 그리고 우리 로마를 위 해 지는 책임은 너 혼자가 아니라 너와 네 부하들 모두가 나 누어지는 것임을 사람들이 잘 알게끔 할 것이며 (…) 네가 통치하는 모든 사람들의 생명과 자식과 명예와 재산이 너에 게 더없이 소중하다는 것을 속주의 모든 사람들이 잘 알게 끔 최선을 다하여라. 마지막으로, 혹시라도 너의 귀에 뇌물 이야기가 들어가면 뇌물 수여자 못지않게 공여자에게도 엄 한 조치를 취하리라는 것을 모두가 확신하게 해야 한다. 너 에게 신임을 받는 척하는 자들은 그 무엇도 얻을 수 없다는 사실을 사람들이 깨닫는다면 아무도 뇌물을 주려고 하지 않을 것이다.

이처럼 사회적 지위와 자기 이익 추구를 우선순위로 언급한 키케로는 이번에는 아우 퀸투스의 경쟁심에 호소하면서 아시아에 거주하는 그리스인들에게 로마가 그들의 문명으로부터 충분히 잘 배웠음을 보여주어야 한다고 주문했다.

(…) [그리스인들], 그 종족으로부터 문명이 전해졌다고 사람들은 믿는다. 우리는 우리에게 문명을 전해준 이들에게 그 문명의 혜택을 반드시 되돌려주어야 해. (…) 내가 이룬 모든 성취는 그리스의 문학과 가르침을 통해 우리에게 전해져 내려온 탐구와 지식에 빚을 지고 있다. (…) 우리는 그들의 가르침으로 단련되었으니 우리가 배운 것을 스승의 눈앞에 드러내 보이고 싶다는 소망을 품어야 해.

제정기 이전의 '제국'

수확량이 풍부하고 지리적으로도 중요한 섬인 시칠리아를 두고 로마와 카르타고가 벌인 싸움에서 카르타고가 패배하자 기원전 241년, 시칠리아는 로마의 첫번째 속주가 되었다. 로마는 기원전 146년까지 사르데냐, 코르시카, 스페인, 마케도니아(즉 그리스), 아프리카(대략 오늘날의 튀니지)를 획득했고, 기원전 30년경에는 소아시아(터키), 시리아, 키프로스, 갈리아, 마지막에는 이집트까지 손에 넣었다. 로마인은 그리스인과는 상당히 대조적으로 자신들의 소중한 시민권을 거리낌없이 나누어주어 로마에 대한 충성심을 고취시켰다. 처음에는 이탈리아 부족들로 시작되었지만 기원전 1세기부터는 이탈리아 바깥 부족들에게까지 확대되었다. 다시 말하면 '로마제국'은 황제들이 로마를 다스리기 훨씬 전부터 이미 성업중이었다.

시민권이 자동으로 주어지지는 않았다. 로마는 기원전 500년경부터 기원전 270년까지 이탈리아를 서서히 정복해나가며 로마에 패배한 민족들과 수없이 동맹을 맺었다. 동맹의 종류에 따라 다양한 신분이 생겨났는데, 각 신분에 부여되는 권리로는 상업활동을 할 권리, 로마 시민과 결혼할 권리, 거주지가 바뀌어도 기존의 권리를 유지할 권리 등이 있었으며, 시민권의 최상위에 완전한 로마 시민권이 있었다. 이 모든 권리에는 로마를 위해 싸워야 한다는 법적 의무가 뒤따랐다. 따라서 로마인들은 제국 운영에 관해서라면 이미 많은 군사동원 경험이 있었다고 볼 수 있다.

서기 212년 카라칼라황제는 속주의 모든 자유인 남성에게 로마 시민권을, 모든 자유인 여성에게 로마 여성과 동등한 권리를 부여했다.

아우구스투스, 최초의 황제

황제가 다스리는 로마제국의 시작은 보통 기원전 31년 안토니우스와 클레오파트라를 물리치고 로마 세계의 단독 통치자가 된 옥타비아누스가 스스로에게 아우구스투스Augustus라는 칭호(그리스어로는 '세바스토스Sebastos'로 '존엄한'이라는 뜻)를 부여하고 정치적 변혁을 이끈 기원전 27년으로 거슬러올라간다. 그는 이 변혁을 통해 공화정의 상징적 장치들―원로원, 집정관 등―을 복원했지만 실은 모든 실질적인 권력을 자신의 손 안에 넣었다.

여기에는 보통을 뛰어넘는 영악함이 필요했고, 아우구스투스는 이에 절대 부족함이 없었다. 아우구스투스는 우리가 요즘 흔히 하는 말로 여론 조작의 대가였다. 로마는 역사적으로 왕정을 두려워했고, 율리우스 카이사르는 왕이 되려고 한다는 의심을 받아 살해되었다(68쪽). 아우구스투스는 세상은 달라지지 않았다고 지배계층을 설득했다. 당신들의 전통은 사라지지 않았다. 공화정은 헛되지 않았다. 당신들은 다시 위대해질 수 있다. 공화정이 피비린내 나는 자멸적 최후를 맞이하기 전에 로마가 표방하던 모든 것을 우리가 되살릴 수 있다. 마침내 더 훌륭하고 찬란하게. 아우구스투스는 탁월한 여론 조작 능력을 발휘했다. 하지만 실질적 권력의 핵심이 어디에 있는지는 누가 보아도 확실했다.

민족적 기반을 확대하다

이 시기가 중요한 이유는 또 있다. 이때 일어난 수많은 변화가 가속화되면서 훗날 로마제국은 아우구스투스가 통치하던 제국과 매우 다른 구조를 띠게 되었다. 이 같은 변화가 가능했던 주된 이유는 아우구스투스가 겉으로 내세운 화려한 약속과 상반되게 로마의 고위 '귀족' 가문들의 권력을 서서히 약화시켰기 때문이다. 이들 로마 귀족 가문은 집정관을 배출한 역사를 자랑했지만 사실 공화정 후기의 혼란은 상당 부분 그들의 책임이었다. 물론 귀족 가문은 여전히 번창했다. 하지만 속주—갈리아, 스페인, 그리스, 시리아, 아프리카—출신자들이 제국의 권력구조에서 갈수록 더 많은 자리를 차지했다. 예를 들어 리비아의 렙티스 지방의 부유한 가문 출신인 셉티미우스 세베루스는 서기 193년에 황제로 등극했다.

서기 48년 클라우디우스황제는 갈리아 족장들을 원로원에 진출시키겠다고 마음먹었다. 명민한 역사가였던 클라우디우스는 원로원의 거센 반발("그들은 바지를 입는 야만인들입니다!")에 맞서 로마의 강점은 과거에 로물루스가 그랬듯이 노예들을 비롯한 이방인들을 기꺼이 시민으로 포용하는 능력이라고 주장했다. 이런 새로운 인물들은 "우리의 관습과 문화에 동화되어 우리의 가문과 혼인을 맺었"고, 이 과정

에서 로마에 부를 가져왔다는 것이었다. 클라우디우스의 제
안은 수락되었다.

능력주의

하지만 이것이 유일한 '변혁'은 아니었다. 또다른 중요한 변
화가 있었으니 그것은 출신에 상관없이 오로지 능력만으로 인
정받는 실력자meritocrat들의 부상이었다. 이들은 주로 '기사騎
士'였는데, 원래 기사란 말(요즘으로 치면 개인용 제트기에 해
당한다)을 소유한 부유한 사람을 의미했다. 원로원 계급은 이
부자들 중에서도 더 부유한 사람들이 정치권력을 추구하면서
형성되었다. 이제 기사들은 스스로 원하면 군 경험이나 행정 경
험 또는 둘 다를 쌓아 고위직에 오를 수 있게 되었다(기사들이
종사했던 여러 사업 중 많은 것들이 옥수수 공급 같은 장기적인
사업이었고, 이는 지름길을 통해 권력을 잡으려는 귀족들이 종
사하기에 적합하지 않았다). 서기 235년 발칸반도 트라키아 태
생의 기사계급 출신 장교 막시미누스는 반란을 일으킨 게르만족
군대의 추대를 받아 제위에 올랐다. 막시미누스는 서기 268년
군 동료 디오클레티아누스와 공동 황제가 되었다. 그는 세르비
아의 어느 가겟집 아들이었다.

이때부터 출신 민족과 신분 계층 측면에서 갈수록 더욱 폭넓

은 범위의 다양한 사람들이 제위에 올랐고—만약 그들이 운이 좋아 자리를 보전했을 경우(이 '만약'이 늘 중요하다)—세대를 거치며 그들 사이에서 생겨난 복잡한 인맥 역시 수가 많고 다양 해졌다. 다수는 역사의 한 페이지에 남은 이름에 지나지 않는 다. 그러나 이들 군인, 정무관, 행정가, 자본가, 웅변가 등은 강 력한 권력층을 구성했고, 이들 없이 황제의 전제주의는 작동할 수 없었다. 서기 3세기부터 제국 운영은 한층 더 복잡한 사업이 되었고, 황실은 이제 단순히 황제와 황제의 직계가족만을 의미 하지 않았다.

'임페리움'

황제의 권력은 '임페리움imperium'('나는 명령·지휘한다'는 뜻의 라틴어 '임페로impero'와 비교)으로 표현되었다. 임페리움 이란 집정관과 같은 로마 정무관magistratus에게 부여되는 고대 의 전통적인 명령권이었다. 정치의 미묘함을 누구보다도 잘 알 고 있던 아우구스투스는 자신의 권력은 '임페리움 마이우스 imperium maius', 즉 다른 모든 사람의 권력을 '능가'하는 권력 임을 보장하는 법을 제정했다. 이제 정치적 야망을 품은 자의 미래는 황제의 성은에 달려 있었다. 황제는 궁극적으로 만인의 후원자였고, 모든 일—심지어 법까지—의 최종 결정권자가 되 었다. 이렇듯 한 사람의 손에 전권이 주어지면서 '로마의 임페리움-imperium Romanum'은 새로운 세계 질서를 칭하는 말로 사용되었다. 실상은 아우구스투스가 곧 로마였으므로 '아우구스투스의 임페리움-imperium Augusti'이라고 하는 편이 정확했을 것이다. 하지만 아우구스투스는 그 자신을 '황제'가 아닌 '프린켑스-princeps'('제1시민', 원수정元首政이라는 뜻의 영어 '프린시페이트-principate'의 어원)라고 불렀다. 참으로 그는 여론 조작의 대가였다.

군사력 장악

공화정 시기에 속주는 로마의 세력 및 영향력 확장을 도왔고, 특히 속주에 파견된 로마인들을 풍요롭게 했다. 흔히 수탈 행위와 뇌물 수수를 통해서였다. 그런데 공화정이 몰락하는 과정에 속주 땅에서 내전이 벌어졌고, 이에 속주 총독들이 하나둘 공개적으로 자기 입장을 표명하면서 그들이 실은 로마 중앙정부에 잠재적인 위험 요소였음이 드러났다. 아우구스투스는 이 상황을 결코 방관하지 않았다. 핵심은 로마 군단을 장악하는 것이었다. 아우구스투스는 최초로 시민군을 직업군인으로 전환해 정규군으로 편성했다. 진급 체계를 명확하게 정비하고 복무 기간과 제대 시기 그리고 (무엇보다도) 기본급을 후하게 책정해 충성심을 고취시켰다. 당연히 돈이 많이 드는 일이었고, 바로 이 때문에 속주가 필요했다.

속주 정비

아우구스투스는 이후 20년간 로마에서와 거의 같은 시간을 속주에서 보냈다. 직접세 체계를 엄격히 재정비해 효율성을 놀라울 정도로 제고함으로써 그전까지 속주 안에만 머물러 있던 다량의 돈이 정기적으로 로마로 흘러들어가게 했는데, 특히 로마의 군대로 가장 많이 흘러들어가게 했다. 인두세와 토지세가 주요 수입원이었으므로 속주의 물리적 자원과 인적 자원을 파악할 수 있는 인구조사를 정기적으로 시행해 이를 근거로 세금을 책정했다. 그리스 동부는 로마가 정복하기 훨씬 전부터 잘 조직된 도시들이 있어서 이러한 일을 책임지고 맡을 수 있었다. 그러나 서부에는 민주적 자치 정부는 고사하고 도시적인 관습 자체가 없었다. 따라서 로마인은 서부 지역을 속주로 만들 때 각 지역사회에 도시 건설 사업을 추진했으며, 이와 동시에 지방 엘리트들을 로마 편으로 끌어들여 그들이 로마의 관습을 배우고 직접 건설 사업에 응찰하도록 교육시켰다. 대부분의 엘리트들은 자신들에게 이로운 것을 금방 알아보았다(278쪽 참조). 군단병들의 정착지 '콜로니아colonia'(식민지)는 다른 지역이 도시생활의 감각을 기르는 데 도움이 되었다.

냉소적인 로마인의 분석

타키투스는 브리타니아에서 속주체제가 돌아가는 모습을 다음과 같이 묘사했다.

문명화되지 못하고 여기저기 흩어져 살다보니 매우 호전적
이었던 민족을 쾌적하고 안락한 조용한 생활에 길들이기 위
해 아그리콜라[로마 총독]는 사적으로 격려하고 공적으로
지원하며 신전과 공공 광장(포룸)과 저택을 짓고, 부지런한
자는 칭찬하며 게으른 자는 벌을 주니 충동적인 싸움은 명
예를 향한 경쟁으로 대체되었다. 아그리콜라는 엘리트의 아
들들에게 인문학을 가르치고, 브리타니아의 최종 생산품이
갈리아 것보다 우수하다는 견해를 피력했다. 그 결과 한때
는 라틴어를 거부했던 사람들이 이제는 라틴어를 배우려고
야단이었다. 마찬가지로 우리나라의 의복이 유행해 어디에
서나 토가를 볼 수 있었고, 브리타니아 사람들은 서서히 부
도덕한 쾌락—아케이드, 욕장, 사치스러운 연회—에 물들어
가고 있었다. 무지한 그들은 이것을 문명화라고 불렀으나
사실 그것은 예속화의 과정이었다.

타키투스, 『아그리콜라』, 21

제국의 수입

제국 팽창이 저절로 극적인 수입 증가로 이어지지 않았다. 새
로운 속주가 생길 때마다(예를 들어 서기 6년 유대왕국, 서기

43년 브리타니아) 추가 비용이 발생했는데, 군단 주둔비가 그 예였다. 이는 지역경제에는 좋은 일이지만 제국의 재정을 불려 주진 않았다. 반면에 다키아(루마니아) 지역 부족들의 경우에 는 그들이 평화적이고 지속적인 교역을 거부하자 트라야누스황 제가 그들을 정복했는데(서기 101~107), 이때 거둔 승리는 로 마에 엄청난 부를 안겨주었다. 당시 보고된 수치가 정확하다면 이때 획득한 금괴와 은괴는 로마의 연간 수입의 약 30배에 달하 는 규모였고, 다키아 금광의 채굴권도 로마의 수중에 들어갔다.

대중이 누린 혜택

트라야누스황제는 대중을 행복하게 만들어야 할 필요성을 잘 알고 있었으므로 이렇게 새로 획득한 재물의 상당량을 로마 에 쾌척했다. 트라야누스황제는 대중을 위해 몇 개월 동안 환상 적인 무료 구경거리를 제공하고 거대한 트라야누스 포룸을 지 었는데 그 규모가 무려 5만 5000제곱미터 정도로 다른 모든 포 룸을 합친 것만큼 컸다. 황제 이름으로 공공욕장을 여러 개 짓 기도 했는데, 이것들의 너비를 모두 합치면 총 10만 제곱미터 가 넘었으니 무려 소도시 하나에 맞먹는 크기였다. 또한 하루에 90만 리터가 넘는 물을 32킬로미터 밖에서 로마로 더 끌어오기 위해 새로운 수도교까지 건설해야 했다. 계산해보면 욕장 건설 에 동원된 인원은 약 1만 3000여 명에 달했고, 건설 기간은 총

5년에서 6년 정도였을 것으로 보인다. 대리석 작업에 참여한 석공은 약 500명이었을 것이다. 자재를 옮기는 데 필요한 황소 수레꾼은 2000명에서 3000명 정도였고, 도로가 말도 못하게 혼잡스러웠을 테지만 이 혼잡은 밤에만 일어났으리라(법 규정이 그랬다). 경제적 혜택이 공급자, 시장, 여관, 사창가 등을 통해 곳곳으로 스며들어 어마어마한 규모의 고용 창출이 발생했다.

일인 통치

초기에 로마제국이 한 사람의 권력에 얼마나 장악되고 있었는지는 아무리 강조해도 지나치지 않다. 여기 한 가지 놀라운 예가 있다. 로마의 역사가 수에토니우스는 아우구스투스의 유언장을 기록하며 이렇게 썼다. "(유언장에는) 제국의 전 영토를 아우르는 정세의 요약, 무장 군인의 수, 국고 위치 및 보유액, 국가의 예상 수입이 담겨 있었다. 아우구스투스는 이에 관해 완벽히 설명할 수 있는 해방 노예 및 노예의 명단까지 추가했다."

대단히 놀라운 일이다. 제국의 재정과 군사 상황을 이 정도로 꿰고 있는 사람은 로마 전체에서 아무도 없었다. 분명 원로원은 알지 못했다. 오로지 아우구스투스와 주변의 관리들만 알고 있었다. 실제로 전하는 바에 따르면 한번은 아우구스투스가 이른 나이에 중병에 걸리자 국가의 상황을 아무에게도 알려주지 못하고 급사할 경우를 대비해 대략적인 내용을 봉투 뒷면에 황급히 적었다고 한다.

그런데 아우구스투스 주변의 관리들이 누구였는지 생각해보라. 로마의 위대하고 훌륭한 귀족들이 아닌 노예와 해방 노예들이었다. 이 역시 로마 국가 운영의 또다른 주요한 변화였다. 공화정 시기에는 공개적인 정치 토론이 벌어지는 장소이자 국가 경영의 중심지인 원로원과 포룸 로마눔이 로마 정치의 심장부였다. 물론 무대 뒤에서 은밀한 계략이 이루어지기도 했지만 기본적으로 정치는 원로원에서 귀족들이 벌이는 공개적인 토론과 선거구 투표를 통한 대중의 참여로 이루어졌다.

그러나 황제 치하에서는 달랐다. 이제 정치의 중심은 포룸이 아닌 팔라티누스 언덕(또는 어디든 황제의 개인 아파트가 있는 곳)과 황제의 궁정 '아울라aula'(그리스 왕의 궁전을 의미하는 그리스 단어의 라틴어식 표기)였다. 이곳에서 황제는 가족, 가까운 친구, 믿을 수 있는 조언자 등에게 에워싸여 중요한 결정을 내렸고, 그들 대부분은 현재 노예이거나 과거에 노예였던 자들이었다.

소문과 계략

이는 제정시대의 역사(예를 들어 타키투스와 수에토니우스가 남긴 기록)가 일화와 루머, 소문으로 넘쳐나는 이유를 설명해준다. 닫힌 문 뒤에서 의사결정이 내려지는 세상에서 이런 기록은 증거의 원천으로서 중요하다. 역사가 카시우스 디오(서기 164~229년경)는 다음과 같이 지적했다.

> 예전에는 모든 것을 심지어 저멀리에서 일어난 사건도 원로원과 인민에게 보고했다. 그리하여 모든 사람이 그것에 대해 알고 있었고 숱한 사람들이 그것에 관해 썼으므로—비록 일부 사람들의 글은 공포나 호의, 원한이나 우정으로 얼룩져 있었더라도—같은 사건을 다룬 여러 사람의 글과 공적인 기록을 통해 사건의 진상을 밝힐 수 있었다. 그러나 이후 사건들은 대부분 비밀에 부쳐지고 은폐되기 시작했으며, 공개된 것이 있다 하더라도 그것이 진실인지의 여부를 증명할 길이 없어 신뢰하지 못한다. 말해진 것과 행해진 것이 권력자들과 그 패거리에 의해 통제된 것이 아닌지 불신하는 것이다.
>
> 카시우스 디오, 『로마사』, 53.19

특히 타키투스의 손안에서 '소문'은 수사학적으로 치명적인 효과를 발휘했다. 그는 황제 치하에서 정보 접근의 (불)가능성을 반어적으로 논평할 때 소문을 활용했다.

서기 14년 타키투스는 아우구스투스황제의 죽음과 티베리우스의 즉위에 관해 늘 그렇듯이 교묘한 기록을 남겼다. 이때는 제국 지배의 '기획'이 과연 지속될 수 있을 것인가에 있어서 실로 중요한 순간이었다. 아우구스투스황제는 손자 아그리파를 후계자로 선택했지만 아우구스투스의 아내 리비아는 이를 받아들일 수 없었다. 결국 아그리파는 추방되었고, 리비아가 전남편과의 사이에서 낳은 아들 티베리우스가 제위에 올랐다. 역사가 타키투스는—애매한 투로—아우구스투스가 아그리파를 제위에 올릴 비밀 계획을 파비우스 막시무스라는 자를 통해 세워두었는데, 이자는 어리석게도 여행중에 비밀을 발설해 그에 상응하는 응징을 당했으며, 리비아는 이런 일이 재발하지 않도록 발빠르게 움직이는 동시에 일리리쿰으로 여행을 떠난 자신의 아들 티베리우스를 다시 불러들였다고 암시한다. 수수께끼처럼 의심스러운 분위기를 불러일으키는 단어들은 굵은 글씨로 강조되어 있다.

아우구스투스의 건강이 악화되자 일부 사람들은 그의 아내 [리비아]가 술책을 썼다고 의심했다. 소문이 예전부터 퍼진 터라 아우구스투스는 몇 달 전 **선별한 몇 명**에게만 속마음을 털어놓은 후 파비우스 막시무스만 데리고 아그리파를 만나러 갔다. 두 사람 모두 눈물을 흘리며 애정을 표현했으니 이 청년이 선대의 가문을 되찾을 것이라는 **희망**이 보였다. 막시무스는 이 일을 아내 마르키아에게 이야기했고, 마르키아는 다시 리비아에게 이야기했다. 이렇듯 비밀이 새어나간 사실을 얼마 후 아우구스투스도 알게 되었다. 얼마 지나지 않아 막시무스가 죽자(아마도 자살이었으리라) 마르키아가 장례식에서 자신의 잘못으로 남편이 죽었다고 자책하며 흐느끼는 소리를 사람들이 들었다. 이 사건과 관련한 사실이 무엇이든 티베리우스는 일리리쿰에 발을 채 디디기도 전에 어머니로부터 집으로 돌아오라는 편지를 받았다. 티베리우스가 이탈리아에 도착했을 때 아우구스투스가 아직 살아 있었는지 아니면 이미 세상을 떠났는지는 전혀 알 길이 없다. 리비아는 재빠르게 호위대를 집결시켜 집과 거리를 봉쇄하고 간간이 긍정적인 공고문을 게시했다. 얼마 후 상황에 따른 단계적 조치가 취해졌으며, 아우구스투스가 서거했으므로 티베리우스가 국정을 책임진다는 발표문이 게시되었다.

타키투스, 『연대기』, 1.5

타키투스의 솜씨를 보라. 그는 실제로 그렇게 이야기하지 않았지만 소문과 개연성, 빈정대는 표현을 암시적으로 배치함으로써 리비아가 티베리우스를 즉위시키기 위해 아우구스투스를 제거했다는 강력한 심증을 이끌어낸다.

타키투스의 냉소적인 문체를 독자들은 어떻게 이해했을까? 어떻든 타키투스의 기록은 역사적 중요성을 띤다. 비밀스러운 황제의 궁정에서 일어나는 사건들과 관련된 세간에 떠도는 이런 소문을 로마인들이 쉽게 믿었다는 점에서 그렇다. 이것이 가짜 뉴스의 힘이다. 사람들과 정황만 있으면 대단히 신빙성 있는 이야기가 되는 것이다.

한 번의 기나긴 파티?

사람들은 흔히 황제라고 하면 수많은 관리들에 에워싸여 있고, 사소한 것들은 참모들에게 맡긴 채 자신은 큰 그림에 집중하면서 여기서는 제국을 확장하고 저기서는 축소하며 정책을 쥐락펴락하는 모습을 상상하기 쉽다.

하지만 틀렸다. 실상 황제는 행정조직을 도구 삼아 무언가를 펼칠 자유재량이 그리 많지 않았다. 겨우 극소수의 황제만이 제국에 '정책' 비슷한 것을 조금이나마 펼친 듯하다. 속주 운영에 필요한 일상적인 업무는 속주 총독과 그 지역의 참모가 책임지고 처리했다(영리한 황제들은 유능하고 청렴한 총독들을 지명하는 데 세심한 관심을 기울였다). 아우구스투스 그리고 하드리아누스 정도가 예외였을 뿐 제국 전체를 대상으로 펼친 정책은 대부분 사후 대응에 가까웠다. 선제적으로 정책을 세운 사례는 거의 없다고 보아도 무방하다. 속주가 평화롭고 돈이 계속 들어오면 황제는 그것에 만족했다. 그러면 황제는 무슨 일을 했을까? 황제가 하는 일은 사실상 파티와 학살이 전부였을까?

황제의 업무량

그런 경우도 있었지만 일반적인 황제들의 현실은 매우 달랐다. 하드리아누스황제에 관해 전해지는 근사한 이야기가 하나 있다. 하드리아누스황제는 속주들을 순회하던 중 어느 회의 장소로 서둘러 가고 있었는데 한 여인이 길에 나타나 제지했다. 황제는 지금은 너무 바빠 이야기를 들어줄 수 없다며 여인을 지나치려고 하자 "그럴 거면 황제를 하지 마십시오"라는 대답이 돌아왔다. 하드리아누스황제는 가던 길을 멈춰 서서 여인의 이야기를 들었다.

가혹한 진실은 이와 같았다. 황제들은 주로 속주를 순회하며 문제를 해결해주었고, 다른 대부분의 시간은 답장을 쓰거나 청원을 듣는 데 할애했다. 속주 사람들의 규칙은 불만사항이 있는데 지역 당국이 그것을 바로잡지 않으면 황제에게 편지를 쓰는 것이었다. 황제가 해결해주리라. 황제는 그렇게 했다. 결국 궁극적인 책임자는 황제였다. 황제는 최종적인 법의 심판자요, 정의의 실천자였다.

네로황제의 조언자였던 세네카의 편지를 보면 황제가 짊어져야 하는 부담이 실로 어느 정도였는지 짐작할 수 있다.

알현실에서 수천 명의 사람들을 만나고 그만큼 많은 청원을 해결해주어야 합니다. 마땅한 순리대로 가장 뛰어난 프린켑스에게 온 세상이 복종하게 하려면 온 세상에서 일시에 몰려드는 문제들을 해결해야 합니다.

율리우스 카이사르는 기원전 44년 살해될 때 손에 청원서 한 뭉치를 들고 있었다. 살해 공모자들은 원로원 의원 메텔루스 킴베르에게 내려진 추방 명령을 거두어달라고 구두로 청원하며 카이사르 주변으로 모여들었다. 카이사르는 결코 한순간도 손에서 일을 놓지 않았다. 어떤 사람들은 카이사르가 경기대회를 관람하지 않고 서신에 답장을 하느라 시간을 다 보낸다며 그를 싫어했다. 그들의 논리는 알 만하다. 이것은 마치 오늘날 영국 여왕이 우승컵 대회 결승전 관람석에서 아이패드로 경마를 보는 모습이 중계된다면 질문이 빗발칠 것과 같은 것이다.

황제에게까지 올라가는 청원이 사실은 얼마나 사소한 내용을 담고 있었는지를 시사하는 예로 마르쿠스 아우렐리우스황제가 어느 여인에게 보낸 답장을 들 수 있다. 이 여인은 40년 전 숙부와 결혼을 했고 지금은 자기 자녀가 합법적으로 인정받기를 바랐다.

그대가 법에 무지한 채 숙부와 혼인해 있었던 기간이 그토록 길었다는 것과 그 혼인을 주도한 사람이 그대의 조모였다는 것, 그리고 그대의 자녀 수가 무척 많은 것에 우리는 매우 놀랐소. 우리는 이 모든 사실을 종합적으로 고려해 그대가 이 혼인으로 얻은 자녀들의 지위는 그들이 합법적으로 생긴 자녀였을 때의 지위와 동일하다고 결정을 내렸소.

황제에게는 사소할지 모르나 여인에게는 중대한 일이었다. 황제는 여인에게 친히 답장을 썼다. 바로 이런 것들이 제국의 기초이자 현실이었다.

개인 서비스

황제에게는 실로 어마어마한 시간이 요구되었다. 답장이 저절로 작성되지는 않았는데 그날의 행정 업무를 모두 마친 후에야 편지 쓸 시간이 났다. 연설문, 판결문, 서한 등을 황제가 손수 써야 했고, 속주를 순회할 때도 서류와 공문을 싸들고 갔다.

이러한 중압감 아래에서는 아무리 품위 있는 황제도 무너질 수 있었다. 소아시아의 비티니아(터키 북부) 총독 소小플리니우스가 트라야누스황제에게 보낸 편지를 살펴보자. 트라야누스는 비티니아 속주의 재정난을 해결할 적임자로 플리니우스를 선택했고, 플리니우스와 트라야누스가 주고받은 다양한 주제의 수많은 서신이 지금까지 전해지고 있다. 기독교도의 처우에 관한 서신들이 가장 유명하지만, 다음 서신에서는 플리니우스가 그보다는 덜 긴급한 문제로 황제의 조언을 구하고 있다. 그런데 트라야누스의 대답이 무뚝뚝하다.

플리니우스가 트라야누스에게

사람들이 성년이 되거나 혼인을 하거나 공직에 입문하거나 건물을 헌납할 때 보통 그 지역 출신의 모든 원로원 의원과 함께 심지어 일반 시민들까지 다수 초대해 1~2데나리우스 [약 8만 원]씩을 희사합니다. 이런 관행을 이대로 허락해도 좋을지 폐하께 의견을 구합니다. 제 소견으로는 이런 식의 초대는 가끔씩, 특히 예식이 있을 경우 허락할 수도 있겠으나 초대장을 수천 장 넘게 배포하는 것은 분명 지나치고 보기에 따라서는 일종의 부패 행위가 될 수 있다고 생각합니다.

플리니우스, 『서간집』, 116

트라야누스가 플리니우스에게

초대장 수가 지나치게 많고 개인적 친분에 따른 사적인 초대가 아닌 공적인 초대라면 초대장 발행이 부패로 이어질 수 있으니 그대가 우려함이 마땅하오. 하지만 속주민들의 행동을 어떤 식으로 통제할 것인지는 앞으로 그대 스스로 결정할 것이며, 속주민들의 평화와 안전을 위해 무엇이 필요한지도 그대 스스로 판단하길 바라오.

플리니우스, 『서간집』, 117

행간에 숨은 질책의 의미를 놓친 독자는 없으리라.

'빵과 서커스'

귀족이 행복하고 재정이 안정적이며, 군대가 충성스럽고 속주들이 평화로우며, 황실이 기민하게 국정을 보살핀다면 황제에게 남은 일은 이제 로마의 인민에게 사랑받는 것뿐이었다. 시인 유베날리스의 인상적인 시구를 보면 '빵과 서커스'(영어의 '서커스circus'는 전차경기 경주로를 뜻하는 라틴어 '키르쿠스circus'에서 파생되었다)는 성공으로 가는 오래된 비법이었다 (유베날리스가 앞에서 언급한 트라야누스의 사례를 참고했다면 여기에 '공공시설'을 추가했을지도 모른다). 황제들은 이 두 가지를 제공했다. 웅변가 프론토는 "로마의 인민은 식량 배급과 쇼, 이 두 가지로 꽉 잡을 수 있고, 국가 통치의 성공 여부는 진지한 일들 못지않게 유흥에 달려 있다"고 말했다. 아우구스투스황제가 자신의 치적에 관해 남긴 흥미로운 기록 『업적Res Gestae』에는 다음과 같은 내용을 기록했다.

나는 검투사 경기를 내 이름으로는 세 차례, 내 아들들과 손자들 이름으로는 다섯 차례 치렀으며, 경기에 참가한 검투사 수는 총 1만 명에 이른다. 각지에서 육상선수들을 모아 내 이름으로 두 차례, 그리고 세번째에는 손자 이름으로 경기대회를 열어 인민에게 보여주었다. 또한 내 이름으로는 네 차례, 다른 정무관들을 대신해서는 23차례 쇼를 열었다. (…) 나나 내 아들이나 손자들 이름으로 대경기장이나 포룸, 원형경기장에서 아프리카 짐승 사냥을 26차례 열었고, 여기서 죽임을 당한 짐승의 수가 대략 3500마리이다. 나는 인민을 위해 해상전투를 벌여 보여주었고, 그 장소는 티베리스강 저편, 지금의 카이사르 가문 과수원 부지였다. 이 볼거리를 위해 가로 1200피트(약 360미터), 세로 1800피트(약 540미터)의 땅을 팠다. 충각이 달린 3단이나 2단 노선 30척을 띄웠고 심지어 더 작은 배들도 등장했다. 노잡이를 제외한 총 3000명가량의 인원이 배에서 싸웠다.

아우구스투스, 『업적』, 22-3

비슷한 예로 로마 사람들이 네로황제를 좋아한 이유는 네로가 인민의 마음을 사로잡았기 때문이다. 네로는 쇼맨이나 다름없었다. 직접 무대에 서서 노래나 연기를 하거나 경기(특히 전차몰이)에 직접 참가하는 것을 즐겼다. 기원전 68년 국가 재정이 혼란에 빠지고 군대, 속주, 귀족들 심지어 그 자신의 궁정마저 네로에게 등을 돌려 정권이 무너졌다. 오로지 인민만이 네로의 편이었다. 그때 네로가 마지막으로 뱉은 말은 "죽음이로다. 그 얼마나 위대한 예술가였나"였다.

폭풍 전의 고요

에드워드 기번Edward Gibbon은 서기 2세기를 가리켜 유명한 말을 남겼다. "세계사에서 인류가 가장 행복하고 번영했던 시기를 꼽아보라면 망설임 없이 도미티아누스의 사망 후부터 콤모두스의 즉위 전까지를 고르리라."

100년 동안 황제 60명

하지만 서기 3세기는 이야기가 달랐다. 이 시기에는 게르만족이 라인-다뉴브강 일대를 가로질러 연달아 쳐들어왔고 동쪽에서는 페르시아인들이 로마의 영토를 잠식해왔다. 황제들이 평화와 안정을 보장해주지 못하자 제국의 지방 엘리트들―브리타니아의 카라우시우스, 서부 갈리아의 포스투무스, 동부 팔미라의 제노비아―이 독립의 기회를 노렸고 (짧게나마) 스스로를 자기 관할지의 '공동 황제'라 칭했다. 군사와 재정이 혼란스러웠고 제국 안팎에서 전쟁이 빈번해졌다. 국정이 흔들리자 직업군인들, 특히 다뉴브강 연안의 군인 다수가 질서를 바로잡겠다며 정권을 위협했다. 셉티미우스 세베루스황제(211년 사망)에서부터 콘스탄티누스황제(312년 즉위)까지 100년 동안 황제―또는 스스로를 황제라고 선포한 사람들―의 수가 60명이 넘었다. 238년 한 해에만 사실상 6명의 황제가 있었다. 제국은 점점 기울고 있었다.

권력 분할

디오클레티아누스황제(재위 284~305)는 급진적인 개혁을 감행해 부분적으로나마 안정을 되찾았다. 군대 규모를 배로 늘리고 효율적인 징세가 가능하도록 제국을 재정비해 군비를 부담했으며, 293년에는 제국을 4분의 1씩 나누어 다스리는 4인 공동 황제(사분왕tetrarch)체제를 수립했다. 제국의 운영비가 급증했다. 또한 제국 전역에 세워진 거대한 황궁 여기저기에서 국정과 관련된 의사결정이 내려졌다. 황제가 있는 곳이 권력이 있는 곳이었다. 로마시는 조치가 필요한 현장에서 거리가 너무 멀었다(디오클레티아누스황제는 로마를 단 한 차례 방문했다). 원로원은 여전히 로마에서 모였지만 그것은 영향력만으로 보면 과거 원로원의 그림자에 지나지 않았다.

로마시의 중요성이 얼마나 작아졌는지를 보여주는 한 가지 사례가 있다. 410년 로마는 알라리크왕 치하의 서고트족(당시 로마령 게르만족 영토로 오늘날 프랑스 서남부에 해당하는 지역에 거주하던 민족)에게 약탈당했다. 이 소식을 들은 호노리우스황제는 "내가 방금 모이를 줬는데!"라고 외쳤다. 전하는 바에 따르면 황제는 '로마'라는 이름의 큰 수탉을 키우고 있었다. 역사가 프로코피우스는 이렇게 썼다. "알라리크에게 빼앗긴 것은 로마시라는 설명을 들은 황제가 안도의 한숨을 내쉬며 말했다. '난 또 내 수탉 로마가 죽은 줄 알았군.'"

'황제'가 여럿이었으니 당연히 그들 사이에 내분이 끊이지 않았다. 콘스탄티누스는 디오클레티아누스의 '헌법'을 과감히 무시하고 동료 사분왕들과 끝까지 싸웠다. 사분왕과 그 아들들이 서로를 밀어내고 계략을 꾸미며 편을 바꾸는 복잡한 과정을 거친 결과 312년 콘스탄티누스가 로마로 입성했다. 그는 밀비우스 다리에서 적들을 물리치고 서쪽의 로마 황제로 선포되었다.

콘스탄티노폴리스 건설

콘스탄티누스는 전쟁에서 기독교의 하느님을 기치로 내걸었다. 그동안 간간이 박해를 받았던 기독교는 이제 얼마 지나지 않아 로마의 국교가 될 것이었다. 율리아누스황제(재위 361~363)는 제국을 세속 국가로 되돌리려고 했지만 실패했다. 이후 콘스탄티누스는 한동안 동로마의 리키니우스황제와 갈등을 겪다가 중간에 잠시 불편한 협력 기간을 거쳐 마침내 그를 제거하여 콘스탄티누스의 아들이 단독 황제가 되었다. 그렇게 제국은 잠시 통일되었다.

하지만 325년 콘스탄티누스는 결국 불가피한 현실에 무릎을 꿇고 말았다. 동쪽에 자체적으로 수도를 갖게 해달라는 지방 엘리트들의 요청을 수락해 그는 콘스탄티노폴리스(오늘날의 이스탄불)를 건설했다. 이로써 제국은 공식적으로 분할되었다. 서쪽 절반은 명목상으로 로마를, 동쪽 절반은 콘스탄티노폴리스를 중심으로 각기 다른 황제의 지배를 받았다. 통치자, 엘리트층, 이해관계, 언어가 서로 다른 두 로마는 빠르게 분리되었다.

북쪽의 세력

서기 3세기 말엽에 다양한 게르만 민족이 서로마제국에 정착하기 시작했다(예를 들면 270년대부터 프랑크족이 갈리아의 라인란트 주변에 살기 시작했다). 그 과정은 때로는 평화로웠지만 때로는 그렇지 못했다. 이들을 전부 내쫓을 수 없었기 때문에 로마인은 종종 그들과 싸우느니 차라리 영토와 제국 내 동맹 지위를 부여하고 그들을 포용하는 쪽을 택했다. 3세기에 치른 내전만으로도 이미 많은 돈을 썼고 나라가 피폐해진 터였다. 재정과 지역 자원 특히 식량을 고갈시켰고 지역 주민들에게 막대한 요구를 했다. 그런데 이제는 이민족 침입자들까지 상대해야 하는 상황이었다.

이 게르만 민족 중 많은 이들이 로마를 잘 따랐다. 예를 들어 후기 황제들은 국경 수비를 게르만족에게 맡겼다. 이탈리아에 주둔해 있던 서로마제국의 마지막 군대는 거의 대부분 게르만족으로 이루어져 있었다. 많은 게르만족 사람들이 로마 황제의 군대에서 기꺼이 복무했다. 그들은 황제의 군주정을 선망했다. 다시 말해서 일부 게르만 민족들은 제국이 무너지기 한참 전부터 로마 영토에서 로마 문화에 속속들이 젖어 있었다.

하지만 다른 민족들이 여전히 침입해왔고 로마는 이들 이민족을 완전히 동화시킬 수는 없었다. 서로마제국의 붕괴는 376년 여름에 큰 파문을 일으킨 한 사건으로 촉발되었다. 그동안 알려지지 않았던 무시무시한 민족—훈족—이 로마의 국경지대에 갑자기 침략해온 것이다. 이후 60년 동안 라인-다뉴브강 건너편 게르만 민족들(고트족, 서고트족, 프랑크족, 알란족 등)이 훈족을 피해 서로마제국으로 몰려들었다. 로마인들은 결국 그들을 막지 못했다. 382년 동로마제국의 발렌스황제가 아드리아노폴리스에서 고트족 군대에게 패배하고 살해되면서 재앙이 임박했음을 알 수 있었다.

로마는 이민족 문제를 해결하지 못했다. 서기 410년 알라리크왕 치하의 고트족이 영토를 차지하고 정착하려던 계획이 실패하자 로마를 약탈했고, 같은 해 로마는 제국을 수비하기 위해 브리타니아에 주둔해 있던 군단을 철수시켰다. 나중에 고트족 거주지가 소아시아와 발칸반도에서 발견되었다. 또한 갈리아에서 고트족과 프랑크족이 정착지가, 그리고 스페인에서 고트족과 수에비족의 정착지, 북아프리카에서 반달족의 정착지가 발견되었다. 430년에서 453년 사이에는 훈족의 아틸라가 헝가리 남부의 기지에서 나와 이탈리아 내부로 깊숙이 침입하면서 제국을 공포에 떨게 했다. 반달족과 알란족의 가이세리크왕이 로마의 곡창지대였던 부유하고 풍요로운 북아프리카를 제국으로부터 강탈한 439년에 게임은 이미 끝난 것이나 다름없었다.

서로마가 몰락하다……

제국 내에 새로운 게르만족 왕국들이 건설되자 로마로 들어오는 수입은 씨가 말랐다. 지방 엘리트들은 한때 자신들에게 돌아올 보상을 기대하고 성심껏 로마를 지원했지만, 이제 그들에게 남은 선택지는 새로운 주인들과의 결탁밖에 없었다. 로마에는 더이상 군대에 대한 권위와 통제력을 유지시킬 돈이 없었으므로 아무도 황제의 명령을 따르려고 하지 않았다. 한때 강성하던 서로마제국의 영토에 각기 다른 민족이 자율적인 개별 왕국을 새로 건설했다.

그 결과 고도로 복잡하게 발달된 로마의 경제적·사회적·군사적·문화적 인프라가 제국과 함께 무너졌다. 로마 세계 각지에서 부자든 빈자든 당연하게 여기며 사용해온 다양한 재화들이 이제 전파는커녕 생산조차 불가능했다. 튀니지에서 이오니아 등 여러 지역으로 이어지는 길에서 고급 도예품을 더이상 찾아볼 수 없었다. 사치품은 소수의 전유물이었고 특정 지역에서만 생산되었다. 벽돌, 타일, 석재로 짓는 건물이 줄어들었으며 농업 생산량은 감소했다. 지극히 제한된 소수만이 글을 읽고 쓸 수 있었다(폼페이의 벽은 더이상 낙서로 뒤덮이지 않았다). 불안한 치안은 일상이 되었다. 476년 서방의 로마제국은 종말을 맞이했다.

……하지만 동로마는 아니었다

하지만 동방의 비잔틴제국은 아직 안정적으로 유지되고 있었다. 콘스탄티노폴리스가 함락된 것은 1453년 5월 29일 오스만제국의 술탄 메메트 2세에 의해서였다. 메메트 2세는 스스로를 '카이세리 룸Kayser-i Rum', 즉 로마인의 카이사르(황제)라고 칭했다. 로마와 로마 황제들의 영향력이 어느 정도였는지 짐작할 수 있다. 동서를 떠나 로마의 오랜 제국의 놀라운 특징 중하나는 제국이 황제가 속한 가문들과 독립적으로 존립했다는 사실이다. 이는 아마도 로마가 애초에 도시국가로 시작되었으며, 기원전 509년 공화국으로 건립되었다는 사실에서 그 이유를 찾을 수 있을 것이다.

제국: 결산

제국의 잘한 점과 못한 점, 좋은 점과 나쁜 점을 정리해 대차 대조표를 작성하는 것은 별 의미가 없다. 동정적인 시선을 어디로 보내느냐에 따라 결과가 달라질 테니까. 브리타니아의 장수 칼가쿠스와 로마의 정치인 키케로를 누가 화해시킬 수 있을까?

일단 제국은 단일한 법률과 교육 체제 안에서 (적어도 부자들에게만큼은) 대체로 평화롭고 통일된 세계를 창출했고, 그 세계 안에서 좋든 싫든 기독교가 확산될 수 있었다. 서로마제국이 멸망하자 경제가 함께 붕괴했다는 사실은 시사하는 바가 크다. 하지만 누가 자유를 마다할까? 질서에서 벗어난 자에게 로마의 대응은 강력했다.

그러나 리처드 젠킨스Richard Jenkyns가 『로마의 유산*The Legacy of Rome*』에서 지적했듯이 전제정치와 세계 시민권 및 법치의 개념을 결합한 로마제국은 이후 가톨릭교(교황, 주교, 교회법), 샤를마뉴제국, 대영제국 등 대규모 다민족 조직이 구성될 때 매우 중요한 본보기가 되었다. 여기에 로마의 공화주의까지 더해진다면 로마의 정치 모델이 서구의 사유에 끼친 영향은 실로 지대하다고 할 수 있다.

제7장

렙키스 마그나

로마인은 어떻게 속주 주민들의 마음을 얻을 수 있었을까? 어떻게 속주 운영이 로마인뿐만 아니라 지역 주민에게도 성공적이게 했을까? 여기 소개하는 렙키스 마그나Lepcis Magna('렙티스 마그나Leptis Magna'는 그리스식 명칭이다)에 관한 짧은 이야기는 이 질문들과 관련해 생각해볼 여지를 준다.

기원전 146년 마지막 포에니전쟁(58쪽 참조)이 끝나고 카르타고의 영토는 로마의 아프리카 속주가 되었고, 기원전 109년 카르타고에서 동쪽으로 900여 킬로미터 떨어진 곳에 위치한 렙키스 마그나는 독립적인 준準로마 도시가 되었다. 로마에서 율리우스 카이사르가 피살되고 또 한차례 내전이 있은 후 새 황제 아우구스투스는 예전에 카이사르가 렙키스에 부과했던 벌금을 취소했다. 군사령관 폼페이우스와 벌인 내전에서 카이사르를 지지하지 않았다는 이유로 부과된 벌금이었다. 또한 아우구스투스는 도시 지위 강등을 비롯해 렙키스시가 입었던 다른 손실도 모두 복구시켰고, 렙키스시의 기본적인 독립성을 인정했으며, 렙키스시의 영토에서 대치하고 있는 부족들을 제압할 군대까지 파견하기도 했다. 아우구스투스는 렙키스 시민들이 로마에 협력한다면 로마가 그들을 위해 무엇을 해줄 수 있는지를 보여주려는 것이었다.

교역과 항구

로마인들에게는 속셈이 따로 있었다. 아프리카의 풍요는 가히 전설적이었고 주요 생산물은 밀이었다. 카이사르시대에 아프리카(본래 카르타고의 영토였다)의 연간 생산량은 5만 톤에 달했다. 이 수치는 100년 후 누미디아와 트리폴리타니아가 추가되자 10배로 뛰었다. 매년 로마로 유입되는 곡식이 자그마치 50만 톤에 달했던 시기에 아프리카는 로마 곡물 수요의 3분의 2를 감당했고, 나머지 3분의 1은 이집트가 공급했다. 그러므로 로마가 아프리카 땅을 곡창지대로 유지하기 위해 열을 올린 것은 너무나 당연한 일이었다.

또다른 이유도 있었다. 로마의 상선―그리고 패권―이 앞으로도 지중해를 장악하려면 로마는 아프리카 연안에 항구가 필요했다. 하지만 북아프리카 해안은 대체로 수심이 얕아 항구가 적고 멀리 떨어져 있었다. 그리고 항해철(3~9월)에 북쪽과 북서쪽에서 무역풍이 불어왔고 폭풍을 만난 배가 험한 북아프리카 연안에서 자주 난파되었다. 렙키스는 상선들에게 안전한 항구를 제공하는 몇 안 되는 도시 중 하나였다.

엘리트들의 마음을 얻다

따라서 렙키스를 우방으로 만드는 것이 로마에 이로웠다. 이탈리아를 정복할 때(247쪽부터 참조) 이탈리아 민족들을 회유한 경험이 큰 도움이 되었다. 로마는 동맹을 맺은 지역에 굳이 특정한 정치구조나 조직구조를 강요하지 않았고 심지어 특정한 법률구조도 강요하지 않았다. 그저 전부터 그 지역을 '현장에서' 실제로 움직여온 지방도시 엘리트들이 자신들의 이익과 로마의 이익을 동시에 고려하겠다는 태도만 보이면 그것으로 충분했다. 예를 들어 렙키스에서 발견된 비문을 보면 서기 1세기가 한참 지났을 때에도 카르타고의 통치체제가 렙키스에 여전히 잔존했고, 공고는 라틴어와 페니키아어 두 가지 언어로 발표되었다. 렙키스의 도시 엘리트들—페니키아인 귀족들과 리비아-페니키아인 귀족들—은 토지와 상업으로 이미 큰 재산을 일군 터였다. 그들은 아우구스투스황제가 자국의 이익을 위해 그들에게 관심을 가지고 있다는 사실을 잘 이해하고 있었으며,

그들 역시 지중해에서 가장 강성한 도시와 연합을 맺는다면 큰 이득을 얻을 것이라는 사실도 잘 알고 있었다. 따라서 렙키스의 도시 엘리트들은 로마에 똑같이 훌륭하게 화답했다.

지방의 후원자들

예를 들어 렙키스시의 주요 가문 중 하나였던 타바피 가문의 반응을 살펴보자. 어마어마하게 부유한 아노발 타바피Annobal Tabahpi—로마식 이름인 아노발 타파피우스 루푸스Annobal Tapapius Rufus로 개명했다—는 시에서 종교 관련 고위직을 맡고 있었다. 기원전 8년 새로운 시장을 건설하는 데 드는 비용을 지불했고, 이어 서기 1년에서 2년에는 아프리카에서 두번째로 큰 고급 극장을 건설했다. 이 두 건물의 명문은 라틴어와 페니키아어로 쓰여 있었으며, 세심하게 로마 문화와 페니키아 문화 모두에 경의를 표했다. 명문에는 아노발이 시에서 차지하는 지위와 아노발에 대한 대단히 과장된 찬사들이 적혀 있었다. '자기 시민을 사랑하는 자amator civium suorum', '조국을 사랑하는 자amator patriae', '조국을 빛내는 자ornator patriae'와 같은 내용으로 평범한 페니키아식 칭호를 라틴어로 직역한 것이었다. 아노발은 당연히 두 건물 모두 아우구스투스황제에게 헌정했다.

하지만 이것은 시작에 지나지 않았다. 렙키스는 점차 이탈리아의 여느 도시와 견주어도 뒤지지 않는 훌륭한 시민 편의시설과 예술적 성취를 자랑하는 도시가 되었다. 트라야누스나 하드리아누스 같은 황제들의 기증(예를 들어 대리석으로 마감한 거대한 욕장 복합단지)이 잇따랐고, 렙키스의 지방 엘리트들은 로마 엘리트들처럼 로마에서 공직을 얻고자 했다. 그 결과 로마의 첫 아프리카 출신 황제는 렙키스 사람이 되었다. 셉티미우스 세베루스(재위 193~211)의 아프리카 조상들은 서기 1세기부터 로마에 건물을 짓고 정치에 참여했다. 세베루스는 자신의 고향 도시에 충분히 보답했다.

황제의 건설 사업

세베루스는 렙키스의 항구를 완전히 새로 재개발하고 확장했다. 새 부두에 등대를 설치하고, 창고와 주랑도 지었다. 새 항구에서 출발한 화물이 도시를 가로질러 북아프리카의 동서를 잇는 주요 간선도로에 바로 진입할 수 있도록 주랑 도로도 깔았다. 또한 웅장한 검투장과 전차 경주용 원형경기장 역시 세베루스가 건설한 것으로 보인다. 신전이 딸린 새 대리석 포룸은 그 크기가 오늘날 종합경기장과 거의 맞먹었다. 샘물의 요정들에게 바치는 사당, 웅장한 2층짜리 열주식 청사 건물 바실리카, 오늘날 거의 온전하게 복원된 화려한 장식의 거대한 개선문이 잇따라 건립되었다. 리비아에는 대리석이 나지 않았기 때문에 세베루스의 건설 사업을 위해 해외에서 배로 실어왔다. 주랑 도

롯가에 대리석 기둥이 500여 개가 서 있었고, 개선문에 붙인 대리석 무게만 2000톤에 이르렀으며, 신전과 바실리카의 아스완 Aswan(이집트 남부 —옮긴이)산 붉은색 화강암 기둥이 112개에 달했다.

올리브나무

렙키스의 특별한 점은 이것뿐만이 아니다. 로마는 속주에서 꾸준한 수입을 거둬들여야 했는데, 마지막까지 제국을 유지시켜줄 군대에 자금을 지불했기 때문이다. 제국은 군대에 대한 최종적인 제재 수단이 없었으므로 병사들이 군대를 떠나 다른 곳에서 수입을 올려도 이를 막을 도리가 없었다(274쪽 참조). 결과적으로 렙키스의 농사 체계가 발전해 그동안 단순히 자급 수준을 유지했던 렙키스 경제가 경이적으로 수익성이 높은 시장 경제로 변모했다. 그 중심에는 소박하기 이를 데 없는 올리브가 있었다. 곡물은 여름 일손이 필요하고 포도나무는 가을 일손이 필요하다. 어디서나 잘 자라는 올리브나무는 수확기인 겨울 외에는 딱히 손이 가지 않아 농부의 한 해 일감을 적절히 채워준다. 올리브나무는 집약적 재배에 이상적인 작물로 로마인들도 올리브나무를 이 방식으로 키웠다.

최근에 2000만 년 전 올리브나무로 추정되는 화석이 발견되었다. 올리브나무 농사는 기원전 5000년부터 기원전 1400년까지 중동 북부의 '비옥한 초승달 지대'에서 시작되어 오늘날의 그리스, 크레타, 시리아, 팔레스타인, 이스라엘 등지로 확대되었고, 이후 상업망을 통해 터키 남부, 키프로스, 이집트 각지로 전파되었다. 그리스 식민지가 확대되면서 올리브 문화는 기원전 8세기 이탈리아 남부와 북아프리카까지 이르렀고 나중에는 프랑스 남부까지 퍼졌다. 로마 치하에서는 지중해 전역에서 올리브나무를 재배했다.

> 오늘날에는 전 세계에 올리브나무가 대략 8억 그루가 자라고 있으며, 그중 98퍼센트가 지중해 인근 지대에서 자란다. 스페인이 세계 최대 생산국이며 이탈리아와 그리스가 그 뒤를 잇는다.

고대 농업가 콜루멜라가 올리브나무는 '모든 나무 중 으뜸 prima omnium arborum'이라고 평한 것도 놀랄 일이 아니다. 상록수인 올리브나무는 이 지역에서는 언제나 신성하고 영적인 나무로 중시되었다. 성서 창세기에서는 노아의 방주에서 날려 보낸 비둘기가 올리브 나뭇가지를 물고 돌아오는데, 이때 올리브 나뭇가지는 평화의 상징으로서 하느님의 진노가 풀렸음을 암시했다. 출애굽기에서는 하느님이 모세에게 향료와 올리브기름으로 성유聖油 만드는 방법을 알려준다. 축성의식에서 이 신성한 성유를 왕과 사제의 머리에 부었다. 솔로몬왕과 다윗왕은 올리브나무 재배를 대단히 중요하게 생각했다. 다윗왕은 올리브나무와 그들의 귀중한 올리브기름을 안전하게 지키기 위해 올리브밭과 창고에 보초까지 세우기도 했다. 죽은 성인이나 순례자의 무덤에 구멍을 낸 뒤 그 구멍을 통해 유골에 올리브기름 방울을 흘려넣는 관행도 있었다.

렙키스를 개방하다

로마제국 초기에 북아프리카에서 올리브나무나 포도나무를 재배하는 행위는 이론상 법에 저촉되었다. 추측하기로는 로마의 곡물 공급을 안정화하고 이탈리아 포도주와 기름 생산자의 이익을 보호하기 위해 제정된 법 때문이었다. 그러나 트라야누스황제(재위 서기 98~117) 때 이탈리아 경제가 침체에 빠지면서 자체적으로 내수를 감당하지 못하자 정책이 바뀌었다. 아프리카 농부들에게 포도주와 기름 생산을 적극적으로 장려하기 시작한 것이다. 아프리카의 아인 엘 드제말라Ain El Djemala 지역에서 발견된 명문을 보면 이 문제와 관련해 약간의 통찰을 얻을 수 있다. 명문에는 이 지역 소농들이 행정장관에게 다음과 같이 요청했다고 기록되어 있다.

저희에게 축축하고 수목이 울창한 경작지를 내려주십시오.

그러면 망키아누스법을 준수하여 이웃해 있는 네로 과수원에 적용된 것과 같은 조건으로 그곳에 올리브나무와 포도나무를 심겠습니다.

행정장관은 이렇게 답했다.

하드리아누스황제께서 곡식뿐만 아니라 올리브와 포도를 기르기 적합한 모든 토지를 경작지로 쓰라고 명하셨으니, 황제의 은혜로운 예지를 받들어 언급된 토지 중 조사 대상에 해당되면서 임대인이 사용하지 않는 경작 가능한 토지에 들어갈 수 있는 권리를 그대들 모두에게 내리노라.

문제는 이 지역이 강우량의 변동이 심한데다(연간 최소 160밀리미터에서 최대 750밀리미터까지) 많은 양이 한꺼번에 쏟아져 폭우로 인한 피해가 엄청났다는 사실이다. 하지만 최근에 이루어진 한 연구에서 이 지역 주민들이 강우량 문제에 어떻게 대처했는지를 밝혀냈다. 주민들은 벽과 분리대를 쌓아 홍수 때 수량을 조절했고, 수문과 배수로가 딸린 댐을 건설해 물을 가두는 동시에 침식된 표토가 쓸려가는 것을 막았으며 토지를 분리했다. 그 결과 돌발홍수를 통제할 수 있었고 수량이 분산되어 최악의 피해를 면했다. 이런 방법들을 통해 이 지역 주민들은 주로 올리브와 곡물 생산을 토대로 풍요로운 자급경제를 발달시킬 수 있었다.

기름, 그 이상

오늘날에는 올리브가 파티 음식이나 피자 토핑으로 많이 사용되다보니 고대 세계에서 올리브가 그렇게 큰 중요성을 지녔다는 사실이 낯설게 느껴질 것이다. 고대에 올리브기름은 등불을 켤 때나 약이나 화장품의 기본 재료로 사용되었고, 또 피부 보습제나 클렌징 오일로도 사용되었다. 호메로스의 작품에서 영웅들은 목욕을 한 뒤 올리브기름을 몸에 발랐다. 그리스 육상 선수들도 피부에 올리브기름을 발랐다(야생 올리브의 나뭇가지를 엮어서 만든 관은 올림픽대회 승자의 머리를 장식했다). 심지어 올리브기름은 피임약으로도 매우 인기가 좋았다. 흥미롭게도 영국의 저술가이자 활동가인 마리 스톱스Marie Stopes 는—그녀가 쓴 '킹덤 컴Kingdom Come'은 '콘돔 킹Condom King'이라고도 알려져 있다—직접 올리브기름으로 피임을 시도해봤는데 100퍼센트 효과가 있었다고 한다. 엑스트라 버진 extra virgin(올리브 과육을 냉압해 만든 최상급 올리브기름—옮긴이)에 관한 우스갯소리는 굳이 여기 적지 않겠다.

렙키스의 올리브 압착기는 고대 세계에서 가장 컸다고 알려져 있다. 생산량이 좋은 해에는 대당 평균 1만 리터의 올리브기름을 생산했다고 한다. 렙키스 전역에 압착기가 무려 1500대가 있었을 것으로 추정된다(기름 공장에 한데 모여 있는 경우가 많았다). 그러므로 렙키스의 올리브기름 연간 생산량은 최대 1500만 리터에 달했다.

올리브기름은 유통기한이 짧다는 점에 주목하자. 올리브기름은 생산된 그해에 품질이 가장 좋고 한두 해가 지나면 산패되기 쉽다. 한마디로 사재기를 해봐야 별 의미가 없었다. 하지만 올리브 수확량은 예측하기 어렵고, 매년 지역 생산량이 과잉과 부족을 오갈 수 있으므로 가급적 빨리 사두는 것이 여러모로 좋았다.

올리브기름의 수요는 로마 한 곳에서만 연간 3000만 리터에 달했던 것으로 추산된다. 올리브나무 한 그루로 생산할 수 있는 기름의 양은 1년에 약 2.5리터였으니까(이것은 평균치이다. 올리브 수확량은 해마다 편차가 크다) 총 1200만 그루의 올리브나무가 있어야 했다. 100그루가 차지하는 면적이 약 1헥타르이므로 올리브밭은 대략 12만 헥타르(약 1200제곱킬로미터)가 필요했다. 이는 영국 켄트주의 3분의 1에 해당하는 면적이다. 게다가 여기에는 음식으로 섭취하는 올리브 열매는 포함되지 않았다. 앞에서 언급한 양의 2배를 생각하면 될 것이다. 물론 로마에서만. 이 정도면 고대 세계에서 올리브기름이 큰 사업거리였던 것이 전혀 놀랍지 않을 것이다.

속주에서 받은 문화 충격

렙키스를 생전 처음 찾은 선원들이 느꼈을 기분을 상상해보자. 등대가 환하게 밝혀진 항구는 안전한 정박을 약속했고, 선적과 교역을 위한 쾌적한 시설을 약속했다. 해안가에 늘어선 고급 오락시설들이 선원들에게 반갑게 손짓했다. 짜릿한 전차경주가 열리는 원형경기장, 그 뒤로 인간과 짐승의 피가 흐르는 자극적인 쇼가 펼쳐지는 원형극장까지. 그들 앞에는 훌륭하게 설계된 도시가 펼쳐져 있었다. 장엄한 신전들, 극장, 웅장한 포룸들, 으리으리한 욕장 복합단지(로마인에게 최상의 휴양시설이었다), 곡식과 올리브나무가 풍성한 도시의 근교. 선원들은 생각했으리라. "로마인이 된다는 건 이런 것이로구나!"라고.

제8장

영어의 어휘

게르만어

영어 사용자들이 처음에 어떻게 영국 해안에 상륙했는지, 또 영어에는 라틴어와 그리스어 외래어가 왜 그렇게 많은지에 대한 답은 매우 단순하다. 서기 410년 서로마제국이 멸망하고 로마 군단이 영국을 떠나자 섬에는 켈트족 원주민만 남았다. 이때 영국인의 선조, 즉 프리슬란트족(네덜란드 북부), 색슨족(독일 북부), 앵글족과 주트족(덴마크 남부와 북부)이 들어왔고 그들은 모두 게르만어를 사용했다. 영어는 바로 이 게르만어에서 유래되었다.

잉글랜드여, 일어나라!

이 게르만족 침입자들은 영국에 원래 살고 있던 켈트족을 '웰라스wealas'(이방인)라고 불렀다(이들이 피난을 간 지역이 '웨일스Wales'이다). 반면 켈트족은 이들 게르만족을 출신의 구분 없이 모두 '색슨족'이라고 불렀다. 이 '색슨족'은 서기 6세기 라틴어 문헌에서 자주 앵글리Angli족으로 지칭되었고—서기 601년 켄트의 애설버트왕은 '렉스 앵글로룸rex Anglorum'이라는 라틴어 이름을 받았다—이후 '앵글리카Anglica'가 이 나라의 라틴어 이름이 되었다. 이것이 고대영어Old English, OE 단어 '잉글Engle'과 그들이 썼던 언어 '잉글리시Englisc'(고대영어에서 'sc'를 'sh'로 발음했다)의 어원이다. 대략 서기 1000년부터 이 나라는 '잉글라랜드Englaland'(잉글족의 땅)로 불렸고, 이에 따라 '잉글랜드England'가 되었다.

게르만 라틴어

사실 게르만족 침입자들은 잉글랜드에 오기 전부터 이미 로마인들과 왕래가 있었다. 그래서 게르만족과 함께 유입된 앵글로·색슨어에는 라틴어에서 유래한 약 200개의 단어가 있었다. 다음은 이중에서 오늘날까지 쓰이고 있는 단어들의 예이다.

wine(포도주, 라틴어 어원 vinum), wall(벽, vallum), street(도로, strata), cheese(치즈, caseus), cheap(저렴한,

caupo[주점 주인]), mile(마일, mille), pound(파운드, pondo[무게로]), mint(조폐국, moneta[모네타 여신], 로마시 유노 모네타 신전에서 화폐를 주조했다), sack(포대, saccus), sock(양말, soccus), pan(팬, patina), peas(완두, pisum, 처음에 영어에는 단수로 취급되는 집합명사 'pease'가 있었고, 여기서 단수형 'pea'와 복수형 'pease'가 파생되었다), inch(인치, uncia), pepper(후추, piper), beer(맥주, bibere[마시다]).

그리스어 단어가 라틴어를 거쳐 앵글로·색슨어에 유입된 사례도 있다. 이러한 예로 butter(버터, 그리스어 어원 bouturon, 라틴어 어원 butyrum), dish(접시, diskos, discus), mint(허브, minthê, mentha), devil(악당, diabolos[모략가], diabolus), priest(사제, presbuteros[연장자], presbyter)가 있다. 'church' (교회)는 그리스어에서 바로 온 경우이다. '주인의 집'이라는 뜻의 그리스어 '쿠리아콘kuriakon'이 '쿠리콘kurikon'이 되었고, 이 말이 색슨어 '치리츠cirice', 중세영어 '치르체chirche', 현대영어 '처치church'가 되었다. '교회'를 뜻하는 라틴어는 '에클레시아ecclesia'(프랑스어 '에글리즈église'나 이탈리아어 '키에사 chiesa'와 비교)이다.

참고로 이후 앵글로·색슨어는 고대영어라고 칭하겠으며, 따로 언급하지 않은 연도는 모두 서기이다.

교회 라틴어

597년 성아우구스티누스를 따르는 기독교 선교사들이 앵글로·색슨족을 개종하기 위해 영국으로 건너왔고, 이때 라틴어와 그리스어 일부가 고대영어에 대거 유입되었다. 대부분 교회와 관련된 단어들이었다.

이중 라틴어에서 파생된 단어로는 mass(미사, 라틴어 어원 missa), altar(제단, altar), preach(설교, praedico), verse(절, versu), epistle(서한, epistula), plant(식물, planta), lily(백합, lilium), pike(창, picus[딱따구리]), provost(원장, praepositus), cat(고양이, catta), noon(정오, nona[아홉번째 시간]), pear(배, pirum), creed(교리, credo), disciple(제자, discipulus) 등이 있다.

라틴어에 유입된 그리스어 단어에서 파생된 단어로는 school(학교, 그리스어 어원 scholê[여가], 라틴어 어원 scola), apostle(사도, apostolos, apostolus), acolyte(시종, akolouthos, acolitus), hymn(찬가, humnos, hymnus), deacon(부사제, diakonos, diaconus), bishop(주교, episkopos[감독자], 수행인, episcopus), psalm(psalmos[악기의 현을 뜯다], psalmus)찬가, 시편, angel(천사, aggelos[전령], angelus), martyr(순교자, martus[증인], martyr), charity(자선, kharis[기품], 호혜, caritas), demon(신령, daimôn[신성], daemon), paradise(낙원, paradeisos[정원], paradisus), choir(합창단, khoros, chorus), grammar(문법, grammatikê[문자에 관한], grammatica) 등이 있다.

영어 알파벳

앵글로·색슨족은 그들의 언어를 표기할 때 고대 이탈리아 문자에서 파생된 룬 문자 알파벳 '푸르소크futhorc'를 사용했다. 푸르소크는 서기 150년경부터 주술적인 목적으로 작성된 비문에서 나타난다. 7세기부터는 기독교 선교사들이 사용하는 라틴어 알파벳으로 대체되었다. 110년에 램지 수도원(헌팅던셔 소재)의 학식이 깊은 수도사 비트퍼스Byrhtferth는 영어의 알파벳 문자를 다음과 같이 열거했다.

A B C D E F G H I K L M N O P Q R S T V X Y Z &

문자 J와 U는 16세기에 나타난다(각각 I와 V가 대신 사용되었다). 같은 시기에 UU('더블' 유)에서 파생된 W도 나타났다. Y는 라틴어에서 (드물지만) 그리스어의 υ('입실론')을 표기할 때 사용되었다. 대충 독일어의 ü('u 움라우트') 발음과 비슷하다.

&는 묶는 말ligature이다. 문자 두 개를 하나로 묶을 때 사용한다. '그리고'를 뜻하는 라틴어는 '에트et'이다. 폼페이의 낙서에서 용례를 찾아볼 수 있다. &는 오늘날 영어로는 '앰퍼샌드ampersand'라고 부른다(18세기에 생긴 조어). 'and per se &(그리고 그 자체로)' '&'를 나타낸다'가 줄어든 말이다. 그래서 알파

벳이 '(…) X Y Z &'로 끝나게 된 것이다(*perse* 'and'=&).

그런데 알파벳의 순서는 어떻게 정해졌을까? 기본적인 순서는 페니키아어 알파벳(모음 제외)에서 파생되었다. 훗날 그리스인이 이 알파벳에 모음을 첨가했고, 이후 에트루리아인, 로마인, 영국인이 이것을 베껴 썼다. 애초에 알파벳 문자의 순서에 담긴 논리가 무엇이었는지는 우리의 이해 능력 밖의 일이다.

바이킹의 침략

787년에 시작된 바이킹의 침략은 200여 년 동안 산발적으로 지속되었고 영어에도 그 흔적을 남겼다. 예를 들어 지도를 펴고 런던에서 체스터까지 직선을 그어보자. 이 선의 북쪽은 바이킹의 거주가 허용된 데인로 구역이었다. 이 지역에서는 흔히 도시 이름이 농장을 뜻하는 접미사 '~비-by'로 끝난다(예를 들면 그림즈비Grimsby). 거의 대부분 데인로 지역에 한해서 '~스웨이트-thwaite'는 빈터를 뜻하며(예를 들면 애플스웨이트 Applethwaite), '~소프-thorp'는 마을(예를 들면 알소프Althorp), '~토프트-toft'는 농가(예를 들면 로스토프트Lowestoft)를 뜻한다.

영국의 앨프레드대왕

우리가 이 시대를 다루는 주된 목적을 웨섹스의 앨프레드대
왕(849~899)이 번역한 글에서 찾아볼 수 있다. 앨프레드대왕
은 바이킹 침략의 영향인지 몰라도 교육 활동과 라틴어 학습이
급속히 줄어들고 있다고 느꼈고, 이 흐름을 되돌릴 방법은 라
틴어 문헌을 영어로 번역하는 데 있다고 판단했다. 앨프레드대
왕은 비드의 명저『영국인 교회사』의 번역본을 펴냈고, 직접 보
에티우스, 성아우구스티누스, 시편의 일부를 영어로 옮겼다. 앨
프레드대왕의 생각은 그가 직접 번역한 그레고리 교황의『목회
자의 조언*Pastoral Care*』(890년경) 서문에 잘 나타나 있다.

나는 잉글랜드 전역에서 볼 수 있었던 훌륭한 현자들이 어
째서 저 [라틴어] 서적들을 영어로 번역하지 않았는지 몹시
궁금했다. 하지만 이내 나는 스스로 답을 찾았고 이렇게 말
했다. "그들은 사람들이 이다지도 부주의해지고 배움이 퇴
락하리라고 생각지 못했으리라. 우리가 더 많은 언어를 알
면 알수록 이 땅에 지혜가 더 커지리라는 뜻에서 그 책들을
굳이 우리 언어로 옮기지 않은 것이다."
그러고 나서 나는 처음에 율법[=구약]이 히브리어로 쓰이
고, 히브리어를 배운 그리스인들이 구약을 그리스어로 옮기
고, 이어 다른 모든 책이 그리스어로 옮겨지기까지의 과정
을 떠올렸다[77쪽]. 로마인들도 그랬다. 그것들을 익힌 학

식이 깊은 해석자들을 통해 전부 라틴어로 옮겼다. 마찬가지로 다른 모든 기독교인들도 그것들을 각자의 모국어로 옮겼다.

그리하여 나는 (…) 모든 사람이 알아야 하는 책을 우리 모두가 이해하는 언어로 옮기는 것이 좋겠다는 생각이 들었다. (…) 그다음에는 이 책을 더 깊이 가르치길 바라는 이들, 신성한 질서에 가까이 다가가길 바라는 이들에게는 라틴어로 설명해줄 수도 있을 것이다.

앨프레드, 『목회자의 조언』

중세영어: 노르만족의 영국 정복

중세영어Middle English, ME시대는 대략 1150년에서 1450년까지이다. 영어는 이때 대변동을 겪었다. 1066년 노르망디의 윌리엄 공이 영국을 침략해 행정·법률·교육·교회·문학 분야에서 프랑스어를 사용하라고 강요했기 때문이다(행정 분야에서는 라틴어도 광범위하게 사용되었다). 그래서 1362년까지는 영국의회에서 영어가 사용되지 않았다. 사실 의회를 가리키는 영어 단어 '팔러먼트parliament'조차도 '연설하다'를 뜻하는 프랑스어 '파흘레parler'에서 파생되었다.

오늘날까지 전해지는 중세영어시대의 문헌이 거의 대부분 프랑스어로 되어 있는 까닭에 중세영어시대 초기의 이 변화가 영어에 미친 영향을 정확히 파악하기란 매우 어려운 일이다. 중세영어는 (뚜렷이 구분되지는 않지만) 12세기 어느 시점부터 시작되었고, 영어로 된 문서는 13세기부터 나타나기 시작했다. 우리는 14세기에 이르러서야 비로소 『농부 피어스의 꿈*The Vision of Piers Plowman*』(중세 영국 시인 윌리엄 랭글런드William Langland의 두운시―옮긴이)과 『가웨인 경과 녹색 기사*Sir Gawain and the Green Knight*』(작자 미상의 중세 영국 두운시―옮긴이)를 만나게 된다. 초서(1345~1400년경)의 출현과 더불어 새로운 영어는 그 꽃을 활짝 피웠다.

중세영어 철자법과 어휘

노르만족이 영국을 정복한 사건은 영어의 철자법과 어휘에 지대한 영향을 미쳤다. 프랑스어의 철자법 관습을 따르게 되면서 cwen(여왕)은 queen이 되고, sercle(원)은 cercle이 되고, 또 k와 c가 ch로 표기되었다(따라서 kirk(교회)는 church가 되었다).

어휘의 경우 중세영어시대에 아마 프랑스어 단어 약 1만 개가 영어에 유입된 것으로 보인다. 이 단어들은 거의 대부분 기원전 50년대 로마의 율리우스 카이사르가 갈리아(오늘날의 프랑스 땅)를 정복했을 때 유입된 라틴어에서 유래한 것들이다. 프랑스어는 그때부터 이 라틴어를 기반으로 로마제국시대와 그 이후까지 줄곧 발달되어왔다.

여기 프랑스어 외래어들을 모아놓았다. 모두 라틴어가 어원이며, 별표(*)가 달린 단어는 그리스어에서 온 라틴어에서 유래한 것들이다.

constable(고관, 경찰), court(법정), government(정부)*, liberty(자유), parliament(의회), peasant(소농), prince(군주), revenue(수입), statute(법규), tax(세금), tyrant(폭군)*/ accuse(고발하다), arrest(체포하다), assault(습격하다), convict(유죄를 선고하다), crime(범죄), decree(법령), depose(해임하다), evidence(증거), fraud(사기), heir(상속인), indictment(기소), inquest(심리), judge(판사), libel(명예훼손), perjury(위증), prison(감옥), punishment(처벌), verdict(평결)/abbey(수도원), anoint(성별聖別하다), baptism(세례)*, cathedral(성당)*, charity(자선)*, communion(성찬식) convent(수녀원), creator(창조주), crucifix(십자가상), faith(신앙), heresy(이단)*, homily(설교)*, mercy(자비), miracle(기적), religion(종교), repent(회개) saint(성인), salvation(구원), schism(분립)*, theology(신학)*, vicar(목사), virgin(동정童貞), virtue(선행)/ anatomy(해부)*, calendar(달력), clause(조항), copy(베끼다), gender(성), geometry(기하학)*, gout(통풍), grammar(문법)*, logic(논리)*, medicine(의술), metal(금속), noun(명사), pain(고통),

physician(내과 의사)*, plague(역병)*, pleurisy(늑막염)*, poison(독), pulse(맥박), sphere(구)*, square(정사각형), stomach(배)*, surgeon(외과 의사)*, treatise(논문).

중세영어시대 전문용어

이 시대에는 라틴어에서 직접 유래한 외래어도 많은데 대부분 전문적이고 기술적인 용어이다.

법과 행정

arbitrator(중재자), client(의뢰인), conspiracy(음모), conviction(유죄판결), custody(구금), homicide(살인), implement(시행하다), legal(법률의), legitimate(합법적), memorandum(각서), pauper(극빈자), prosecute(기소하다), summary(즉결심판), suppress(진압하다), testify(증언하다).

과학과 학문

(그리스어에 어원을 둔 라틴어 외래어는 별표로 표시함)
allegory(우화)*, comet(혜성)*, contradiction(모순), diaphragm(횡격막)*, discuss(토론하다, equator(적도, essence(본질), explicit(명백한), formal(형식적인), history(역사)*, index(지수), intellect(지성), item(항목), library(도서관), ligament(인대), magnify(확대하다), mechanical(기계의)*,

prosody(운율론)*, recipe(처방), scribe(필경사), simile(직유).

종교

collect(모금하다), diocese(교구)*, immortal(불멸의), incarnate(인간의 모습을 띠다), infinite(무한한), missal(기도서), pulpit(설교단), requiem(추도 미사), scripture(성서), tract(구역).

일반

admit(인정하다), adjacent(인접한), collision(충돌), combine(결합하다), conclude(종결하다), contempt(경멸), depression(우울), distract(정신을 흐트러뜨리다), exclude(배제하다), gesture(몸짓), imaginary(상상의), include(포함하다), incredible(믿을 수 없는), individual(개인), infancy(유아기), interest(관심), interrupt(가로막다), moderate(적당한), necessary(필요한), nervous(신경성), ornate(장식적인), picture(그림), private(사적인), quiet(조용한), reject(거절하다), solitary(고독한), spacious(널찍한), subjugate(복종시키다), substitute(대체하다), temperate(온화한), tolerance(관용).

이렇게 홍수처럼 쏟아져 들어온 새 어휘의 여파는 제프리 초

서의 『캔터베리 이야기』 머리말에서 확인할 수 있다. 858행의
글에 프랑스어 외래어가 무려 500여 개가 쓰였다.

쌍형어

이제 우리는 언어학의 '쌍형어雙形語'(형태는 다르지만 동일
한 어원에서 파생된 단어의 묶음—옮긴이) 현상을 만나게 된다.

프랑스어는 세속 라틴어, 즉 일상적이며 평범한 라틴어에서
파생되었다. 중세에 세속 라틴어가 매우 '자연스러운' 변형을
거쳐 프랑스어로 변형되었다. 정복왕 윌리엄이 잉글랜드에 사
용을 강요한 것은 바로 이 프랑스어였다.

한편 중세에는 프랑스어와 영어 둘 다 고전기시대 후기 라틴
어 어휘를 차용했다. 그 결과는 다음과 같다.

- 라틴어 'fragilis'(깨지기 쉬운)에서 곧바로 영어 fragile이,
  고대 프랑스어 fraile를 거쳐 영어 frail이 나왔다.
- 라틴어 'traditio'(전통, 배신)에서 곧바로 tradition(전통)이,
  프랑스어 traison을 거쳐 treason(반역)이 나왔다.
- 라틴어 'pauper'(가난한)에서 곧바로 pauper가, 프랑스어
  pauvre를 거쳐 poor가 나왔다.
- 라틴어 'securitas'(안전, 보증)에서 surety(보증)와
  security(안전)가 나왔다.

- 심지어 삼중 쌍형어도 있다. 라틴어 'ratio'(계산, 비율, 이성)에서 그대로 ratio(비율)가, 프랑스어 raison을 거쳐 reason(이성)이, 라틴어 단어에 프랑스어 접미사가 붙어 ration(배급)이 나왔다.

현대영어의 출현

13세기부터 비잔티움에 보관되어 있던 그리스 필사본이 이탈리아로 흘러들면서 고전기시대는 새롭게 주목을 받았고 과학, 의학, 예술 부문에서 큰 발전이 이루어졌다. 한때 자연학, 과학, 의학 세계에서 최고 권위자로 통했던 아리스토텔레스, 히포크라테스, 갈레노스, 프톨레마이오스는 이제 뒤로 한걸음 물러나게 된다(제11장 참조). 곧 아메리카대륙이 개방되고(1492년 콜럼버스), 코페르니쿠스가 태양계의 질서를 재편성(1543)할 터였다.

대륙에서 새로운 지적 관심이 영국으로 물밀듯이 밀려오자 이 내용을 다룰 새로운 어휘를 만들 필요가 있었다. 이때 고전기 언어는 더할 나위 없이 훌륭한 원천이 되었다. 그 결과 라틴어와 그리스어에서 새 어휘가 대거 차용되었다. 셰익스피어(1564~1616)와 흠정영역성서(1611) 시대에 이르러 영어는 드디어 현대영어라고 인정할 만한 형태를 갖추게 된다. 이때 나타나기 시작한 단어들은 다음과 같다(그리스어에서 바로 파생된 단어는 별표 표시).

　adapt(적응하다), agile(재빠른), alienate(멀리하다), allusion(암시), anachronism(시대착오)*, anonymous(익명의)*, appropriate(적합한), atmosphere(대기)*, autograph(서명)*, capsule(캡슐), catastrophe(파국)*, chaos(혼돈)*, climax(절정)*, contradictory(모순된), crisis(위기)*, criterion(기준)*, critic(비평가)*, disability(무능), disrespect(무례), emancipate(노예를 해방시키다), emphasis(강조)*, encyclopaedia(백과사전)*, enthusiasm(열심)*, epilepsy(간질)*, eradicate(근절하다), exact(정확한), exaggerate(과장하다), exist(존재하다), explain(설명하다), external(외부의), fact(사실), glottis(성대문)*, harass(괴롭히다), idiosyncrasy(괴벽)*, larynx(후두)*, lexicon(어휘)*, malignant(악성의), monopoly(독점)*, monosyllable(단음절어)*, obstruction(방해), pancreas(췌장)*, parasite(기생충)*, parenthesis(삽입구)*, pathetic(불쌍한)*, pneumonia(폐렴)*, relevant(연관된), scheme(계획)*, skeleton(뼈대)*, species(종), system(체계)*, tactics(전술)*, temperature(온도), tendon(힘줄), thermometer(온도계)*, tibia(정강이뼈), tonic(강장제)*, transcribe(문자로 기록하다), ulna(척추뼈), utopian(이상적인)*, vacuum(진공), virus(바이러스).

고대인에 대한 저항

새 어휘는 모두에게 환영받지 못했다. 탁월한 고전학자 존 체크John Cheke는 그리스어가 이제 막 학문으로 인정받기 시작한 1540년에 케임브리지대학의 그리스어 흠정 교수로 임명되었다. 체크는 1557년 7월 16일 토머스 호비Thomas Hoby 경에게 보낸 편지에서 영어가 오염되었다고 통탄했다.

> 나는 외국에서 빌려온 말에 우리말이 혼합되지 않고 unmixed* 훼손되지 않으며unmangled* 깨끗하고 순수pure*하게 쓰여야 한다는 의견opinion*을 가지고 있습니다. 조심성 없이 빌려만 쓰고 값을 지불하지pay* 않는 집은 파산 bankrupt*하기 마련입니다. 스스로를 치장attire*하려고 모조품counterfeitness*에 지나지 않는 외국어를 빌려 쓰는 일이 없어야 우리말은 비로소 자연스럽게naturally* 그리고 칭찬받아 마땅한 방식으로 그 뜻을 드러낼 것입니다.

(나는 굳이 학자티를 내가며 어원이 게르만어가 아닌 단어에 별표를 달았다……)

기존 어휘에서 새 어휘를 대응하는 단어를 찾아내고야 말겠다는 의지는 실로 대단했다. 1573년 랠프 레버Ralph Lever는 새로운 비非라틴어 논리학 용어집을 펴냈다. conclusion(결론) 대신 endsay(맺음-말)를, condition(조건) 대신 ifsay(만약-말),

negation(부정) 대신 naysay(아니오-말), definition(정의) 대신 saywhat(무엇-말), proposition(명제) 대신 shewsay(보여줌-말), affirmation(긍정) 대신 yeasay(예-말)를 제안했다. 오늘날에도 계속되는 이 논쟁은 당시도 이미 오래된 논쟁이었던 것이다. 사실 1500년 전의 그리스인들과 로마인들도 정확히 똑같은 주제로 이러쿵저러쿵 입씨름을 벌였다(제9장 참조).

이후 라틴어·그리스어 파생어는 필요에 따라 영어에 꾸준히 흘러들었다. 대부분이 전문어이다. 물론 전문어가 반드시 라틴어나 그리스어이어야 하는 것은 아니다. 하지만 역사적으로 전문어에 라틴어와 그리스어가 주로 사용되었으니 그 흐름을 이어가는 것이 바람직할 듯싶다.

고전기 언어가 영어에 미친 영향

그리스어와 라틴어가 기본적으로 게르만어 계열의 영어 어휘에 큰 영향을 미쳤다는 것은 분명한 사실이다. 단 얼마나 큰 영향이었을까? 1992년 옥스퍼드 영어사전에는 약 50만 개의 영어 단어가 수록되었는데, 그중 17만 개가 일상어이고 이중에서 대다수 성인 원어민이 사용하는 어휘는 2만 내지 3만 5000개이다. 사실 그리스어와 라틴어가 특히 지대한 영향을 끼친 것은 전문어이다. 이미 곤충 100만 마리의 명칭에 그리스어와 라틴어가 쓰이고 있고, 그 숫자는 앞으로도 늘어날 것이다. 여기에 동식물 명칭까지 합친다면 누군가는 영어 어휘의 90퍼센트가 라틴어와 그리스어라는 안이한 결론을 내릴지도 모르겠다.

일상적 영역에서 그리스어와 라틴어에서 바로 파생되었거나 중간에 프랑스어를 거쳐 파생된 단어는 전체 영어 단어의 절반 정도를 차지한다. 그러나 교육 영역에서의 이 비중은 증가한다. 1974년에 수행된 연구를 보면 학교 교과과정 중 '논리학과 수학' 과목에서 그리스어·라틴어 외래어가 차지하는 비중은 67퍼센트였고, '미학' 과목에서는 86퍼센트였다. 딱히 놀라운 일은 아니다. 앞에서 설명했듯이 르네상스기에 새로 성장한 분야에서 쏟아졌던 새로운 개념을 다루기 위해 수많은 그리스어·라틴어 외래어가 영어에 도입되었으니까. 대조적으로 어린이 책, 초등학교 수업, 신문의 스포츠 기사에서는 그리스어·라틴어 단어가 차지하는 비중은 매우 적다. 이들 분야에서는 앵글로·색슨어의 비중이 압도적으로 높다.

교육적 효과

이 모든 것은 교육 문제로 되돌아온다. 앞에 등장한 그리스어·라틴어 단어들을 보면—수천 개도 더 추가할 수 있다—마치 중·고등학교에서 쓰는 어휘집을 보는 것 같다. 문제를 단순화해서 이야기하면 초등학교에서 기본적으로 앵글로·색슨어 위주로 수업을 듣던 아이가 갑작스러운 어휘 변화에 대한 대비 없이 중·고등학교에 진학해 그리스어·라틴어 위주의 수업을 받으면 당연히 장벽에 부딪칠 수밖에 없다. 누군가는 모든 어린이가 라틴어와 그리스어를 배워서 이 같은 '언어 장벽'을 수월하게 극복할 수 있게 해야 한다고 주장할지도 모른다. 하지만 언어학적으로 풍부한 환경에서 자란 어린이들은 어쨌든 이러한 변화에 쉽게 적응할 것이다. 학교에서 언어학적으로 풍부한 환경을 경험한 아이들 역시 마찬가지이다. 다시 말해서 이것은 그리스어·라틴어이든 아니든 '어려워' 보이는 단어들을 어떻게 하면 가급적 이른 시기에 아이의 어휘에서 자연스럽고 필수적인 부분으로 만들지의 문제인 것이다.

하지만 어휘는 그리스어·라틴어가 우리의 언어에 끼친 영향의 한 측면에 불과하다. 언어가 어떻게 작동하는가에 관한 우리의 이해는 그리스와 로마의 사유에 기원을 두고 있다. 이 내용은 다음 장에서 자세히 설명하겠다.

법률 용어에 관한 짧은 메모

"판사가 될 수도 있었지만 판사 노릇을 하기 위해 필요한 라틴어를 하나도 몰랐거든." 피터 쿡Peter Cook이 각본을 쓴 영국 시사 풍자극 『변두리 너머Beyond the Fringe』(1961)에 등장하는 어느 광부의 대사이다.

그런데 '판사 노릇'을 하려면 라틴어를 꼭 알아야 할까? 영국의 앵글로·색슨족 선조들은 '아니다'라고 대답할 것이다. 그들이 잉글랜드를 침입한 서기 5세기 이래 게르만어는 더할 나위 없이 좋은 다음과 같은 법률 용어들을 제공해왔다. goods(재물), guilt(유죄), manslaughter(과실치사), murder(살인), oath(맹세), thief(절도), ward(구류), witness(증인), writ(영장). 그리고 무엇보다도 중요한 단어 'law(법)'는 '정해진 것'이라는 뜻의 고대 게르만어에서 유래했다. 단 'legal(법률의)'은 라틴어 'lex(법)'(어간 'leg-')에서 왔다.

게다가 정복왕 윌리엄이 영국에 나타났을 때 오늘날 변호사라면 누구나 흔히 사용하는 라틴어 외래어 injunction(명령), malfeasance(배임), collateral(담보부), statute of limitation(공소시효) 등이 게르만어에 유입되었다. 물론 재판 절차에 참여하는 대부분의 사람들에게 이 법률 용어들은 그리스어만큼이나 낯설 것이다.

하지만 라틴어 자체는 결코 영국의 법정 언어였던 적이 없다. 영국에서 재판은 1066년부터 라틴어가 아닌 영어와 프랑스어로 진행되었다. 공식적인 법정 기록은 라틴어로 남겼지만 1730년에는 이 관행까지 폐지되었다. 우리가 사용하는 라틴어 법률 용어—'ad hoc'(특별한 목적을 위해), 'de facto'(사실상), 'bona fide'(선의로), 'inter alia'(그중에서도), 'ultra vires'(권한 초과) 등—는 고전기 텍스트가 아닌 이 시기 라틴어 법정 기록에서 유래한 것이다. 나는 이러한 라틴어 관용구 285개로 이루어진 목록을 보유하고 있다.

또한 반드시 라틴어가 있어야 영어가 위엄을 나타내는 것도 아니다. 이를테면 영어에서 흔히 사용되는 전통적인 수사 기법인 두운법(가깝게 놓인 단어들의 첫 자음이나 모음을 반복하는 것-옮긴이)은 앵글로·색슨어의 진수이다. 혼인서약에 'to have and to hold'(영원히)라는 문구가 있고, 잉글랜드의 올드 새럼 지방의 의식에서는 아내에게 'bonny and buxom in bed and board'(침대와 식탁에서 예쁘고 다정한)(아니, 'in bed and bored'[침대에서 지루하고]가 아니라 'in bed and board'[침대와 식탁에서]이다. 그저 '밤이나 낮이나 착하고 고분고분하라'는 뜻이다)할 것을 명령한다. 법률 쪽에는 'residue and remainder'(나머지), 'any and all'(무엇이든), 'each and every'(모든) 등이 있다. 모두 지난 수백 년간 우리 법률 용어의 일부였던 표현들이다.

1066년부터 영국 법정에서는 라틴어에서 유래한 프랑스어와 영어가 같이 사용되었기 때문에 변호사들은 모호함을 피하기 위해 동일한 의미의 두 단어를 나란히 사용하기도 했다. 그 예로 'breaking and entering'(무단침입, 영어/프랑스어), 'fit and proper'(적절한, 영어/프랑스어), 'lands and tenements'(토지, 영어/프랑스어), 'will and testament'(유언, 영어/라틴어), 'let and hindrance'(문제없이, 영어/영어), 'null and void'(무효, 영어/영어) 등이 있다. 프랑스어의 영향으로 일반적인 영어 어순에 맞지 않는 '명사＋형용사' 형태의 용어가 생기기도 했다. 그 예로 'attorney general'(법무장관), 'court martial'(군법회의), 'malice aforethought'(계획범죄) 등이 있다.

다른 사례도 많지만 여기서 중요한 사실은 영어가 수사학적으로 효과적이기 위해 반드시 진짜 라틴어가 필요한 것은 아니라는 것이다. 그렇다면 진짜 라틴어를 위한 자리는 전혀 없는 것일까?

진짜 라틴어의 문제는 사실 민주주의의 문제이다. 즉 일반 대중이 법에 얼마나 쉽게 접근할 수 있는가의 문제인 것이다. 이 기준에 비추어본다면 이것은 일반 지식에 대한 판단의 문제가 되기도 한다. '데 팍토de facto'나 '데 유레de iure'(법률상) 같은 관용구는 아름답고 단정하며 의미가 풍부하지만 과연 일반 대중도 쉽게 이해할 수 있는 말일까? 나는 회의적이다. 법정에서 변호사가 "퀴 보노Cui bono(그 범행으로 누가 이익을 얻는가)?"라고 묻는다면―참고로 이 관용구는 고전기 라틴어에서 유래했다―배심원들은 흘러간 대중가수의 이름을 왜 갑자기 들먹이는지 어리둥절해할지도 모른다(영국 록밴드 U2의 리드 보컬 이름이 보노Bono이다―옮긴이).

다른 문제도 있다. 법정은 「브리튼스 갓 크리미널스Britain's Got Criminals」나 「스트릭틀리 컴 저징Strictly Come Judging」 같은 텔레비전 쇼가 펼쳐지는 무대가 아니라는 메시지는 반드시 전할 필요가 있다. 특정한 언어 사용역linguistic register을 활용해 법이 지닌 최대한의 무게와 권위, 위엄이 동원되는 때임을 보여주어야 하는 상황이 있는 것이다. 요즘같이 테러 위협에 시달리는 시대에 '헤비어스 코퍼스habeas corpus'(인신 보호, '우리는 그대가 신체를 소유할 것을 명한다'는 뜻으로 자의적인 구금에 대한 포괄적 항의를 의미한다—옮긴이)는 중요한 원칙으로 여겨지고 있을까? 우리가 사는 세상에는 분명히 어떤 질서가 존재한다. 그리고 지난 수백 년 동안 잉글랜드(와 세계)가 정의를 창출해왔다는 인식이 여기에 스며들어 있다. 이 질서는 우리 법정에서 여전히 한자리를 차지할 만한 가치가 있다. 하지만 '후견인이 피후견인의 재산으로부터 이익을 거두어선 안 된단 말인가?lucrum facere ex pupilli tutela tutor non debet?' 유감이지만 '절대 안 된다nulla via.'

의학 용어에 관한 짧은 메모

그리스의 의사 히포크라테스는 서구의 의학 용어를 발명했다. 기원전 2세기에 그리스를 속주로 만든 로마인은 그리스 의학 지식을 배에 실어갔고(불안감이 없지는 않았다) 다른 그리스 문화를 로마식으로 변형시켰듯이 그리스 의학 지식도 로마화했다. 아울루스 코르넬리우스 켈수스(기원전 25~서기 50)의 저작 『의학에 관하여de medicina』를 보면 히포크라테스가 만든 그리스 용어가 라틴어로는 어떻게 바뀌었는지 확인할 수 있다.

일단 그리스어 용어에 라틴어 형태가 부여되었다('식도, 배'라는 뜻의 그리스어 '스토마코스stomakhos'와 라틴어 '스토마쿠스stomachus'). 다른 그리스어 용어들은 동일한 의미의 라틴어로 대체되었다. 히포크라테스는 암을 '카르키노스karkinos'라고 불렀는데 '게'라는 뜻의 그리스어이다(암종癌腫을 뜻하는 영어 '카시노머carcinoma'는 여기에서 유래되었다). 로마의 의사들은 암을 '게'를 뜻하는 라틴어 '캉케르cancer'라고 불렀다. 해부학에서 '쥐'를 뜻하는 라틴어 '무스mus'의 지소어指小語 '무스쿨루스musculus'는 오늘날 영어 '머슬muscle'(근육)이 되었는데, 고대인들은 아마도 근육을 우리 피부 아래를 돌아다니는 작은 쥐라고 생각한 모양이다.

18세기부터 현저히 많은 그리스어·라틴어 용어가 영어 토착어로 번역되기 시작했다. 이를테면 '울쿠스 벤트리쿨리ulcus ventriculi'(위궤양)는 '개스트릭 얼서gastric ulcer'가 되었다. 하지만 근래 들어 우리 몸과 우리 몸의 작동방식에 대한 지식이 늘어나면서 수천 개의 새로운 용어가 발명되어야 했다. 그리스어와 라틴어가 다시 최대한 활용되었다. 예를 들어 '아드레날린adrenaline'은 라틴어 '아드 레네스ad renes'(콩팥 가까이)에서 유래되었고, '페니실린penicillin'은 화가의 붓끝처럼 꼬리를 닮았다고 해서 라틴어 '페니스penis'(음경, 꼬리)의 지소어 '페니킬루스penicillus'에서 유래되었다. 페니실린 곰팡이를 현미경으로 보면 그 생김새가 정말 꼬리 같다. '호르몬hormone'은 그리스어 '호르메hormê'(분출, 돌격)에서 유래했는데 호르몬이 몸에 분출되는 모습을 묘사한 말이다. 그리스어 '케이로르고스kheirourgos'는 손을 써서 노동하는 사람을 의미했다. 이 말은 프랑스어 '시뤼르지chirurgie'를 거쳐 '서전surgeon'(외과의사)이 되었다. 마취 없이 다리를 절단할 때는 빠르고 강하며 정확한 손이 필요했을 터이다.

하지만 이제 영어가 세계어로, 새로운 전문용어는 영어가 장악하고 있다. 와파린Warfarin(혈액의 응고를 막는 의약품—옮긴이)이라는 이름은 위스콘신 졸업생 연구재단Wisconsin Alumni Research Foundation에서 유래되었다. 많은 경우 의약품의 이름은 화학조성을 줄여서 만든다. 예를 들어 이부프로펜ibuprofen은 이소부틸페닐프로피온산isobutylphenylpropionic acid의 줄임말이다. 고전기 언어에서 파생된 명칭과 달리 이런 명칭은 명칭이 지칭하는 대상의 실제 성질에 관해 아무런 단서도 제공해주지 않는다.

고대인이 영어에 지대한 기여를 했다는 사실에 관해서는 졸저 『퀴드 프로 쿼: 로마인들이 영어에 전해준 것들Quid Pro Quo: What the Romans Really Gave the English Language』(Atlantic, 2016)을 참조하기 바란다. 오늘날 우리가 일상에서 사용하는 단어들이 고대 세계에서는 원래 어떻게 사용되었는지를 에세이 형식을 통해 고대 그리스·로마의 정치, 법률, 상업, 철학, 문학,

종교에서 예술, 연극, 전쟁, 의학, 식물학에 이르기까지 모든 분야의 어휘를 다루고 있다.

제9장

문법의 언어

그리스·로마인들은 영어의 어휘에 지대한 영향을 끼쳤을 뿐만 아니라 우리가 고전기부터 시작해 아주 최근까지도 언어를 분석할 때 사용해온 전통적인 문법 용어와 문법 개념을 정립했다. 이 강력한 유산은 심지어 현대 언어학이 창시된 이후에도 언어 이론의 일부로 남아 있다. 또한 고대 세계는 언어에 관해 사유하는 데 필요한 어휘를 구축하는 과정에서 언어 교육의 개념을 수립했다. 이 개념 역시 우리에게 지대한 영향을 끼쳤고, 그 반향은 좋든 싫든 오늘날에도 우리와 여전히 함께 머무르고 있다.

성, 명사, 동사, 형용사, 모음

기원전 5세기 그리스의 학자 프로타고라스는 처음으로 명사를 남성, 여성, '사물skeuê'로 분류했다. 아리스토텔레스는 '사물'로 분류된 것 중 상당수가 사실은 남성이나 여성이라고 논평했다. '파이디온paidion'(소년)이 그러한 예이다. 기원전 1세기 무렵 '우데테론oudeteron'(중성의, 어느 쪽도 아닌)이라는 개념이 사용되기 시작했고, '코이논koinon'(공통의)과 '에피코이논 epikoinon'(양성의, 영어 '에피신epicene'의 어원)도 나타났다. 아리스토텔레스는 불변화사(전치사 포함), 이름(명사, 대명사, 형용사, 짐작컨대 부사까지), 접속사, 동사(현재형과 과거형을 구분했다)를 정의했다. 또한 모음, 자음, 음절, 굴절inflection(어미변화), 주부, 술부에 관해 논했고, 심지어는 발화utterance(집합적 의미를 산출하는 문장이나 단어의 모음)까지 다루었다(여기서 그는 '동사 없는 발화도 가능하다'는 의미심장한 말을 덧붙였다). 하지만 굴절을 구분해 이름을 부여하지는 않았다.

음운, 시제, 태, 서법, 품사

그리스의 스토아철학자들(기원전 3세기 이후, 10장 참조)은 이 기본적인 분석을 오늘날 우리가 알고 있는 문법 체계에 가깝게 발전시켰다. 스토아주의자들의 분석은 매우 광범위하고 세부적이었다.

- 음운을 논했다. 바빌론의 디오게네스(기원전 240~기원전 152년경)는 음절이 "생각에 의해 분절되고 움직이는 공기"라고 이야기했다.
- 할리카르나소스의 디오니시오스는 'm'을 "입술을 단단히 포개고" 숨을 "부분적으로 코로" 쉬며 내는 소리라고 설명했다.
- 음절의 길이를 분석했다.
- 시제를 미래, 현재, 과거로 분류했고, 과거를 다시 완료, 미완료, 과거완료, 부정不定과거aoristos(완료나 미완료와 비교해 '규정되지 않은' 과거, 즉 '단순' 과거. 아주 거칠게 표현하면 'I have played'나 'I was playing'이 아닌 'I played'를 말한다)로 나누었다.
- 동사를 태態—능동, 수동, 어느 쪽도 아닌 것(즉 '중간'이거나 반사적)—로 분석했다. 자동과 타동으로도 나누었다.
- '서법'을 인정했다(직설법, 명령법, 가정법, 기원법).
- 기원전 2세기 그리스의 문법학자 디오니시오스 트락스(저작이 '트라키아'에 남아 있다)는 여덟 개 품사, 즉 명사(형용사 포함), 대명사, 동사, 부사, 관사, 분사, 전치사, 접속사를 정의했다. 명사는 다시 어미변화에 따라 주격, 호격, 대격, 속격, 여격으로, 수에 따라 단수, 복수, 양수兩數(그리스어에만 있다)로 나누었다.

전부 그리스에서 기원한 용어들이지만 기원전 2세기에 로마의 문법학자들도 가세했다. 로마의 문법학자들은 그리스인들이 한 작업을 토대로 라틴어 대응어를 찾아 독자적인 문법 용어를 만들었다. 오늘날 우리가 사용하는 용어의 기원을 다음 표에 정리했다.

그리스어	라틴어	영어 (괄호 안은 한국어)
오노마onoma '이름'	노멘nomen	노운noun(명사)
레마rhêma '말해진 것'	베르붐verbum	버브verb(동사)
에피-레마epi-rrhêma '말해진 것에 덧붙여'	아드-베르비움 ad-verbium	애드버브adverb (부사)
안트-오누미아 ant-ônumia '명사 대신'	프로노멘pro-nomen	프로노운pronoun (대명사)
순-데스모스 sun-desmos '합치는'	콘-융티오con-iunctio	컨정션conjunction (접속사)
프로-테시스pro-thesis '앞에 놓는'	프라이-포시티오 prae-positio	프리포지션preposition (전치사)
메토케metokhê '나누는'(즉 부사와 명사, 형용사의 기능을)	파르티키피움 participium	파티서플participle (분사)

나중에 형용사도 명사의 하위 집합으로 독립된 범주가 부여되었다. 형용사는 영어로 '애드젝티브adjective'이고, 라틴어 어원은 '추가된'이라는 뜻의 '아드젝티바adjectiva'이다. 흥미롭게도 로마의 문법학자들은 그리스어의 정관사 '호ho', '헤hê', '토to'(모두 영어의 the에 해당한다)가 라틴어에는 없다는 사실을 잘 알면서도 라틴어에도 정관사가 있는 것처럼 이야기했다. 문법학은 범주를 논리적으로 분석하는 학문이므로, 라틴어에도 정관사가 반드시 있어야 한다고 생각했던 것이다. 로마의 문법학자들은 정관사가 있어야 할 자리에 '히크hic', '하이크haec', '호크hoc'(모두 영어의 this에 해당한다)를 넣어서 사용했다. 같은 이유에서 그리스어에만 있고 라틴어에는 없는 가정법과 기원법도 마치 라틴어에 있는 것처럼 이야기했다.

격

영어 문법의 '격' 명칭도 라틴어에서 유래되었다. 물론 이 개념도 그리스인이 먼저 만들었다.

• 아리스토텔레스는 '격'을 '프토시스ptôsis'(낙하, 변형)라고 불렀다. 프토시스는 라틴어로 '카수스casus'('카도cado'는 '나는 떨어진다'라는 뜻)이고, 영어로는 '케이스case'이다. 이 '낙하'의 이미지는 문자에 그대로 반영되었다. 고대

인들은 주격nominativus(즉 문장의 주어)이 문장의 '꼭대기'이고, 다른 격들은 거기서 비스듬히 떨어지는 것으로 상상했다(이로부터 그리스어 '엥클리시스egklisis'[기움]＝라틴어 '데클리나티오declinatio'[감소]가 나왔다). 따라서 사격斜格(주격과 호격 이외의 격을 통칭하는 말−옮긴이)은 주격에서 '비스듬히 멀어지는' 것들이었다. 사격은 라틴어로 '오블리쿠스obliquus'였다. 로마의 고문서 수집가 바로(기원전 127~기원전 116)는 주격을 사격과 대조해 '곧게 서 있다'는 의미로 '렉투스rectus'라고 불렀다.

- 속격屬格, genitivus(낳다)은 그리스어 '게니케genikê'(속屬)에 해당하는 말이다. 영어의 of가 대표적이다(한국어에서 '~의'−옮긴이).

- 여격與格, dativus(주다)은 그리스어 '도티케dotikê'(주다)에서 유래되었다. 영어의 to나 for에 해당한다(한국어에서 '~에게'−옮긴이).

- 대격對格, accusativus(탓하다)은 그리스어 '아이티아티케 aitiatikê'(원인에 의해 생기다)에서 유래되었다. 오늘날의 직접목적어이다(한국어에서 '을/를'−옮긴이).

- 용법이 까다로운 탈격奪格, ablativus(어디로부터 무엇을 빼앗기다)은 라틴어에만 있는 격으로, 서기 1세기 학자 쿠인틸리아누스가 처음 언급했다. 영어의 by, with, from에 해당한다(한국어에서 '~로', '~에 의해'−옮긴이). 바로는

탈격을 '제6격' 또는 '라틴어의 격'이라고 불렀다.

문법, 문학, 언어

고대인들이 '그람마티케grammatikê'라는 주제 아래 다룬 내용은 오늘날 우리가 '문법'에서 다루는 것보다 훨씬 더 광범위했다(그리스어 '그람마gramma'는 '문자', 라틴어 '그람마티카 grammatica'는 '문법'을 의미한다). 바로는 문법을 문학에 관한 일반 지식으로 정의하고, 읽기·쓰기·이해·평가를 문법의 4대 능력으로 제시했다(어떤 문헌에서는 읽기·설명·수정·평가로 제시하기도 했다). 디오니시오스 트락스는 6대 능력을 꼽았는데 시 읽기, 시의 인물과 희귀한 단어와 모호한 구절 설명, 어원, 굴절, 마지막으로 (가장 중요한) 비평이 있었다.

오늘날의 이른바 문장론(문장의 구성)은 서기 5세기에서 6세기 문법학자 프리스키아누스 이전에는 제대로 다뤄지지 않았다. 초기 문법학자들의 일차적인 관심은 단어와 단어의 형성(어형론)에 있었다. 어형론은 영어로 '애시던스 accidence', 라틴어로 '아키덴티아accidentia'(다양한 특성들)이다.

고대인의 문법에 대한 정의를 보면 그들이 언어에 광범위한 관심을 가지고 있었음을 알 수 있다. 이를테면 알렉산드리아에서는 그리스 방언, 외래어, 전문용어(예를 들어 어부들이 쓰는 용어 및 요리법)를 집중적으로 조사해 방대한 목록을 작성했다. 비잔티온의 아리스토파네스는 "고대인들이 사용하지 않았던 것으로 짐작되는 단어들"이라는 매우 흥미로운 목록을 작성하기도 했다.

그리스인들이 이렇듯 광범위한 연구조사를 진행한 것은 단지 연구 그 자체만을 위한 것은 아니었다. 그리스인들은 이 목록이 실제로 필요했다. 호메로스를 비롯한 고전기 그리스문학의 언어와 실제 사용되는 구어가 시간이 갈수록 차이가 났기 때문이다. 어떻게 해야 별다른 도움 없이도 고전기 그리스문학의 언어를 바로 이해할 수 있을까? 아무튼 기원전 2세기 그리스인도 호메로스 작품에 나오는 단어의 뜻을 우리처럼 자주 사전에서 찾아보아야 했다는 사실은 우리에게 다소나마 위안이 된다.

어원론과 '참된 의미'

초기 그리스 사상가들은 어원론에도 상당한 관심을 가지고 있었다. 호메로스의 작품이나 비극 작품에 등장하는 이름은 중요한 의미를 지니는 경우가 많았다. 예를 들어 트로이의 영웅 헥토르는 아들을 스카만드리오스(스카만드로스강에서 이름을 따왔다)라고 불렀다. 하지만 "다른 모든 사람들은 아스티아낙스(아스투astu=도시, 아낙스anax=통치자)라고 불렀"는데, 이는 "헥토르 혼자 일리온을 수호했기 때문"에 경의를 담아 그렇게 부른 것이라고 호메로스는 친절하게 설명한다.

플라톤의 대화편 『크라틸로스*Kratylos*』(기원전 4세기 초)는 내용 전체를 어원론에 할애했으며, 언어와 실재의 관계에 대한 토론 형식을 취하고 있다. 이 책의 등장인물 크라틸로스는 단어나 이름은 '자연적'인 것이라면서 어떤 사물에 어떤 이름이 붙은 이유는 그 이름이 그 사물의 실재이기 때문이라고 주장했다. 다시 말해서 어원etymology(그리스어 에투모스etumos는 '진실한, 실제의'를 뜻한다)은 사물의 본질에 관한 참된 설명이라는 것이다. 반면 헤르모게네스는 단어는 관습이나 합의에 따라 사물에 임의로 붙여진 소리일 뿐이며 결코 자연적이거나 진리일 수 없다고 주장했다.

여기서 소크라테스가 나선다. 소크라테스는 크라틸로스의 주장에 상당 부분 동의하면서 사물을 '설명'하는 황당한 어원으로 이루어진 흥미로운 목록을 소개한다. 이를테면 '제우스'에 해당하는 그리스어의 대격은 '디아Dia'였다. 한편 '~을 통해, ~때문에'에 해당하는 그리스어는 '디아dia'였다. 소크라테스는 아, 그러므로 세상만물은 제우스 '때문에' 생겨났노라고 말한다. 당연히 어원론적으로 터무니없는 설명이다. 플라톤은 이것이 터무니없음을 모르는지 또다른 수많은 예를 들었다. 한편 소크라테스는 언어가 실재의 완벽한 표상은 아니라는 헤르모게네스의 의견에도 어느 정도 동의했다(만일 그렇지 않다면 단어와 사물을 구분할 수 없을 테니까). 단어는 분명 유용하지만 그렇다고 실재 세계의 이해를 돕는 최고의 안내자는 아니라는 것이 소크라테스의 결론이었다.

언어의 '순수성'

언어의 순수성은 그리스인들에게 절박한 문제였다. 기원전 5세기의 다양화된 도시국가 세계에서 그리스어 방언은 그 수효를 헤아릴 수 없을 정도로 많았다. 식민지가 증가함에 따라 지중해 전역에서 그리스어 방언이 사용되고 있었다. 기원전 4세기에 필리포스 2세가 그리스 전 지역을 정복했을 때 필리포스 2세의 마케도니아 궁정은 아티케식 그리스어(아테네 방언)를 궁정 언어로 채택했다. 사실 아티케식 그리스어는 그리스 세계에서 이미 문학 언어로서 높은 권위를 가지고 있었고, 이후 그리스어를 사용하는 모든 지역에서 점차 표준 코이네(공통어)로 자리잡았다.

알렉산드로스대왕이 새로운 동방 지역에 전파한 그리스어도 바로 이 아티케식 그리스어였다. 그런데 그리스어가 모국어가 아닌 세계 다른 지역의 문학 및 지식 엘리트층은 그리스어를 어떻게 생각했을까? 이들은 그리스어로 이야기할 때, 또 훨씬 더 중요하게는 그리스어를 사용할 때 그 문장이 맞게 쓰였음을 어떻게 자신할 수 있었을까? 그리스어의 교육적 여파는 무엇이었을까? 이제 엘리트층에게는 '헬레니스모스Hellênismos', 즉 '그리스다움'이 가장 중요한 것이 되었다. 그리고 그리스답기 위해서는 '규칙 면에서 결점이나 부주의한 활용이 없어야'했다. 심지어 그리스어에는 '틀리게 말하다'라는 뜻의 '솔로이코스soloikos'라는 단어도 있었다. 킬리키아(터키 남부)의 아테네 식민지 솔로이 주민들이 제대로 말하는 법을 잊어버렸다는 뜻으로 사용하던 말에서 유래했다. '말이나 글에서의 실수'를 뜻하는 영어 '솔리시즘solecism'은 이 단어에 기원을 두고 있다.

순수 라틴어

기원전 2세기 로마의 문법학자들은 대단한 열정으로 그리스의 횃불을 치켜들었다. 바로의 총 25권짜리 대작 『라틴어에 관하여de lingua Latina』(제5~10권이 부분적으로 전해진다)는 로마의 문법학자들이 언어의 '순수성'과 '정확성'을 지키기 위해 쏟은 열정을 보여주는 빛나는 모범 사례이다.

라틴어 작가이며 문법학자였던 아울루스 겔리우스(서기 180년경 사망)가 폼페이우스에 관해 쓴 일화를 살펴보자. 기원전 55년 폼페이우스는 자신이 세운 신전을 승리의 여신에게 바치는 축성식을 준비하고 있었다. 폼페이우스는 이 신전의 명문에 자신을 뭐라고 소개할지 고민이었다. 폼페이우스 자신이 '3선 집정관'이라는 사실을 기록하려는데 '3선'에 해당하는 단어를 '테르티움tertium'으로 할지 '테르티오tertio'로 할지가 문제였다. 대격인 테르티움을 쓰면 '특정 기간 내내'라는 것이 강조되어 폼페이우스가 그해 내내 집정관이라는 사실이 부각되었고, 탈격 테르티오를 쓰면 '특정한 시기'가 강조되어 폼페이우스가 바로 그해의 집정관임이 부각되었다.

저명한 학자들을 두루 만났지만 하나같이 다른 답을 제시했다. 낙심한 폼페이우스는 최종 결정을 내리기 위해 키케로를 찾아갔다. 키케로는 어느 한 학자의 손을 들어줌으로써 다른 학자들의 신경을 거스르고 싶지 않았다. 키케로는 복잡하게 엉킨 고르디우스의 매듭을 과감하게 칼로 잘라버린 알렉산드로스대왕처럼 이 문제를 간단히 해결했다. 폼페이우스에게 '테르트tert'를 제안한 것이다. 훗날 이 명문이 새겨진 벽이 헐리고 다시 세워질 때 '3선'은 'III'으로 표시되었다고 겔리우스는 전한다.

엘리트층 언어를 보호하다

로마 지식인층은 키케로나 베르길리우스 같은 이들이 수립한 기준이 굳건히 유지되기를 바랐다. 또한 제국이 팽창하고 입말과 글말이 다양하게 갈라지는 현실을 보며 문학작품을 읽는 교양 있는 엘리트층을 위한 어떤 공통된 기준이 확립되기를 원했다. 더군다나 라틴어는 그리스어의 영향으로 계속해서 변화를 겪고 있었다(앞에서 우리는 라틴어의 새로운 문법 용어를 살펴보았다). 로마 같은 대도시에서 지식인이 어떻게 해야 외국의 유해한 영향으로부터 언어를 지키며 글을 쓰고 철자를 바르게 사용할 수 있을까?

그런데 여기서 이야기하는 언어란 일상 라틴어(나 그리스어)가 아니라 공식 석상에서 쓰고 말하는 공적인 언어라는 사실을 강조할 필요가 있다. 교육받은 엘리트층인 로마의 작가들에게는 문학적으로 수준 높은 언어가 중요했다. 오늘날까지 전해지는 라틴어(또는 그리스어)의 수준이 높은 이유도 그래서이다(마찬가지 이유에서 서기 2000년까지 기록된 영어 문헌 중 서기 4000년까지 전해지는 것은 아마도 셰익스피어, 밀턴, 포프, 기번, 해즐릿, 토머스 엘리엇, 에벌린 워, 조지 오웰의 작품일 것이다).

이런 언어는 길거리 언어와 매우 달랐다. 이러한 사실은 고대의 일상(세속) 라틴어로 남겨진 낙서나 현대 이탈리아어를 통해 확인할 수 있다. 언어의 발달 규칙에 근거해 현대 이탈리아어를 점점 더 과거로 거슬러올라가보면 우리가 궁극적으로 만나는 것은 고전기 라틴어가 아닌 세속 라틴어이다.

언어전쟁

고대에는 언어의 본성에 관해서 두 가지 학설이 대립했다. 두

학설 모두 그리스에 기원을 두고 있었다. 하나는 '유비類比' (analogia, '규칙성')를 고수하는 '알렉산드리아식' 입장이다. 이 학설은 언어는 관습이기 때문에 사용자는 반드시 관습적 규칙을 따라야 한다고 주장했다. 오로지 규칙적이고 논리적인 형태만 인정받을 수 있다는 것이었다. 혹시 언어에서 불규칙적인 형태가 나타나면 문법학자들이 나서서 이것을 규칙적인 형태로 바로잡아야 한다는 것이 이들의 주장이었다.

고대 세계의 '유비' 학설 계열에서 가장 성공적인 주창자들 중 한 명은 서기 2세기 문법학자 아폴로니오스 디스콜로스 ('디스콜로스Dyskolos'는 '불평꾼'이라는 뜻이다)였다. 아폴로니오스는 "이런 사안에서는 옳고 그름을 따질 수 없다면서, [언어] 현상은 전부 우연히 발생하고 상호 연관성이 없다고 상정하는 사람들"을 반대했다. 아폴로니오스는 (이를테면) 전통적인 철자법을 찬찬히 살펴보면 단어의 형성 및 철자의 이면에 역사적 근거가 있음을 누구든지 알 수 있다고 주장했다. 이러한 발생적 규칙들은 학습이 가능했다. 결론적으로 철자 오류를 발견해 수정하는 것은 분명히 가능한 일이었다. 만일 규칙이 없다면 우리는 그렇게 할 수 없었다. 언어의 모든 측면이 마찬가지였다. 언어 사용의 모든 전통을 살펴보면 언어는 규칙의 지배를 받으며 규칙을 적용할 수 있고, '옳은' 용법과 '틀린' 용법을 구분할 수 있음을 누구나 알 수 있다고 디스콜로스는 주장했다. 예외가 있다는 것 자체가 규칙의 존재를 증명했다. 그렇지 않다면 어떻게 그것을 예외라고 이야기할 수 있을까?

다른 학설은 스토아주의의 '변칙anômalia'('예외') 이론을 지지했다. 이 학설에 따르면 언어는 무릇 자연이 그렇듯 변덕스럽고 예측할 수 없었다. 하지만 언어는 일정한 표시 체계이므로 그 기저에는 사고의 표현과 연관된 체계가 숨어 있었다. 그러므로 그저 논리적 형식화라는 미명 아래 언어를 함부로 수정해서는 안 되었다. 오늘날의 우리에게도 여전히 익숙한 논쟁이다.

카이사르가 본 유비 이론

율리우스 카이사르는 기원전 50년 저작 『유비에 관하여de analogia』에서 글말의 순수성 논쟁에 직접 뛰어들었다. 카이사르는 갈리아에 주둔한 자신의 군대로 돌아가기 위해 알프스산맥을 넘는 동안 단어의 형태에 관한 두 권의 책을 집필했다. 카이사르는 '폼페이우스Pompeius' 같은 속격 단수형 단어들은 '폼페이이이Pompeiii'처럼 바뀌어야 한다고 주장했다. 추측컨대 호격 '폼페이Pompei'와 주격 복수형 '폼페이이Pompeii'와 구분하기 위한 것인 듯하다. 또한 '하레나harena'(모래)는 복수형으로 쓰면 안 되고, '콰드리가이quadrigae'(사두전차)는 단수형으로 써야 한다고 주장했다. 카이사르는 심지어 동사 '있다'(영어의 to be)의 현재분사 형태(영어의 being)로 'ens(ent~)'를 도입하자는 제안도 했다. 라틴어 '압숨absum'(영어로 I am absent)과 이 단어의 형용사 형태 '압센스absens(absent-)'(영어로 [being] absent)와 그리스어의 분사 형태 '온ôn(ont-)'(영어의 being)의 유비관계에 비추어 내린 결론이었다(영어의 ontology[존재론] 참조).

번역

번역도 논쟁거리였는데 특히 로마인들 사이에서 그랬다(애당초 그리스인은 그리스어를 모르는 사람들을 얕보았다). 어떤 의미에서 모든 로마 문화는 그리스 문화―의 '번역물'―에 대한 지적인 응답이었다(59쪽부터 참조). 기원전 1세기까지만 해도 루크레티우스는 교훈을 담은 시 『우주의 본성에 관하여De rerum natura』에서 그리스어가 우주의 본성에 대한 묘사를 잘 담아낸 만큼 라틴어도 충분히 그럴 수 있을지 우려를 표시하고 있다(물론 기우였다).

어떤 면에서 이것은 기술적인technical 문제였다. 앞에서 언급했듯이 라틴어 문법학자들은 그리스어를 기반으로 자체적으로 완전한 문법 용어 체계를 만들어냈다. 키케로도 같은 방법으로 라틴어 철학 용어를 만들었는데, 그리스어에서 많은 단어를 가져다가 라틴어로 그대로 음역하거나 직역했다. 그렇게 해서 생겨난 단어들은 다음과 같다.

- 그리스어 '에티코스êthikos'(윤리적인)는 라틴어로 '모랄리스moralis'가 되었고, 여기서 영어 '모럴스morals'가 유래되었다.
- 그리스어 '필란트로피아philanthrôpia'(인류애)는 라틴어로 '후마니타스humanitas'가 되었고, 여기서 영어 '휴머니티humanity'가 유래되었다.
- 그리스어 '에피스테메epistêmê'(지식)는 라틴어로 '스키엔티아scientia'가 되었고, 여기서 영어 '사이언스science'가 유래되었다.
- 그리스어 '호르메hormê'(에너지, 충동)는 라틴어로 '아페티투스appetitus'(아니미animi)가 되었고, 여기서 영어 '애피타이트appetite'가 유래되었다.
- 그리스어 '우시아ousia'(불변의 실재)는 라틴어로 '에센티아essentia'가 되었고, 여기서 영어 '에센스essence'가 유래되었다.
- 그리스어 '포이오테스poiotês'(됨됨이, 자질)는 라틴어로

'콸리타스qualitas'가 되었고, 여기서 영어 '퀄리티quality'가 유래되었다.

번역은 자기개발 수단이 되기도 했다. 교육자이자 작가인 쿠인틸리아누스는 키케로가 크세노폰과 플라톤의 저작을 번역한 사실을 지적하면서 글쓰기 능력을 향상시킬 훌륭한 방법으로 번역을 추천했다(『웅변술 교육*Institutio Oratoria*』X.v.2).

그러나 오늘날에도 여전히 논쟁거리인 더 광범위한 문제도 있었다. 과연 번역은 얼마나 직역이어야 할까? 호라티우스는 지나친 직역을 반대했고("맹종하는 번역자처럼 원문의 단어를 그대로 옮기지 않도록 노력하라", 『시학*Ars Poetica*』, 133), 성히에로니무스는 호라티우스를 인용하면서 "단어 대 단어가 아닌 의미 대 의미로 옮겨야 한다"(『서간집』, 57.5)고 주장했다. 훗날 이러한 입장에 영향을 받은 존 드라이든Dryden(영국의 시인이자 극작가이며 평론가－옮긴이)은 직역(단어 대 단어), 의역(의미 전달), 모방(현대화와 번안)을 구분하기도 했다.

라틴어 문법

기원전 2세기부터 그리스·로마 세계에서 다뤄진 이런 주제들은 아폴로니오스 디스콜로스, 도나투스, 프리스키아누스와 같은 후대 문법학자들이 활동할 수 있는 토대를 마련해주었다.

후대 문법학자들이 구축한 문법은 현재까지도 그 영향력이 대단하다. 특히 프리스키아누스는 오늘날 우리가 알고 있는 문장론을 고대에 최초로 체계적으로 다룬 인물로 유명하다. 도나투스와 프리스키아누스는 중세 서유럽에서 문법 및 라틴어 교습의 권위자가 되었고, 그들의 영향력은 오늘날까지도 전해지고 있다.

두 사람은 같은 문헌을 주로 인용했는데, 서기 1세기 해방 노예 렘미우스 팔라이몬이 만든 문헌으로 추정된다. 현재 부분적으로만 전해지고 있는 팔라이몬의 라틴어 문법책은 실제로 존재했음이 입증된 최초의 자료이다. 그러니 어서 모자를 벗어 팔라이몬에게 경의를 표하자. 하지만 인사는 이것으로 충분하다. 로마의 역사가 수에토니우스(서기 70년경 출생)는 팔라이몬에 대해 이렇게 전한다. "[팔라이몬은] 온갖 악덕으로 유명했으니 (…) 소년이나 청년의 교육을 절대 그에게 맡겨서는 안 되었다."

지루하고 고된 문법 공부

이 이야기에 이어서 이제는 고대의 문법 교육으로 넘어가보자. 문법 교육에도 고대에 이미 수립된 장구하고 찬란한 역사적 전통이 있다. 이 전통은 오늘날 파닉스Phonics(발음 중심 교육법—옮긴이)로 변형되었다. 읽기를 가르치는 체계적인 방법인 파닉스는 고대 초등교육의 중심이었다.

헬레니즘시대 그리스의 어린이는 알파벳을 처음 접할 때 4줄짜리 시구를 익혔다(그리스 비극의 대사처럼 약강 오보격iambic pentameter이다. 알파벳 문자는 이탤릭체로 되어 있다).

est'(영어의 there is) alpha, bêta, gamma, delta, epsilon t' ei te kai(t', tei, te kai＝영어의 and)

zêt', êta, thêt', iôta, kappa, lambda, mu,

nu, xei, to(영어의 the) ou, pei, rhô, to sigma, tau, to u,

paronta(영어의 being present) phei, te khei, te tôi(영어의 with) psei, eis(영어의 up to) to(영어의 the) ô[mega].

(*A*(알파), *B*(베타), *Γ*(감마), *Δ*(델타), *E*(엡실론) 그리고 *Z*(제타), *H*(에타), *θ*(세타), *I*(요타), *K*(카파), *Λ*(람다), *M*(뮤), *N*(뉴), *Ξ*(크시), *O*(오미크론), *Π*(파이), *P*(로), *Σ*(시그마), *T*(타우), *Υ*입(실론이)

Φ(피), *X*(키), *Ψ*(프시)와 함께 *Ω*오[메가]까지 있다)

로마 교사들은 알파벳 모양의 과자나 움직이는 나무 문자 등 다양한 교구를 개발해 아이들의 학습 의욕을 고취시켰다. 그리스의 부유한 변론가 헤로데스 아티쿠스(서기 101~177년경)는 머리가 둔한 아들에게 글자를 가르치기 위해 알파벳 문자로 이름을 지은 노예 24명을 동원하기도 했다.

　그다음에는 음절을 배웠다. 먼저 문자 두 개로 이루어진 음절을 순서대로 익혔는데, 예를 들면 *ba, be, bê, bi, bo, bu, bô, ga, ge, gê, gi, go, gu, gô*에서 *psa, pse*, (…) *psô*(그리스 문자 프시의 음은 [ps]이므로 2음절이다)까지이다. 각 음절을 발음하기 전에는 각 문자의 이름을 말했다(예를 들어 *bêta, alpha, ba*). 다음에는 문자 세 개로 이루어진 음절(*ban, ben, bên* 등)이 이어졌다.

　음절을 모두 익히면 그다음은 단어였다. 1음절짜리 단어로 시작해 2음절짜리 단어로 이어졌고, 발음이 특이한 단어들을 연습삼아 외웠다. 예를 들면 병명(으로 추정되는) 크낙스즈비 knaxzbi와 의학용어로 짐작되는 플레그모드롭스 phlegmodrôps 같은 것들이었다. 1821년 J. F. v. 에슈숄츠Eschscholtz의 이름을 따서 명명된 유명한 캘리포니아 식물 에슈숄치아Eschscholtzia(금영화)가 등장하는 영어 철자 시험을 떠올리는 독자들도 있을 것이다.

　음절과 단어를 철저히 익힌 아이들은 줄글을 읽는 것이 허락되었다. 앞쪽 문단의 단어들은 음절 단위로 분리되어 있었다. 그리스어도 라틴어처럼 단어 사이에 구두점이나 빈칸이 없었기 때문에 이것은 아이들에게 절대 쉬운 훈련이 아니었으며 많은 도움이 필요했다. 낭송, 노래, 구절 암송이 흔한 연습 방법이었다. 쓰기도 같은 순서로 배웠다. 당연히 로마인들도 이런 형태의 초등교육을 거의 전면적으로 채택했다. 글을 읽고 쓸 줄 아는 능력을 기르기 위한 첫 단계는 그렇게 실행되었다.

호감 가는 교사

고대 세계에서 교육은 무척 고된 일이었을 것 같다. 맞다. 교육자들이 몹시 깐깐했을 수는 있어도—실제로 많은 교사들이 그랬던 것 같다—그렇다고 그들의 이상이 높지 않았던 것은 아니다. 다음은 쿠인틸리아누스가 그린 좋은 교사의 상이다.

그가 가장 우선시하는 것은 학생들을 자기 자식처럼 대하는 것, 그리고 자신에게 자식을 맡긴 부모들 입장에서 생각하는 것이다. 교사는 스스로 악행을 저질러서는 안 되고, 다른 사람의 악행을 용인해서도 안 된다. 엄하거나 유머 감각이 없어서도 안 되지만 자기 하고 싶은 대로 지나치게 친근하게 굴어도 곤란하다. 전자는 미움을 사고, 후자는 경멸을 사기 때문이다. 대화를 나눌 때는 선하고 영예로운 것에 집중해야 한다. 건전한 조언이 많을수록 벌을 줄 일이 줄어든다. 화를 자주 내서는 안 되지만 교정이 필요한 때 그냥 지나치지 말아야 하고, 가르침이 명료하고 근면해야 하며, 학생들에게 단호해야 하나 그렇다고 으르대서는 안 된다. 학생의 질문에 기분좋게 답변하고, 말이 없는 학생에게는 질문을 던져야 한다. 과제[=암송]를 칭찬할 때는 마지못해 칭찬하는 듯한 태도나 과장된 태도 모두 좋지 않다. 전자는 공부를 싫어하게 만들며, 후자는 현재에 안주하게 만든다. 교정할 때 빈정대지 말 것이며 욕을 하는 것은 더더욱 안 된다. 마치 학생을 싫어하는 듯한 태도로 비난하는 교사는 학생의 공부 의욕을 꺾어버리기 마련이다. (…) 가르침을 제대로 받은 학생들은 교사를 사랑하고 존경한다. 우리가 좋아하는 사람을 기꺼이 닮으려고 한다는 것은 더할 나위 없는 진실이기 때문이다.

쿠인틸리아누스, 『웅변술 교육』, II.ii.5-8

학교에서 고등교육으로

그리스 교육은 기초 과정에서 다루는 범위가 넓었다. 3R(읽기reading, 쓰기writing, 연산arithmetic—옮긴이), 음악, 체육이 주를 이루었다. 고등교육에는 수사학, 철학, 의학, 과학, 수학이 포함되었다. 로마 교육은 이론적으로는 어문학—문법, 수사학, 변증법(논리학)—에서 수학—기하학, 연산, 천문학, 음악 이론—으로 이어졌지만, 실제로는 어문학이 주를 이루었다. 고대에 언어는 변화하는 살아 있는 유기체가 아니라 영원히 불변한다고 여겼다. 따라서 언어를 공부할 때는 마치 과학을 공부하듯 오래전에 죽은 저자들이 발견한 규칙을 익혀야 했다.

교육의 목적

고대인들은 앞에서 간략히 소개한 복잡한 언어 규칙을 세부적인 것까지 완벽히 통달하면 마침내 의사소통의 달인이 되고 이윽고 설득의 달인까지 될 수 있다고 생각했다. 왜일까? 전통적으로 고대 로마 세계의 젊은이들에게는 법조 및 정치 경력이 중요했고, 그런 그들에게 대중을 설득하는 연설의 기술을 쌓는 것은 권력으로 가는 유일한 길, 즉 성공의 '필수요소sine qua non'였기 때문이다.

이 기술을 갖추려면 그리스·로마의 문학과 역사에서 모범이 되는 작품('정전')을 완독하는 것 역시 중요했다. 이런 작품들은 오늘날을 사는 우리가 현대의 어려운 문제들을 감당해야 할 때도 참고할 수 있는 과거의 모범과 본보기를 제공한다. 또한 역사와 신화에 등장하는 가설적 사례를 바탕으로 토론을 벌이는 훈련은 고대 고등교육에서 가장 흥미진진한 부분이었다. 아가멤논은 자신의 함대를 트로이로 데려다주어 트로이전쟁을 일으킬 바람을 불게 하기 위해 꼭 자신의 딸을 희생물로 바쳐야 했을까? 소크라테스는 독배를 마셔야 했을까? 한니발은 칸나이전투에서 로마인들을 무찌른 후 로마로 곧장 진군해야 했을까? 키케로가 자신의 책을 모두 불태우는 것에 동의하면서까지 목숨을 구하려고 한 것은 옳은 일이었을까?

인민에게 권력을

설득의 기술은 사실 고대 그리스인이 먼저 강조했다. 어떤 사람들은 이 기술을 스스로 자연스럽게 터득했을지 모르지만 대부분의 사람들은 그렇지 않았다. 아마도 이런 이유에서 기원전 480년경 그리스인들은 수사학, 즉 대중을 설득하는 연설의 규칙을 형식화하기 시작했다. 이때는 아테네의 클레이스테네스가 민주정을 창시(제4장 참조)한 직후였다.

직접민주주의의 핵심은 민회에서 누구나 발언할 수 있는 기회를 가져야 한다는 것이다. 그런데 그 발언이 소심하고 서툴다면 어떻게 다른 사람들을 설득할 수 있을까? 자기 스스로가 소심하고 서툰 연설자라고 느낀다면 다른 모든 유창한 연설가들에 에워싸여 자기 의견을 피력할 마음이 애당초 들기나 할까? 하지만 설득 그 자체는 양날의 칼이다. 무릇 올바른 주장과 그릇된 주장이 있기 마련이지만 부도덕한 연설가는 자신이 가지고 있는 수사학 기술을 그릇된 대의를 위해 사용한다. 아리스토파네스는 기원전 423년 희극 『구름』에서 바로 이 문제를 다룬 바 있다. 극중에서 소크라테스는 잘못된 논증을 능란하게 펼치는 인물로 등장한다. 소크라테스가 알면 억울해할지도 모르지만 희극이 단 한 번이라도 공정했던 적이 있을까.

지금 우리가 여기서 이야기하고 있는 것은 규칙의 형식화임을 강조할 필요가 있다. 물론 그리스인들이 규칙을 잘 알고 있어서 수사에 능한 것은 아니었다. 『일리아스』와 『오디세이아』

(기원전 720~기원전 680년경)는 거의 절반이 신과 영웅 간의 대화로 이루어져 있고, 훗날 이 대화들은 수사학 교사들에게 설득력 있는 말하기의 모범으로 여겨졌다. 실제로 아킬레우스의 늙은 교사 포이닉스의 말처럼 영웅은 웅변가이자 실천가로 키워야 했다. 영웅은 전장에서뿐만 아니라 (의사결정이 이루어지는) 공공 토론장에서도 자신의 뜻을 관철시킬 수 있어야 했다.

하지만 우리가 아는 한 기원전 5세기 초 그리스인들은 최초로 자신의 주장을 관철시키는 방법인 수사학을 말로 설명하고 기술을 기교로 변형시키며, 이에 대한 안내서를 만들어 수사학을 배우고자 하는 사람이라면 누구나 읽을 수 있게 했다. 이렇듯 수사학과 민주주의의 발전은 나란히 이루어졌다.

절대적 가치?

겉으로 보기에는 아무 문제가 없어 보인다. 하지만 사실 이러한 활동 뒤에는 심각한 문제들이 숨어 있었다. 초기에 나온 어느 수사학 안내서는 일상적으로 발생하는 일들의 장단점을 논하는 방법을 알려준다.

병은 환자에게는 나쁘지만 의사에게는 좋은 것이다. 죽음은 망자에게는 나쁘지만 장의사나 비석을 만드는 석공에게는 좋은 일이다. 소출이 많으면 농부에게는 좋지만 곡물장수에게는 나쁘다. 배가 난파되면 선주에게는 나쁘지만 조선업자에게는 좋다. (…) (계속 이어진다).

확실히 성공적인 연설가라면 무엇이든 그럴싸해 보이게 이야기할 수 있어야 했다. 하지만 모든 것에 양면이 있다면 모든 것은 상대적인 것일까? 기원전 5세기의 사상가 프로타고라스의 금언 "인간은 만물의 척도이다. 즉 있는 사물에 관해서는 있다는 것의, 있지 않은 사물에 관해서는 있지 않다는 것의 척도이다"라는 선언으로 절대주의적 사고를 정면으로 공격했다. 이러한 사상적 충돌은 고대인들 사이에서 흔했던 양극적 사유로 나타났다. 말하자면 '노모스'(법, 풍습, 관습)와 '피시스physis'(자연, 현실) 간의 논쟁이었다. 신들은 정말로 존재할까? 아니면 그저 관습일 뿐일까? 진정한 선이 있을까, 아니면 그저 해석의 문제일까? 인종이 다양한 것은 자연적인 것일까, 아니면 그저 풍습의 문제일까?

플라톤은 상대주의적 사고를 단호히 반대했다. 이런 식의 주장은 수사학의 본질을 이루고 있는 듯했다. (플라톤이 보기에) 수사학의 목적은 이런 입장들로 곡예를 부리는 데 있었다. 진리를 규명하기 위해서가 아니라 공정하게든 반칙으로든 남들을 누르기 위해서였다. 수사학과 눈속임은 불가분의 관계를 맺고 있었다.

타당한 비판이기는 하지만 이것은 역으로 수사학을 배워야 하는 이유가 될 수도 있었다. 속임수에 넘어가지 않으려면 속임수를 알아야 한다. 심지어 수사학을 거세게 공격했던 플라톤마저도 나중에는 수사학은 목적을 이루기 위한 수단일 뿐이며, 중요한 것은 수사학을 사용하는 사람의 목적이 고귀한지의 여부라고 말한다(그러므로 플라톤의 관점에서는 당신이 철학자라면 수사학도 문제없다. 광고회사도 플라톤주의자를 고용했다면 플라톤의 진노를 피해갈 수 있으리라).

수사학과 관련한 윤리적 문제가 어떠했든 간에 대중을 설득하는 능력은 고대 교육에서 반드시 길러야 할 핵심적인 기술이었다. 호메로스의 영웅도 잘 알고 있었듯이 이것이야말로 정치 영역에서 부와 명예를 획득할 수 있는 방법이었기 때문이다. 그리스인들은 자신의 주장을 관철시킬 수 있는 수단을 세 가지로 구분했는데, 그것은 바로 무력, 속임수, 설득력이었다. 이중에서 오로지 마지막 수단만이 물리적 충돌이 없는 승리를 보장했다. 경쟁이 치열한 세계를 살던 고대인들은 이러한 승리를 절실히 소망했다. 민주주의의 참된 목적은 문제를 곤봉이 아닌 말로 평화롭게 해결하는 데 있었다.

아리스토텔레스의 마스터클래스

기원전 4세기 아리스토텔레스의 『수사학의 기술』은 이론과 실제 모두에서 결정적 저작이 되었다. 아리스토텔레스는 수사학이 논리, 문체, 감정이라는 세 가지의 대★ 주제 아래 논거를 제시하는 것이라고 주장했다. 달리 표현하면 성공적인 웅변가는 논증의 달인이고 심미적인 발언을 예민하게 알아채며, 인간의 성격에 대한 풍부한 이해를 갖춘 사람(사람들의 행동 뒤에 숨은 이유를 알아야 그들을 설득할 수 있으므로)이었다. 아리스토텔레스의 수사학 기술에서 핵심은 이 세 가지 주제별로 각각 최고의 설득 수단을 발견하는 것이었다.

그리스에서 로마로

하지만 효과는 즉각적으로 나타나지 않았다. 수사학은 민주정에서 융성할 수 있었다. 기원전 322년 마케도니아인들이 민주정을 파괴하자 수사학의 효과를 가장 크게 느낄 수 있는 정치와 법률을 논하는 광장이 자취를 감추었다. 이제 수사학은 부흥할 날을 위해 로마인들을 기다렸다. 그리스인들과 마찬가지로 로마인들에게도 성공에 이르는 열쇠는 공개적인 장소, 즉 원로원이나 배심원단, 인민 앞에서 자신의 주장을 관철시키는 능력이었다. 기원전 2세기 로마는 지중해에서 한창 세력을 키워가고 있었다(57쪽 참조). 장군, 정치인 등에게 권력에 걸린 판돈이 그만큼 컸던 적은 없었다.

따라서 로마인들은 예전에 그리스의 문학과 언어 이론을 가져올 때 그랬던 것처럼 그리스 수사학의 기존 모델을 적극적으로 받아들여 로마의 것으로 만들었다. 대大카토는 언제나처럼 이러한 흐름에 반대했다(63~64쪽 참조). 카토는 "주제에 충실하면 어휘는 저절로 따라온다rem tene, verba sequentur"고 외쳤다. 번지르르한 그리스 이론은 모두 잊으라는 말이었다. 하지만 카토의 말은 로마인들의 귀에 들리지 않았다. 일단 키케로만하더라도 지금까지 전해지는 그의 논문 중 6편이 수사학에 관한 것이다. 키케로의 저작으로 추정되는 논문들까지 합치면 총 8편이다. 쿠인틸리아누스의 방대한 저작 『웅변술 교육』과 타키투스의 『대화*Dialogus*』을 보면 수사학이 제국 시기에 어떻게 발전했는지 알 수 있다. 수사학은 로마 교육의 핵심을 차지하고 있었으므로 수사학적 기법으로부터 로마 문학이 깊은 영향을 받은 것은 전혀 놀라운 사실이 아니다.

오늘날의 이른바 '커뮤니케이션 기술'은 수사학을 일컫는 또 다른 표현에 지나지 않는다. 이 기교는 오늘날에도 크게 변하지 않았다. 변호사, 공보관, 광고주, 영업사원 등은 값비싼 커뮤니케이션 훈련 과정에 큰돈을 쏟아붓지만, 이런 과정은 고루한 수사학 용어를 들먹이며 최소 2000년도 더 된 규칙을 반복해 가르칠 뿐이다. 이런 수업이 수사학으로 풀지 못하는 문제에 어떤 도움을 주는 것도 아니다. 이 경이로운 소통의 기술을 활용해 당신이 소통하고 싶은 내용은 무엇인가? 애초에 당신에게 정말 소통할 만한 내용이 있는가? 캐나다의 철학자 마셜 매클루언 (미디어 수용자의 행동은 전달되는 내용보다 미디어 그 자체에 따라 결정된다고 주장한 문명비평가—옮긴이) 선생께는 죄송한 이야기이지만 미디어는 사실 메시지를 필요로 한다.

독학 라틴어(및 그리스어)

서기 1세기에서 4세기 사이 노예를 고용한 로마인 주인들이 쓰는 라틴어를 배우려는 그리스어 사용자들과 그리스어를 배우려는 로마인들을 돕기 위한 대화체 문장들이 제작되었다(이 두 언어 이외의 다른 언어는 '중요'하지 않았다). 이런 대화 예시문은 '로마 세계의 일상'을 다루는 교재 『케임브리지 라틴어 강좌*Cambridge Latin Course*』 스타일의 밝은 이야기들로 구성되어 있다. 『로브 클래시컬 라이브러리』에서처럼 단어 대 단어로 대조 번역이 제시되는데, 한쪽 세로열에는 그리스어가 반대쪽 세로열에는 라틴어가 한 줄에 한 단어에서 세 단어씩 쓰여 있다. 이러한 대화 예시문은 용어 해설, 문법 등이 포함된 두 개 언어 학습 종합 자료의 일부로 쓰였다. 베일에 싸인 그리스인 도시테오스(서기 4세기)가 이 자료의 제작에 관여한 것으로 알려져 있다.

라틴어를 배우는 그리스 학생들 중 다수는 변호사 지망생이었기 때문에 대화 예시에는 법정 장면—형사재판, 소송, 분쟁 해결, 노예해방 등—이 자주 나왔다. 등장인물들은 재판에서 놀라울 정도로 쉽게 승소하곤 하는데, 그리스인들이 정말 듣고 싫어하는 말이 무엇인지 로마인들이 그만큼 정확히 알고 있었다는 뜻이리라.

다른 주제도 많이 있는데, 주로 로마에서 잘 지낼 수 있는 방법을 알고 싶은 그리스인들에 관한 것들이다. 흔히 욕장, 저녁 파티, 은행, 옷가게 방문 에피소드 혹은 아이들 생활에 관한 묘사—아침에 일어나기, 등교하기(도착하면 머리를 단정히 정리하는 것 잊지 않기), 모범생이 되는 비결('집중해야 실력이 느는 법')—같은 것들이다.

오늘날의 유명 어학원 벌리츠Berlitz 스타일의 생활 회화집도 있었다. 잠시 자리를 비운 것을 변명하거나 해명할 때 사용할 수 있는 표현, 유용한 비속어(플라우투스 희곡에서 막 튀어나온 듯한 표현들로 "감히 나한테 욕을 해, 이 악당아? 십자가형이나 당해라!Maledicis me, malum caput? Crucifigaris!"), 트로이 전쟁이나 아이소포스(영어식 표기는 이솝—옮긴이) 우화, 『아이네이스』의 이야기나 서간문의 모범 예시 등을 찾아볼 수 있다. 문법 부분에서는 격 변화표, 동사의 활용, 어형 변화의 예가 있다. 용어 해설에는 동음이의어와 희생제나 오락과 관련된 어휘가 적혀 있다. 심지어 라틴어를 처음 배우는 초급자를 위해 라틴어 발음을 그리스어로 음역한 텍스트도 있었다(예로는 라틴어 'equites'[기사]를 그리스어로 음역해 'ekoueitês'로 적었다).

여기 엘리너 디키Eleanor Dickey의 훌륭한 어학 교재 『고대인처럼 배우는 라틴어Learning Latin the Ancient Way』(케임브리지,

2016)에서 발췌한 예문이 있다. 뜻풀이가 그리스어로 되어 있
다고 상상해보자. 노예에게 지시하는 표현들이 대화 속에 등장
한다.

라틴어	영어	한국어
"Deferte sabana	"Take the towels down	"수건을 가져오너라,
ad balneum,	to the bath,	욕장으로
strigilem,	the strigil,	때밀이*,
faciale,	the face-cloth,	얼굴 닦는 수건,
pedale	foot-cloth	발 닦는 수건,
ampulam,	flask (of oil),	(기름이 든) 목이 기다란 유리병,
aphronitrum.	soap.	비누[도 같이 가져오너라].
antecedite,	Go ahead (of us),	(우리보다) 먼저 가서
occupate locum."	get a place."	자리를 잡아라."
"Ubi iubes?	"Where do you direct (it to be)?	"어디에서 말씀이십니까?
ad thermas	At the public baths,	공공욕장에서[입니까],
aut in privato?"	or in a privately owned one?"	아니면 개인 소유 욕장에서[입니까]?"
'Ubi iubetis.'	"Wherever you order."	"어디든 분부만 내려주십시오."
'Antecedite tantum;	"Just go ahead;	"일단 먼저 가라.
vobis dico,	I'm talking to you,	너희들에게 하는 말이다.
qui hic estis.'	the ones who are here."	여기 있는 너희."
"Calida fiat nobis;	"Let there be hot water for us;	"우리를 위해 더운물을 준비해라.
quando imus,	When we come	우리가 도착했을 때
narrabo tibi.	I shall tell you.	너에게 말할 테니.
surge, eamus."	Get up, let's go."	일어나라, 가자."
"Hinc vis per porticum,	"Do you want (to go) from here through	"주랑을 통해 가시겠습니까,
propter lumen?	The portico on account of the light?	[거기는] 불빛이 있으니까요?
Numquid vis venire	Do you perhaps want to come	혹시 들르고 싶지 않으신가요,
ad secessum?"	to the toilet?"	뒷간에?"
"Bene me admonuisti,	"You reminded me well;	"내게 잘 상기시켜주었구나,
venter me cogit.	my belly compels me (to go).	뱃속이 불편하니(들러야겠구나).
eamus iam."	Let's go now."	이제 가자."
"Exspolia te."	"Take off your clothes."	"네 옷을 벗어라."
"Discalcia me,	"Take off my shoes,	"내 신발을 벗겨라.
compone vestimenta,	put the clothes together,	옷가지를 잘 모아서,
cooperi, serva bene;	cover (them), watch (them) well;	덮어두고, 잘 지켜보아라.
ne obdormias,	don't doze off,	졸지 마라,
propter fures."	on account of the thieves."	도둑이 있을지 모르니."

라틴어	영어	한국어
propter fures."	on account of the thieves."	도둑이 있을지 모르니."
"Rape nobis pilam;	"Grab a ball for us;	"우리한테서 공을 뺏어보아라,
ludamus in sphaeristerio."	let's play in the ball-court."	공놀이 장에서 놀자꾸나."
"Exerceri volo	"I want to practice	"운동을 하고 싶구나,
in ceromate.	on the wrestling-ground.	레슬링 장에서.
veni, luctemus	Come, let's wrestle	와라, 레슬링을 하자
post tempus	after a while	이따가
uno momento."	for a moment."	잠깐."
"Non scio, si possum	"I don't know if I can;	"제가 할 수 있을지 모르겠습니다.
olim enim cessavi	for a long time ago I stopped	안 한 지가 오래되서요,
luctare."	wrestling."	레슬링은."

* 고대에 사용한 때를 미는 금속재 기구

[ ] 안은 옮긴이의 설명

이런 식이다. 그리스어를 알고 있는 독자는 아래 음역된 텍스트를 보고 예전의 기억을 떠올릴지도 모르겠다.

Σ ομνης   시 옴네스 (혹시 모두들)

βιβεριντ   비베린트, (술을 다 마셨으면)

τεργε   테르게 (닦으세요)

μενσαμ   멘삼 (탁자를)

제10장

스토아주의와 에피쿠로스주의

로마시대 이래로 과학적 사고를 포함한 인간의 사유에 지대한 영향을 미치게 될 두 가지 철학 사상이 기원전 4세기 후반과 기원전 3세기 아테네에서 발달했다.

스토아주의는 기원전 313년 키프로스 출신의 그리스인 제논이 아테네로 건너와 창시했다. 제논이 강연한 장소가 바로 '스토아stoa'(기다란 주랑)였던 것에서 그 이름이 유래했다.

에피쿠로스주의는 그리스인 에피쿠로스가 창시했다. 사모스 섬에서 태어난 에피쿠로스는 기원전 306년 아테네에 정원이 딸린 집을 구입했고, 이후 이 정원은 에피쿠로스주의의 근거지가 되었다(고대 작가들이 '정원'에 관해 이야기할 때 그들이 지칭했던 것은 이 에피쿠로스철학이었다).

이 두 철학 사조는 대다수 고대 철학과 세 가지 공통점이 있었다.

- 첫째, 철학자들은 가설을 수립하고 그것으로부터 연역해 낼 수 있는 것이 무엇인지 보았다. 가설이나 가설로부터 이끌어낸 결론을 실험으로 검증한다는 개념은 아직 없었다(제11장 참조).
- 둘째, 윤리를 다루었다. 좋은 삶이 무엇인지, 어떻게 해야 좋은 삶을 영위할 수 있는지를 추종자들에게 실질적으로 보여주는 것을 목표로 삼았다.
- 셋째, 전체론적이었다. 말하자면 좋은 삶을 영위할 수 있는 방법에 대한 견해를 우주의 물질적 구조에 대한 견해로부터 이끌어냈다. 물론 고대인들은 물리적 세계의 실제 구성에 관해서는 알지 못했다. 주창자들의 수만큼이나 많은 이론이 있었다. 따라서 그들은 자신들의 윤리적 가르침을 뒷받침할 수 있는 물리적 세계의 개념들을 신중히 선택했다.

초기 그리스의 스토아주의 저작은 오늘날 거의 남아 있지 않다. 따라서 우리는 후대의 작가들, 특히 철학자이면서 정치가였던 키케로, 네로의 조언자 세네카, 그리스 철학자 에픽테토스, 마르쿠스 아우렐리우스황제 같은 로마인들에게 의지해 스토아철학의 자세한 내용을 구성해야 한다. 서기 3세기 고대 철학자들의 전기작가 디오게네스 라에르티오스의 기록 덕분에 에피쿠로스의 유언장, 서한 3통, 그리고 금언 40개 모음집이 전해진다(그는 스토아주의에 관해서도 많은 기록을 남겼다). 위대한 로마의 시인 루크레티우스는 에피쿠로스주의 사료의 주요 출처이다. 루크레티우스가 『우주의 본성에 관하여』를 쓴 것은 로마인들에게 에피쿠로스의 가르침을 설파하기 위해서였다.

스토아주의자의 우주

스토아주의자에게 모든 실재는 물질적이었다. 우주는 능동적인 법칙, 즉 신의 결과였고 신은 수동적인 사물에 영향을 주었다. 여기서 신은 사물과 마찬가지로 물질적이었다. 스토아주의자는 이 신을 '프네우마pneuma'(숨, 정신), 즉 천상의 불로 여겼다. 말하자면 불 같은 공기와 비슷한 것이었다. 신은 온 우주에서 사물과 뒤섞였다(워즈워스의 「틴턴 수도원」이라는 시를 보자. "훨씬 더 깊숙이 스며 있는 어떤 것의 숭고한 감각, (…) 모든 사유하는 것들과 모든 사유의 모든 대상을 추진시키고, 만물을 관통해 나아가는 하나의 운동과 하나의 정신"). 그렇다면 어떤 의미에서는 우주가 신이고 신이 우주였다. 이 사상에 깔린 논리는 다음과 비슷하다.

1. 당신은 죽으면 숨쉬기를 멈춘다. 따라서 숨은 생명에 본질적이다. 그러므로 숨은 반드시 신체의 모든 부분에 도달해야 한다.
2. 숨이 생명의 원리라면 그리고 생명의 근원이 신이라면, 신은 특별한 종류의 생명의 원리임에 틀림없다.
3. 불은 천상(태양)과 관련이 있다. 따라서 신은 천상의 불 같은 숨이다.

앞에서 에페소스의 철학자 헤라클레이토스도 이미 영혼과 불을 연결한 바 있었다. 이제 스토아주의자들은 신으로 가득찬 우주에 어째서 악이 존재하는가라는 난제를 해명해야만 했다.

영혼에 깃든 신성한 이성……

고대인들은 인간이 염원할 수 있는 최고의 능력을 이성reason(로고스logos)이라고 믿었다. 따라서 신은 반드시 이성적이어야 했다. 신은 우주 어디에나 존재했으므로 우주 역시 이성적이어야 했다. 그런데 신은 온 우주에 다양한 방식으로 존재했다. 가장 중요하게는 우리의 영혼에도 신이 존재했으므로 우리 영혼은 우리가 신의 영혼, 즉 신의 프네우마와 공유하는 부분이었다. 다시 말하면 우리의 영혼은 우리 안에 깃든 신성이었다. 그런데 인간에게는 이성의 힘이 있으므로 삶의 목적은 최고의 능력인 이성을 활용해 우리 영혼을 최대한 신성에 가깝게 하는 것이어야 했다. 이것만이 인간에게 진정한 행복을 보장했다.

⋯⋯하지만 비이성적인 인간

이는 심각한 문제를 일으켰다. 과거에 플라톤은 영혼에 비이성적인 요소가 있다고 상정하고 행동을 설명했으며, 존재한다는 것은 우리 안의 이성과 비이성의 끝없는 싸움이라고 생각했다. 아리스토텔레스나 에피쿠로스 같은 철학자들은 플라톤의 이러한 견해에 동의했다.

그런데 만일 스토아주의자들의 주장대로 우리의 영혼이 우리 안에 있는 '신성한 프네우마'라면 그 안에는 비이성적 요소가 있어서는 안 된다. 그렇다면 우리가 이성적이지 않을 때가 있다는 사실을 어떻게 설명해야 할까? 스토아주의자들의 대답은 이성 그 자체가 왜곡될 수 있다는 것이었다. 그들은 이것을 걷는 사람과 뛰는 사람의 비유로 설명했다. 걷는 사람이나 뛰는 사람 모두 각자의 이성에 따라 행동한 것이다. 두 사람 사이에 차이점이 있다면 걷는 사람은 자신의 움직임을 완벽하게 통제할 수 있다는 것이다. 걷는 사람은 자신의 의지에 따라 멈출 수도 있고 방향을 바꿀 수도 있으며 뒤돌아설 수도 있다. 하지만 뛰는 사람은 같은 일을 그저 빨리 할 뿐인데도 걷는 사람과 같은 통제력이 없다. 말하자면 이성은 건강한 상태와 불건강한 상태 사이에서 다양한 모습을 띨 수 있었다. 우리가 불건강한 판단을 내릴 수 있는 것은 이와 같은 이유에서이다.

우리의 행동은 '우리에게 달려 있다'

그러니까 이를테면 내가 어떤 유혹을 느껴 도둑질을 했다면 그것은 우리의 통제력을 넘어서는 욕망이나 욕구의 문제가 아니다. (가령) 내가 훔친 이 초코바는 내가 소유할 만한 가치가 있는 물건이라고 나 스스로 판단을 내린 것이다. 이 초코바는 내가 이것을 공짜로 갖고자 하는 데 수반되는 위험을 마땅히 감수해야 할 정도로 가치 있는 물건이라고 나 스스로 판단을 내린 것이다. 그래서 나는 그것을 손에 넣기 위해 단계적 행동을 취했다. 하지만 나에게는 각 단계마다 다른 결정을 내릴 힘이 있었다.

다시 말해서 욕망이나 분노와 같은 감정적인 반응은 그저 나쁜 결정에 불과했다. 우리가 더 이성적이라면 우리는 감정에 굴복하지 않을 것이다. 결론적으로 우리 삶에 대한 책임은 우리 자신에게 있었다. 우리가 어떤 결정을 내릴지는 전적으로 '우리 자신에게 달려 있었다.' 신성한 자연세계와의 조화로운 삶을 선택해 이성적으로 행복하게 살 수도 있고, 그 반대를 선택할 수도 있었다. 다시 말하면 우리는 스스로 행복한지, 제대로 작동하는 쓸모 있는 인간인지 끊임없이 성찰하는 자기 점검 속에서 살아야 했다.

이렇게 표현해보자. 스토아주의자들의 입장은 우리가 (원칙적으로) 전적으로 우리 뜻대로 할 수 있는 것은 단 한 가지뿐이며, 그것은 바로 우리 자신의 머릿속에서 벌어지는 일이라는 것이었다. 그러므로 행복해지고 싶다면 당신의 머릿속 생각을 생산적이고 쓸모 있는 방식으로 통제하라. "너 자신을 알라"라는 금언은 스토아철학에서 그 어느 때보다 큰 의미를 가졌다.

자유의지의 문제

그런데 또다른 문제들이 있었다. 신은 우주에 스며든 프네우마이므로 만물을 통제해야 했다. 신의 법칙은 신성을 지니며 예외가 있을 수 없으므로 신의 의지는 언제나 실현되어야 했다. 따라서 우리네 삶은 '운명', 즉 섭리가 지배했다. 스토아철학은 목적론적이었다. 삶에는 목적이 있었다. 이것은 결정론적 세계로, 우리는 이 세계의 철통같은 손아귀에서 절대 벗어날 수 없었다. 그런데 이것이 정말로 옳다면 어떻게 인간의 행동이 자유로울 수 있으며, 어떻게 모든 것이 '우리 자신에게 달린' 우리의 책임일 수 있을까?

스토아주의자들은 걷는 사람과 뛰는 사람의 예처럼 이 문제를 해결할 때도 비유에 의존했다. 그리스의 스토아주의자 크리시포스는 이렇게 말했다. 당신이 언덕에서 원통 형태의 돌을 밑으로 던진다고 상상해보라. 이때 이 돌이 움직이게 된 원인은 당신이다. 그런데 언덕에 떨어진 돌은 스스로 아래로 구르기 시작한다. 이때 아래로 구르는 움직임의 원인은 당신이 아니다. 돌이 아래로 구르게 된 것은 원통 형태인 돌이 그러한 역량을 지니고 있었기 때문이다. 마찬가지로 운명은 우리를 움직이게 하지만, 우리 자신의 정신과 행동의 순간적 충동을 지배하는 것은 우리가 가지고 있는 정신의 '형태'이다.

다른 비유에서는 긴 줄로 수레에 묶인 개가 나온다. 이 개는 A지점에서 B지점으로 수레와 함께 이동할 운명(목적)에 처해 있었다. 그런데 이 개는 이성에 조화롭게 기꺼이 이동할 수도 있고, 아니면 이성에 저항하며 꿈틀대고 몸부림치며 괴로운 시간을 보낼 수도 있다. 선택은 개에게 달려 있었다.

행복과 윤리

그렇다면 행복은 이성/운명/섭리/신과 조화를 이루어 삶을 이성적으로 사는 데 있었다. 그런데 '이성적' 삶이란 무엇을 뜻할까? 간단히 말해서 그것은 윤리적 삶이었다.

그리스어 '에토스êthos'는 '인격character'을 의미했다. 그리스 철학자들에게 행복은 올바른 행동을 하는지의 여부가 아니라 올바른 사람이 되는지의 여부에 달려 있었다. 당신을 진정으로 행복하게 만들어주는 것은 오로지 올바른 사람이 되는 것뿐이었다. 스토아주의자에게 이것은 덕 있음 또는 선함을 의미했다. 덕이 있어야 자연에 따라 이성적으로 최선의 삶을 살 수 있었다.

그런데 덕은 무엇에 달려 있을까? 스토아주의자에게 덕은 '오이케이오시스oikeiôsis', 즉 전유appropriation(어떤 것을 자기 것으로 삼음)에 달려 있었다(반대말은 '소외alienation'가 될 것이다). 여기 깔린 논리는 다음과 같다. 사람은 자라면서 '저기 바깥에' 사물들이 있는 것을 보게 된다. 이중 어떤 것은 내가 추구함이 자연스럽고 이롭지만, 어떤 것은 내가 피함이 자연스럽고 이롭다. 그러므로 덕이란 이 같은 관찰로 얻은 지식을 자기 것으로 삼을 수 있게 성장해 다양한 외부 사물들 사이에서 올바른 선택을 하는 것이었다.

유일한 궁극적 목표는 절대적인 선이었다. 인간의 존재에 '선'으로 보이는 건강, 재산, 지위 등 다른 것들은 '무관심한 사물'이어야 했다. 아니면 최소한 그렇게 되도록 노력해야 했다(고대인들은 대체로 지위와 결과를 중요하게 생각했으므로 이는 받아들이기 매우 어려운 것이었다). 누군가는 어느 '선'(예를 들어 건강)을 다른 것에 비해 선호할 수 있지만('무관심한 사물들 중 선호되는 것') 그렇다고 결코 건강 그 자체를 위해 건강을 추구해서는 안 되었다.

어려운 요구인가? 맞다. 하지만 자신이 선택한 목표를 정말로 실현했는지의 여부는 중요하지 않았다. 올바르게 선택하는 것이 핵심이었다. 키케로는 이것을 창병이나 궁수의 이미지에 비유했다. 과녁에 명중시키는 것을 목표로 삼는 것은 중요했다. 그렇지만 만일 정말로 과녁에 명중시켰다고 해도 그것은 더불어 따라오는 부상副賞에 지나지 않았다. 과녁에 명중시키지 못해도 상관없다. 중요한 것은 당신이 목표로 삼은 것이 올바르다는 사실, 그 자체였다.

스토아주의자들은 이 논리에서 여러 신념을 이끌어냈는데 때로는 자살이 올바른 선택일 수도 있다는 것도 그중 하나였다.

사정을 헤아리다

이는 지나치게 이성적이고 계산적으로 들릴 수 있다. 예를 들어 어느 스토아주의자가 불이 난 집에서 아이를 구출한다고 하자. 이 스토아주의자가 아이를 구하는 것은 그 아이를 위해서가 아니다. 다만 그렇게 하는 것이 덕 있는 행동이기 때문이다. 설사 구출에 실패한다고 해도 그는 아무 가책도 느끼지 않을 것이다. 첫째, 그는 올바른 행동을 했다. 어찌 이를 두고 가책을 느끼겠는가? 둘째, 죽음은 이 세상의 숱한 것들 중 하나일 뿐으로, 그 자체로는 좋지도 나쁘지도 않다. 셋째, 어떻든 이 모든 것은 운명에 따라 이루어졌을 것이다.

하지만 이 스토아주의자의 사정을 헤아리자면 그는 다른 평범한 사람이 그 같은 상황에 처했을 때 할 법한 행동과 다를 바 없는 행동을 했다고 지적하는 것이 공정하다. 아무튼 그가 남들과 다른 점은 그저 내면의 정신 상태일 뿐이지 않은가. 이것은 분명 타인이 간섭할 영역이 아니다. 게다가 이 스토아주의자가 반드시 타인의 죽음을 연민하지 않으리라는 법도 없다. 연민 역시 그가 선택할 수 있는 반응 중 하나이기 때문이다.

세계적 관점

만물에 신/프네우마가 편재한다는 스토아주의의 믿음은 한 가지 매우 중요한 결과를 낳았다. 앞에서 보았듯이 스토아주의자는 덕을 실천함으로써, 다시 말해서 외부의 선 중 올바른 것을 선택함으로써 오로지 자신의 행복을 얻는 데만 관심 있는 냉정하고 비사회적인 동물처럼 비칠 수 있다.

하지만 스토아주의자는 신성한 섭리의 보편성을 믿었다. 자기 자식, 가족, 친구만을 이롭게 하려는 인간의 본능적 소망은 자연스럽게 인류를 이롭게 하려는 더 큰 소망으로 발전한다고 생각했다. 이는 세계시민과 만민법 개념의 단초였다. 키케로는 다음과 같이 주장했다.

무엇보다도 세계는 신과 인간을 위해 만들어졌으며, 세계에 있는 모든 것은 인간이 누리도록 마련되고 창안되었다. 세계는 신과 인간 둘 다를 위한 공동의 집 또는 도시이기 때문이며, 오로지 이성을 사용하는 자만이 법과 정의에 따라 살기 때문이다.

키케로, 『신들의 본성에 관하여』, 2.154

노예론

세계가 한 가족이라는 생각, 그리고 이러한 세계 가족의 행복을 증진시키는 것은 만인의 의무라는 생각은 그리스철학에서 발견되는 모든 사상을 초월한다. 예를 들어 스토아학파의 가르침에 따르면 노예들을 잘 대하는 것이 의무였다. 인간인 노예 역시 신성한 프네우마를 공유했기 때문이다.

하지만 이것은 노예가 해방되어야 한다는 결론으로 이어지지 않았다. 스토아주의 관점에서는 그럴 필요가 없었다. 비록 노예의 육신은 속박되었을지언정 정신은 자유롭기 때문이었다. 따라서 노예도 다른 사람들처럼 삶에서 마주칠 수 있는 외부의 선 중에서 덕 있는 선택을 할 수 있는 위치에 있었다.

스토아주의는 사회정책으로는 그다지 좋은 인상을 주지 않을지도 모른다. 하지만 미국 해군중장 제임스 스톡데일은 1965년부터 1973년까지 베트남에서 전쟁포로로 잡혀 있으면서 내면의 힘을 지키고자 개인적 신조로 택한 스토아철학에서 큰 위안을 얻었다. 스톡데일은 스토아철학의 도움에 힘입어 삶의 외적인 조건—지위, 신체, 재산, 평판 등—을 스토아주의적 무관심으로 대할 수 있었다. 하지만 내면의 도덕적 목적과 의지력에서만큼은 절대로 타협하지 않았다.

범세계주의

결과적으로 스토아주의자들은 공적인 삶과 정치에서 자신의 역할을 다했다(부자 시인이면서 극작가였고 네로황제 재위 초기에 그의 조언자였던 소小세네카가 좋은 예이다). 로마인들은 세력의 확장에 맞추어 시민권의 적용 범위를 점차 넓혀갔고, 마침내 서기 3세기 카라칼라황제 치하에서는 모든 자유인에게 시민권을 부여했다. 이것은 단순한 우연의 결과가 아니었다. 이전과 달리 시민권에 투표권과 세금 면제 혜택은 부여되지 않았지만, 로마인의 법률적 사고 덕분에 '만민법ius gentium'이 현실화된 것은 분명한 사실이다.

에피쿠로스와 죽음에 대한 두려움

에피쿠로스가 보기에 인간을 가장 괴롭히는 집착은 죽음에 대한 두려움이었다. 우리는 이 괴로움으로부터 벗어나기 위해 여러 가지—권력, 명성, 명예, 영광, 평판—에 마음을 쏟았다. 그렇게 삶은 지옥이 되었다. 따라서 에피쿠로스는 세계의 본질을 연구해 인간을 나약하게 만드는 이 두려움을 제거할 수 있는 근거를 찾았다. 그에게는 두 가지 목표가 있었다.

- 첫째, 신들은 우리에게 관심이 없으며 자연이나 우리를 통제하지 않음을 보여주려고 했다.
- 둘째, 죽으면 삶은 끝나기 때문에 우리는 사후세계를 두려워할 이유가 없음을 보여주려고 했다.

이렇게 하면 우리의 행복을 가로막는 중요한 장애물은 제거될 수 있었다.

원자론 그리고 변화의 문제

에피쿠로스는 물질의 원자론을 근거로 자신의 논지를 입증했다. 원자론은 5세기 아테네의 철학자 데모크리토스가 '변화'라는 철학적 문제를 다루기 위해 만든 이론이다. 이것은 아주 오래전부터 풀리지 않는 문제였다. 고대인들은 모든 사물의 이면에 숨은 단 하나의 근본 원소가 있다고 추정했다. 탈레스는 이 근본 원소를 물이라고 생각했고(물은 고체도 액체도 기체도 될 수 있었다), 헤라클레이토스는 불이라고 생각했다. 그런데 여기에는 문제가 있었다. 이 근본 원소가 어떻게 해서 우리를 에워싼 이 세계—나무, 육신, 돌—로 바뀌는 것일까?

알렉산드리아 같은 지역을 제외하면(54쪽부터 참조) 연구 및 조사는 국가로부터 지원금을 받는 활동이 아니었다. 자력으로 생활할 수 있는 수단을 가진 사람들 또는 의사나 교사 같은 전문가들만이 연구 및 조사 활동을 할 수 있었다. 플라톤의 '아카데메이아'나 아리스토텔레스의 '리케이온'은 학생들이 내는 수업료로 운영되는 사립 교육연구원이었다.

철학자 파르메니데스의 등장으로 이 문제는 완전히 새로운 국면을 맞이했다. 거칠게 표현하면 파르메니데스에게 만약에 어떤 것이 있으면 그것은 있는 것이었다. 그것이 별안간 없거나 다른 어떤 것일 수는 없었다. 그러므로 나무는 나무였다. 나무는 나무가 아닌 것일 수 없었다. 따라서 변화는 불가능했다. 하지만 파르메니데스가 보아도 이것은 말이 되지 않았다. 나무에 불을 붙이면 나무는 나무가 아닌 것이 되었다. 나무는 변했다. 파르메니데스가 주변을 둘러보아도 실제로 온 세상이 항상 변하고 있음을 볼 수 있었다. 하지만 파르메니데스가 변화는 불가능하다는 사실을 이미 증명했기 때문에 이것이 옳을 리는 없었다. 그러다 돌연 해결책이 그의 뇌리를 스치고 지나갔다. 분명 우리의 감각이 우리를 속이고 있었다.

파르메니데스의 문제를 보는 (여러 관점들 중) 하나는 이것은 본질적으로 언어의 문제, 즉 영어 'is'라는 단어의 의미를 어떻게 정의하느냐의 문제라는 것이다.* is는 존재를 나타내는 말이 될 수도 있고('X가 존재한다'), 무언가를 설명/서술하는 말이 될 수도 있었다('X는 어떤 것이거나 다른 것이다'). 따라서 '여기 나무가 있고(is) 이것은 미래에 비非나무일 것이다(will be)'라고 말하는 데 아무런 문제가 없었다. is를 어떤 한 용법에서 그냥 다른 용법으로 바꾸어 사용했던 것이다. 그리스의 철학자들은 '언어와 세계의 관계'라는 문제를 이해하기까지 오랜 시간이 걸렸다(파르메니데스는 이 점에서 중요한 개척자라고 할 수 있다).
*(그리스어와 라틴어에도 영어의 be동사처럼 '있다'와 '이다' 둘 다를 의미하는 동사가 있다—옮긴이)

그리스 철학자들은 이 결론에 굉장히 놀랐지만 뾰족한 다른 해결책이 보이지 않았다. 그래서 데모크리토스와 레우키포스는 원자론을 창안해 대응했다. 두 사람은 감각세계에서 무슨 일이 벌어지든 감각-지각 수준 아래에서는 사실 아무 변화도 일어나지 않고 있다고 주장했다. 그 이유는 바로 세계는 우리 눈으로는 볼 수 없지만 절대 변하지 않는 물질인 원자atom(문자 그대로 '쪼갤 수 없는 물질')로 이루어져 있었기 때문이다. 세계가 이처럼 다양성을 품고 있는 것은 이 변하지 않는 원자들이 다양한 방식으로 조합됨으로써 세계가 만들어지기 때문이었다.

원자 세계

그리하여 에피쿠로스는 세상은 프네우마가 아니라 더이상 쪼갤 수 없는 원자와 빈 공간void으로 이루어져 있다고 주장했다. 이 원자들은 일정한 속도로 빈 공간을 통과해 아래쪽으로 이동하지만 이따금은 예측 불가능한 방식으로 방향을 바꾸었다. 그렇게 해서 다른 원자와 충돌했고 그러다 덩어리를 형성했는데 이 덩어리가 물질이었다. 에피쿠로스는 만물이 이 원자들로 이루어져 있다고 주장했다. 인간, 인간의 영혼, 심지어 신들까지도.

이로써 에피쿠로스는 우리와 우리의 영혼은 오로지 원자이기 때문에 죽으면 우리와 우리의 영혼은 분해되어 저 하늘의 거대한 원자 웅덩이로 되돌아갔다고 주장할 수 있었다. 그러므로 사후의 삶이란 없었고, 죽음이 두려울 이유도 없었다. 영혼에 대해 에피쿠로스는 영혼 같은 것이 있다는 것에는 동의했지만, 신이나 이성과는 관련이 없다고 믿었다. 영혼은 단순히 신체에서 정신으로 감각을 전달하고, 정신에서 신체로 충동을 전달할 뿐이었다(이를테면 움직이고 싶은 충동을 팔다리에 전달했다).

> 에피쿠로스의 우주는 무한해야 했다. 그렇지 않으면 원자들이 모두 어딘가에 무더기로 쌓여 있을 것이다. 우주가 무한하다면 무한한 수의 다른 세계—과거, 현재, 미래—가 있어야 했다. 영혼의 필멸성에 관해 루크레티우스가 펼친 29가지 논증을 보려면 『우주의 본성에 관하여』, 3.417를 참조하자.

무관심한 신

이제 에피쿠로스가 풀어야 할 다음 문제는 과연 신이 우리에게 관심이 있는가였다. 에피쿠로스는 다음과 같이 주장했다(또는 후대의 제자인 기원전 1세기 루크레티우스의 주장일 수도 있다). 신이 우리에게 관심이 없다는 것은 세계가 결함으로 가득하다는 사실—험준한 바위, 늪지, 바다, 타는 듯한 무더위, 얼 듯한 추위, 감사나운 땅, 산짐승, 질병, 죽음—로 입증된다. 인간이 신들을 숭배하는 이유는 꿈에서 영원히 죽지 않는 강력한 존재의 환영을 보았거나(최소 이것은 신들의 존재를 입증했다), 천상의 현상이나 지진 같은 자연재해를 설명할 수 있는 방법이 필요해서였다. 루크레티우스는 다음과 같이 이야기했다.

인간이라는 가련한 종種이여, 이 같은 행위와 이 같은 분노를 신들의 탓으로 돌리는구나! 신들은 그들 스스로에게 얼마나 큰 슬픔을 안겨주었고, 우리에게는 얼마나 큰 상처를 주었으며, 우리 자식들에게서는 얼마나 많은 눈물을 뽑아냈는지! 머리에 베일을 쓰고 돌을 바라보고 서는 것이나 온갖 제단을 찾아가는 것이나 땅바닥에 몸을 납작 엎드리는 것이나 신들을 모시는 사당 앞에서 손을 뻗는 것이나 제단에 짐승의 피를 뿌리고 기도하고 또 기도하는 것은 독실함이 아니다. 그보다는 평온한 마음으로 모든 것을 고요히 명상할 수 있음이 진정한 독실함이다.

루크레티우스,『우주의 본성에 관하여』, 5.1194-203

게다가 신들은 정말 신이라면 더할 나위 없이 행복해야 했다. 그런데 신들이 정녕 행복하다면 어째서 우리에게 관심을 가지며, 애당초 어째서 세계를 창조하고 싶었겠는가? 결론은 세계는 애초에 신들이 창조한 것일 수 없다는 것이다. 원자로부터 우연히 생겨난 모든 것이 필연적이듯 세계도 탄생했다가 소멸할 것이었다. 하지만 신들은 이 같은 운명을 겪지 않을 것이다. 첫째, 신들은 이 세계와 분리된 장소인 '인테르문

디아intermundia'에 살았는데, 그곳에서는 아무것도 신들에게 닿지 않았다.

신들은, '자연'의 권리에 따라, 완벽한 '평화'의
'영원한 세월'을 소유할지니,
저 먼 곳, 우리와 우리의 '일'과는 단절된 그곳에는,
'위험'도 '걱정'도 닿을 수 없어라,
신들은 스스로 풍요로우니, 우리는 그들에게 아무것도 보탤 수 없네,
'좋은 행동'에 기뻐하지도, '나쁜 행동'에 진노하지도 않노라.

루크레티우스, 1.44-9; 3.18-22

둘째, 신들을 구성하는 원자들은 극도로 미세하고 섬세했다. 그리고 이 원자들은 끝없이 흘러드는 새 원자들로 매 순간 대체되고 새로워지는 듯했다. 어느 학자는 이해하기 쉽게 이것을 폭포에 비유했다. 따라서 신들은 원자로 되어 있으되 죽음이 불가능한 방식으로 조합되어 있었다.

좋은 에피쿠로스주의자 되기

신들은 우리에게 무관심하다는 것, 그리고 사후의 삶은 없다는 것을 논증했으므로 에피쿠로스는 이제 윤리적 문제를 풀어

야 했다. 무엇이 좋은 삶이고, 어떻게 해야 좋은 삶을 영위할 수 있을까? 스토아주의자들처럼 에피쿠로스도 우리가 어떤 사람인지가 중요하다고 믿었다. 에피쿠로스의 이론은 쾌락주의 hedonism(그리스어로 '쾌락'은 '헤도네hêdonê'이다), 즉 육체와 정신의 고통이 없는 상태가 행복의 핵심이라는 믿음에서 나왔다. 그리스어로는 '아타락시아ataraxia'('불안으로부터 자유로움')였다. 경쟁이 삶의 전부였던 많은 그리스인들에게는 받아들이기 힘든 주장이었을 것이다.

이것은 끝없는 방종을 의미하지 않았다. 숙취는 고통스러운 것이니까. 쾌락이 언젠가 끔찍한 결과를 불러올지도 모른다는 두려움으로부터 나온 끝없는 금욕주의를 의미하는 것도 아니었다. 에피쿠로스주의자가 할일은 무엇이든 불안을 야기하는 것에 대한 욕망을 피하는 것이었다. 특히 재물이나 지위처럼 정해진 한계가 없어서 우리를 결코 만족시킬 수 없는 것은 무엇이든 조심해야 했다. 에피쿠로스는 초심자 단계의 에피쿠로스주의자를 돕기 위해 욕망을 세 가지 범주로 나누었다.

- 자연적이고 필수적인 것(이것은 또다시 행복을 위해 필수적인 것, 외부의 방해로부터 자유롭기 위해 필수적인 것, 생명 유지를 위해 필수적인 것으로 나뉘었다). 이를테면 음식, 술, 성행위, 불안의 부재가 여기에 속했다.
- 자연적이되 필수적이지는 않은 것. 이를테면 특정한 종류

의 음식과 술이 여기에 속했다.

- 자연적이지도 않고 필수적이지도 않은 것. 이를테면 명예
  와 권력이 여기에 속했다.

그런데 지난 세기에 이루어진 의료기술의 극적인 발전을 고
려한다면 우리는 아마도 에피쿠로스의 목록에 '자연적이지 않
되 필수적인 것'을 추가해야 할 것이다.

사실 궁극적인 목표는 신들처럼, 즉 자족적이고 방해받지 않
으며 어느 것에도 좌우되지 않는 삶을 사는 것이었다.

목적 없는 삶

에피쿠로스의 철학이 함축하고 있는 것은 삶에 대단한 궁극
적 목적 따윈 없다는 것이었다. 따라서 스토아주의와 달리 에피
쿠로스주의자에게 삶은 목적론적이지 않았다. 에피쿠로스주의
자의 삶에서는 목표나 지금보다 창대한 끝이 보이지 않았다. 에
피쿠로스주의자는 불안으로부터 자유로운 삶을 살다 죽었다.
그것이 전부였다.

삶이 미리 결정된 것도 아니었다. 영혼 속 원자들의 예측 불
가능한 방향 전환은 우리에게 자유의지가 있음을 뜻했다(실제
로 어떻게 그리된다는 것인지 에피쿠로스의 견해를 둘러싼 논
란이 많았다). 그럼에도 에피쿠로스주의자들에게 삶이란 매우

수동적인 것이었다. 피할 수 없이 에피쿠로스의 철학은 사회 속에서의 삶에 관한 온갖 질문을 불러일으켰다.

예를 들어 에피쿠로스주의자들에게 정의란 그 자체로는 절대적인 실체가 없는, 단지 사람들이 서로 해를 입히거나 입지 않기 위해 편의에 따라 쌍방 간 맺는 일련의 합의에 지나지 않았다. 만일 누군가에게는 법을 어기는 것이 기쁨을 주거나 고통을 사라지게 한다면 그러지 말아야 할 이유가 있을까? 이에 에피쿠로스는 다음과 같이 답했다.

> 불의는 그 자체로는 나쁜 것이 아니지만 죄인을 벌주는 자에게 발각될지 모른다는 두려움 때문에 나쁜 것이 된다. 남모르게 사회적 계약을 어긴 자는 그때까지 천 번이 발각되지 않았다 하더라도 앞으로도 들키지 않을 것이라고 확신할 수 없다. 끝내 들킬지 말지는 죽는 날까지 결코 알 수 없을 테니까.
>
> 디오게네스 라에르티오스, 『에피쿠로스의 생애』, 151

에피쿠로스 추종자들은 사회에 깊이 관여하려고 하지 않았다. 공적인 삶이나 사회 주류의 관심사에서 벗어나 생각이 비슷한 사람들로 구성된 공동체에서의 삶을 택하는 것이 행복으로 가는 길이었다(공적인 참여를 강조하는 스토아학파와 크게 대조된다). 어찌 보면 이것은 이기주의로 해석될 수도 있었다. 루

크레티우스의 다음 글에서는 타인의 고통을 즐기는 듯한 시선
마저 느껴진다.

> 거대한 대양에 폭풍이 몰아칠 때 나 아닌 누군가의 힘겨운
> 싸움을 지켜보는 것은 달콤한 일이다―단 내가 뭍에 있다
> 면. 타인의 괴로움이 즐거운 기쁨을 주어서가 아니다. 내가
> 그런 위험으로부터 자유롭다는 것을 실감하기에 달콤한 것
> 이다.
>
> 루크레티우스, 『우주의 본성에 관하여』, 2.1-4

루크레티우스는 타인의 고통을 즐긴 것이 아니다. 그는 단지
에피쿠로스의 신조에 충실했을 때 따라오는 즐거움을 고찰했을
뿐이다. 이는 명백히 루크레티우스가 전파하고 싶은 즐거움이
었고, 명백히 그에게 즐거움을 주었다. 그렇지 않다면 루크레티
우스는 어째서 그렇게 장대한 글을 집필했겠는가? 심지어 서기
2세기 역사비평가 플루타르코스는 유익을 얻는 것보다 유익을
주는 것에 더 큰 즐거움이 있다는 것이 에피쿠로스의 관점이라
고 이야기하기도 했다. 이것이야말로 진정한 이타심이 아닐까
(아리스토텔레스도 같은 결론에 이르렀지만 에피쿠로스보다
좀더 그리스적인 경로를 통해서였다. 아리스토텔레스가 "훌륭
한 덕성을 갖춘 자는 타인에게 유익을 주는 것을 선호한다"고
한 이유는 그것이 그의 위대함을 확인시켜주기 때문이었다).

말하자면 에피쿠로스주의를 따른다고 해서 반드시 자기중심적인 존재가 되는 것은 아니었다.

> 오로지 자기 자신을 즐겁게 하기 위해 남을 돕는다면 그 행동은 이기적인 것이라고 말하는 사람도 있다. 하지만 그렇지 않다. 남을 위해 하는 행동이 그 자신에게도 도움이 된다는 이유로 오염되지는 않는다. 매트 리들리Matt Ridley의 『이타적 유전자The Origins of Virtue』(사이언스북스, 2001)을 보자. "인간의 정신은 이기적 유전자에 의해 만들어졌다. 그럼에도 불구하고 인간의 정신은 사회성과 협동성과 신뢰성을 지향한다"(343쪽).

반론

두 철학 사상의 주요 신조들을 간략히 살펴보았다. 이 안에는 고대와 현대의 태산처럼 많은 쟁점이 숨어 있다. 이를테면 키케로는 철학적으로 '회의론자'였던 피론을 추종했다. 즉 우리는 아무것도 알 수 없으므로 판단을 유보하고 전통적인 신념과 관습을 최선의 안내자로 삼아야 한다는 믿음을 견지했다.

에피쿠로스주의자들은 피론의 견해가 지나친 불안을 야기한다고 보았다. 스토아주의자들은 어떤 것은 판단을 내리지 않으면 정상적인 삶을 영위하기가 불가능하다고 반박했다. 이에 회의론자들은 판단을 유보하되 올바른 것으로 보이는 것이 무엇인지는 결정할 수 있다고 맞받아쳤다. 중요한 것은 이 '그럼직한 인상'이었으며, 이것이야말로 평온한 삶을 영위할 수 있는 최선의 방법인 듯했다. 이렇듯 여러 주장들이 끊이지 않고 이어졌다.

기독교가 에피쿠로스주의에 보인 반응……

이 준※신학적 사상 체계들은 예전부터 거센 반응을 불러일으켰다. 이를테면 초기 기독교도들은 에피쿠로스주의의 견해—영혼의 불멸성에 대한 부정, '영혼'이 결여된 물질적 우주, 인간에 대한 신의 무관심 등—에 강하게 반발했다. 그러면서도 사회로부터 격리되어 친밀한 유대감을 공유하는 대안적 공동체라는 에피쿠로스주의의 개념에는 공감했는데, 교회가 박해를 받던 시기에 특히 더 그랬다.

한편 에피쿠로스는 (부당하게도) 1500년 동안 감각적 욕망에 충실하라고 외친 타락한 사람으로 비쳤다. 사실 에피쿠로스가 현대 사상에 가장 중요한 영향을 끼친 때는 17세기였다. 루크레티우스를 통해 전해진 에피쿠로스의 원자론은 과학자들의 상상을 자극함으로써 현대 과학의 기초를 마련했다고 할 수 있다(397쪽 참조).

······그리고 스토아주의에 보인 반응

기독교 사상가들은 스토아주의의 물질주의적 관점을 완강히 부정했지만 우주는 물질과 영혼으로 이루어져 있다는 이원론적 견해, 우주에 신성이 스며 있다는 생각, 인간은 덕을 쌓아 신과 하나가 되기 위해 노력해야 한다는 믿음에 대해서는 훨씬 더 수용적인 태도를 보였다. 또한 선한 신이 왜 세상에 악을 두는지에 대한 스토아주의의 설명, 즉 신정론神正論에 깊은 관심을 보였다. 사실 기독교 사상이 널리 퍼진 고대 말기에 이 두 이교도 철학은 종교적 색채가 짙어졌고, 기독교도들은 이 두 철학에 더욱 귀를 기울였다.

이를테면 플로티노스 같은 이교도 사상가들은 영혼은 초월적 성장을 통해 신을 인식할 수 있다는 관점(기원전 4세기에 플라톤이 주장한 내용과 상당히 유사하다)을 취하기 시작했다. 하지만 이교도 사상의 핵심이었던 제의祭儀, 신화, 의례에 대해서는 거의 관심을 보이지 않았다.

스토아주의 사상가들에게 다시 돌아가보자. 스토아주의자들은 유대인들이나 초기 기독교도들과 마찬가지로 성상을 숭배하지 않았다. 하지만 서기 6세기 무렵 기독교도들은 이러한 유대교적 전통을 떨쳐버렸고 성상 숭배에 더이상 거부감을 보이지 않았다. 기독교 사상가들이 고전학 교육을 존중한 결과였다(73쪽부터 참조). 기독교 사상가들은 자신들의 계시종교와 고전학 교육 사이에서 절충점을 찾음으로써 기독교가 이교도 사상에 수용될 수 있기를 바랐다.

기독교도와 플라톤

기독교도들은 그 둘 사이에 다리를 놓기 위해 플라톤주의로 눈을 돌렸다. 플라톤 사상의 기반은 즉 이 세계는 좋은 것이지만 일시적이다. 이 세계 너머에 우리 모두가 열망할 수 있는 실재가 있으며, 우리는 우리의 삶을 거기에 바쳐야 한다는 생각에 바탕을 두고 있다. 이 실재가 '선'이며, 우리가 이 일시적인 세계에서 발견하는 선함은 바로 이것에서 파생된 것이다. '선'을 추구하는 것은 어렵고 고되지만 보람된 일이다. 우리가 '선'에 대한 완전한 이해에 다다를수록 그만큼 우리의 삶은 더욱 충만해진다.

물론 이것은 플라톤 사상의 전체 영역 중 일부에 지나지 않는다. 하지만 기독교도들은 이 논거에 그들의 생명줄을 연결할 수 있을 것이라고 생각했다. 기독교의 '신'이 '선'이 된다면 기독교적 삶과 신앙에서 다른 부분들은 '적절한 변형을 가해mutatis mutandis' 각각의 자리를 찾아줄 수 있었다. 그다음에는 영혼에 대한 스토아주의의 실용주의적 견해를 여기에 덧붙였다. 신과 덕 있는 삶이 그중 하나였다. 기독교도들은 기독교 교리를 완전히 배척하지 않으면서 이교도 사상가들도 타당하다고 여길 만한 견해들을 한데 묶어 제시했다. 이교도 사상은 서서히 기독교의 최고신이라는 개념에 흡수되어갔다. 이 최고신은 제우스보다 더 풍부하고 철학적이었다. 하지만 이교도의 세계관에서는 여전히 더 작은 신들이 존재하는 것이 허용되었다.

> 서구에서 플라톤을 비롯한 그리스 저술가들은 그들에 관해 라틴어로 저술한 작가들을 통해서만 알려져 있다. 예를 들어 플라톤주의 사상의 주요 출처는 성아우구스티누스였다.

이교도의 반박

그렇지만 이교도 철학자들은 기독교 신앙에 많은 의문을 품었다. '진정한 교리The True Doctrine'라는 통렬한 반기독교 비판문을 쓴 켈수스(서기 2세기)는 그 같은 인물들 중 한 명이었다. 현재 이 글은 기독교학자 오리게네스가 쓴 반박문(서기 248) 속의 인용문 형태로만 전해진다.

켈수스는 유머 감각이 돋보였지만(기독교도들은 십자가를 생명의 나무로 떠받들지만 만일 예수가 절벽에 던져졌다면 생명의 절벽이 생겼을까?) 기독교에 관한 태도는 더없이 진지했다. 그리스도가 행한 기적들은 그리스도가 하느님의 아들임을 입증했을까? 켈수스는 당연히 아니라고 주장했다. 로마에 흔해 빠진 것이 마법사들이고 마법사들은 항상 그런 일을 하고 있었다. 하느님이 인간들 사이에서 인간으로 살기 위해 내려온 것일까? 절대적으로 완벽하고 절대적으로 지혜로운 신이 자기 본성을 바꾸어 불완전하고 사악한 인간이 되기란 불가능하다. 게다가 전지전능한 신이 왜 지상까지 내려와야 한단 말인가? 분명 신은 자신이 있는 자리에서 인간의 상태를 잘 이해하고 그곳에서 인간을 개심시킬 수 있을 터이다. 또한 왜 역사의 어느 한순간에만 내려온단 말인가? 자신의 피조물을 항상 보살피지 않았던가?

한편 우주는 분명 자연과 이성의 법칙에 지배되는 질서정연한 곳이었다. 죽은 사람을 살리고 그들의 불완전한 육신을 완전하게 만드는 것은 전혀 이치에 닿지 않았다. 신이 그렇듯 마구잡이식이라면 숭배할 가치조차 없을 것이다. 또한 몇몇 인간이 위대한 행적 덕분에 신이 되었다는 것(예를 들어 헤라클레스)으로 볼 때 그저 몇 가지 재주를 부린 마법사에 지나지 않은 예수는 그 축에 들기에 자격이 부족했다. 유일한 최고신은 과연 존재할까? 켈수스는 이교도들이 다양한 작은 신들을 숭배함으로써 유일한 최고신을 숭배한다고 했다. 가만 보면 기독교도들은 최고신이 둘이라고 생각하는 듯한데, 정녕 그렇다면 그 둘 위에 또다시 유일신이 있어야 할 것이었다(앞에서 언급했듯이 스토아 사상가들은 유일한 최고신 개념에 지대한 관심을 가지고 있었다).

가장 흥미로운 주장은 유대인들에 대한 기독교의 적대감에 관한 것이었다. 켈수스가 품은 문제의식의 핵심은 오래된 전통에는 충분한 이유가 있으며, 오래 살아남았다는 것은 그 자체로 존재의 정당성을 입증한다는 것이었다. 켈수스는 기독교는 사실 유대교와 같은데 어째서 유대교의 오랜 전통과 관습, 법률을 배척하는지 이해할 수 없었다. 혹시 이 유서 깊은 종교가 소멸되어 기독교가 그 자리를 대신한 것이라면 충분히 이해할 만하겠지만 그렇지도 않았다. 기독교도들은 사실상 자신들 신앙의 뿌리를 부정하는 셈이었다. 어째서 이런 일이 벌어졌을까? 기독교의 신이 변심한 것일까? 이제는 모세의 법을 버리고 예수를 보내 전혀 새로운 법을 설교하라고 한 것일까? 또한 예수가 예언을 실현할 메시아였다면 왜 유대인들은 예수를 인정하지 않았을까? 기독교도에게 이것은 타협이 불가능한 문제였다.

에피쿠로스주의와 스토아주의의 명언들

이 모든 논쟁에도 불구하고 스토아주의와 에피쿠로스주의의 저작에서 중요한 부분을 차지하는 것은 삶을 어떻게 영위해야 하는가에 관한 이론이다. 스토아주의와 에피쿠로스주의 사상가들이 남긴 수칙과 사상은 오늘날에도 변함없이 울림을 준다. 두 철학이 담긴 짧은 글들로 이 장을 끝맺고자 한다.

우리에게 죽음은 아무것도 아니라는 믿음에 익숙해지십시

오. 모든 선과 악은 인식에 있지만 죽음은 곧 인식의 박탈입니다. 그러므로 죽음은 아무것도 아니라는 올바른 이해에 도달하면 우리는 이 필멸의 삶을 더욱 즐길 수 있으니, 이것은 그로 인해 삶이 영원해지기 때문이 아니라 죽음에 대한 두려움이 제거되기 때문입니다. 살아 있지 않음이 두렵지 않은 사람은 살아 있음 역시 두렵지 않습니다. 그러므로 죽음이 두렵다고 말하는 사람이 어리석은 이유는 그가 죽을 때 죽음으로 고통받을 것이기 때문이 아니라 미래에 대한 전망으로 인해 현재의 그가 고통받기 때문입니다.

디오게네스 라에르티오스, 『에피쿠로스의 생애』, 124-5

미래는 우리 것이 아님을 기억하십시오. 하지만 전혀 우리 것이 아니지도 않다는 사실도 기억하십시오. 미래를 확실한 것으로 믿지 않기 위해, 또한 미래의 절망을 확실하지 않은 것으로 믿지 않기 위해서 말입니다.

디오게네스 라에르티오스, 편지, 『에피쿠로스의 생애』, 127

우리는 고통과 두려움으로부터 벗어나기 위해 모든 일을 합니다. 일단 그 목표를 이루면 폭풍 같은 영혼이 모습을 드러냅니다.

디오게네스 라에르티오스, 편지, 『에피쿠로스의 생애』, 128

[즐거움]의 시작, 그리고 그것이 주는 크나큰 유익은 건전한 양식良識입니다. 건전한 양식은 심지어 철학보다도 값진데, 이는 그것으로부터 다른 모든 미덕이 나오기 때문입니다. 건전한 양식은 현명하고 명예로우며 정의롭지 않으면 즐거운 삶을 영위할 수 없다고 가르칩니다. 또한 현명하고 명예롭고 정의로운 삶은 즐거운 삶을 영위해야만 가능합니다. 이는 덕과 즐거운 삶은 함께 자라며, 덕 없이는 즐거운 삶이 있을 수 없기 때문입니다.

디오게네스 라에르티오스, 편지, 『에피쿠로스의 생애』, 132

[죽음이 두렵지 않은 사람은] 혹자는 만물의 주인이라고 설명하는 '운명'을 비웃으며 어떤 것들은 필연적으로, 어떤 것들은 우연히, 어떤 것들은 우리 자신의 역량에 의해 일어난다고 이야기합니다. 죽음이 두렵지 않은 사람은 필연은 책임감을 파괴하고, 우연은 무작위적임을 압니다. 하지만 우리가 무엇을 하는가는 각자의 자유로운 선택이며, 여기에는 자연히 칭찬과 비난이 뒤따릅니다.

디오게네스 라에르티오스, 편지, 『에피쿠로스의 생애』, 133-4

필멸의 인간이여, 그대가 그리 과한 슬픔에 빠져들 만큼 죽음이 그대에게는 그렇게 대단한가? 어찌하여 죽음을 두고 그리 슬퍼하고 흐느끼는가? 그대에게 삶이 좋은 것이었다면, 삶의 축복이 양동이에서 물이 새듯 그대에게서 줄줄 빠져나가 그대가 그 즐거움을 누리지도 못한 채 사라져버렸던 것이 아니라면 어리석은 그대는 어째서 잔칫상에서 물러나는 손님처럼 만족스레 삶에서 물러나 모든 걱정으로부터 벗어난 휴식의 시간을 차분히 붙들지 아니하는가? 만일 그대가 이제껏 쌓아둔 모든 것을 낭비하고 잃어버렸으며 그대에게 삶은 무거운 짐에 지나지 않았다면 어째서 그대는 거기에 무언가를 보태려 하는가? 어리석게도 그대는 그 모든 것을 다시 잃어버릴 테고 그것들은 누려보지 못한 채 사라지고 말 것인데. 그대는 그저 삶과 삶이 주는 고역을 끝내는 것이 더 낫지 않겠는가?

루크레티우스, 『우주의 본성에 관하여』, 3.933-43

집에 머물기 싫증난 사람은 종종 자신의 좋은 집을 버려두고 떠났다가 돌연 다시 돌아온다. 집을 떠나봐야 나을 것이 없기 때문이다. 그는 마치 자신의 시골집에 불이라도 난 듯 황급히 마차를 몰고 돌아올 것이다. 하지만 그는 문간에 들어서자마자 하품을 하거나 망각을 찾아 깊은 잠에 빠져들거나 또다시 도시를 향해 뛰쳐나간다. 이렇게 모든 사람은 스스로에게서 도망치려고 하지만 동시에 자기 자신을 마지못해 붙들며 도저히 벗어날 수 없는 스스로를 혐오한다. 이는 아픈 사람은 자신의 병을 낫게 할 치료책을 찾지 못하기 때문이다.

루크레티우스, 『우주의 본성에 관하여』, 3.1060-70

당신이 소망하는 대로 일이 일어나기를 바라지 말고, 일이 본래 일어나는 대로 일어나기를 소망한다면 당신의 삶은 순탄해질 것이다.

에픽테토스, 『편람』, 8

당신은 연극 속 배역을 작가가 원하는 대로 연기한다는 것을 기억하라. 작가가 그 배역이 단명하길 원하면 단명할 것이고, 장수하길 원하면 장수할 것이다. 작가가 당신에게 준 배역이 빈자든 장애인이든 공인이든 사인이든 당신은 마음을 다해 주어진 배역을 능숙하게 연기하라. 당신이 할일은 자신에게 주어진 배역을 잘 연기하는 것이지 다른 배역을 고르는 것이 아니기 때문이다.

에픽테토스, 『편람』, 17

당신은 송장을 지니고 다니는 조그마한 영혼이다.

에픽테토스, 『편람』, 26

자기 자신의 주인이 아닌 자는 누구도 자유롭지 않다.

에픽테토스, 『편람』, 35

원수를 닮지 않는 것이 가장 고귀한 복수이다.

마르쿠스 아우렐리우스, 『명상록』, 6.6

우리에게 매달린 실을 잡아당기는 힘이 우리 내면에 숨겨져 있음을 기억하라. 그것이 우리 행동과 우리 삶의 원천임을, 다시 말해서 바로 자기 자신임을 기억하라.

마르쿠스 아우렐리우스, 『명상록』, 10.38

마르쿠스 아우렐리우스는 서기 161년부터 180년까지의 로마 황제이다. 아우렐리우스는 『명상록』에 매일매일 떠오른 개인적인 단상을 (그리스어로) 적었다. 아마도 말년에 집필한 것으로 보인다. '명상록'이라는 제목은 현대에 붙인 것이다. 최초의 인쇄본이 나온 16세기 필사본의 제목은 '그 자신에게'였다. 논제에 따른 주제별 구성 같은 것은 전혀 없었다. 아우렐리우스는 스토아주의의 전통을 실천하며 살았고, 이성찰적 글을 통해 자신의 행동을 점검하고 스스로에게 조언했다. 아우렐리우스의 사상은 오늘날의 독자들에게도 깊은 울림을 주고 있다.

횃불은 꺼지는 마지막 순간까지 광휘를 잃지 않고 빛나건 만, 너는 마지막 순간에 이르기 전에 네 안의 진리와 정의와 절제심을 꺼뜨릴 것이냐?

마르쿠스 아우렐리우스, 『명상록』, 12.15

스토아철학과 정신건강

21세기는 갈수록 더욱 다양해지는 정신건강 문제를 양산하고 있는 듯하다. 이 문제들을 다루기 위해 비교적 최근에 시도된 접근법인 인지행동치료는 모든 결정이 '자기 자신에게 달려 있다'며 개인의 책임을 강조하는 스토아주의의 개념에 토대를 두고 있다. 심리치료사는 환자가 자신의 생각, 느낌, 행동 중에서 자신에게 도움이 되는 것과 도움이 되지 않는 것을 구별하게 한다. 그리고 환자가 도움이 되는 것들에 집중하고 그것들을 실천에 옮길 수 있도록 격려한다. 치료의 목적은 환자가 자신의 생각과 느낌에 지배되지 않고 오히려 자신이 그것들을 주도하게끔 돕는 것이다. 인지행동치료는 환자가 자기 자신 그리고 외부 사건에 대한 자신의 반응에 대해 다르게 생각하는 방법을 배움으로써 스스로를 변화시키는 단계적 과정이다. 이 치료법이 만능은 아니지만 다수의 사례에서 유용성이 입증되었다.

제11장

고대의 한계를
넘어서다

그리스의 업적

'그리스라는 영광'(에드거 앨런 포의 시 「헬레네에게」 중에서-옮긴이)을 둘러싼 신화가 어디에나 넘쳐난다. 그리스 사유 중에서 우리에게 특히 더 큰 영향을 끼친 몇 가지 특색으로는 실증적 연구, 수학을 응용한 자연 세계의 이해, 연역적 공리계를 꼽을 수 있다.

여기에서 시야를 넓혀 더 큰 그림을 보자. 제프리 로이드 Geoffrey Lloyd는 『지혜의 혁명*The Revolutions of Wisdom*』(1987)에서 그리스의 '지식혁명'을 다음과 같이 개략했다.

고대인의 자연 탐구는 많은 부분 일반지식으로 정식화되었고, 많은 부분 억측으로 판명되었다. 하지만 둘 중 어디에도 속하지 않는 일부가 있었다. 우리는 그런 예를 지구가 둥글다는 것이나 아르키메데스의 원리나 판막이 심장에서 하는 역할 등을 증명하는 과정에서, 또 춘분점과 추분점의 진행 경로, 신경계, 맥박의 진단적 가치 등을 발견하는 과정에서 찾아볼 수 있었다. 연구를 수행하고 종합적이며 신뢰성 있는 자료를 확보한다는 원칙을 고수하는 자세, 이론을 검증하는 자세, 검증되지 않은 억측을 밝혀내고 제거하는 자세, 증거가 불충분할 때는 판단을 유보하는 자세, 실수를 인정하고 아직은 확신이 부족하다는 사실을 인정하는 자세를 갖겠다는 의지의 표명. 물론 거창한 이상과는 반대로 이 모든 다짐이 빈말에 그칠 때도 많았다. 하지만 그것이 혹여 빈말이었다고 해도(앞의 사례들에서처럼 실제로 종종 그랬다) 우리는 그것이 빈말이라고 비난할 수 있었다. 우리는 어떻게 해서 그것을 빈말이라고 말할 수 있는지 보았고, 또 적어도 가끔씩은 그 이상들이 실현되고 약속이 지켜지는 모습을 보았다. (…) 이렇듯 우리는 발견에 이르는 다양한 절차와 신념을 옹호하기 위한 다양한 절차에 지혜를 발휘해왔다— 이 다양함이 갖는 힘을 우리 모두가 온전히 느끼지는 못했더라도, 또한 그 잠재력을 현대에 이르러서야 비로소 온전히 드러낼 수 있었더라도.

아리스토텔레스의 생물학

이 책에는 아리스토텔레스가 자주 등장했다. 이는 수사학, 문법, 역사, 그리고 다른 여러 분야에서 아리스토텔레스가 이룬 찬란한 업적 덕분이다. 자연의 본성에 대해 아리스토텔레스가 잘못 알았던 것도 더러 있었지만 적어도 한 가지에서만큼은 더없이 옳았다. 아리스토텔레스가 이룬 가장 놀라운 성취 중 하나는 생물학에서의 업적이었다(또다른 업적은 형식논리학의 창시이다). 아리스토텔레스는 그리스 레스보스섬의 어느 석호潟湖를 비롯한 여러 장소에서 현장 연구를 수행하며 생물을 해부해 면밀히 관찰하고 그림을 그리며 생리학적 결론을 수집·분석하고, 패턴을 발견하는 등 이 모든 것을 생물의 생활방식과 대조했다. 그 결과 총 495개의 종을 발견했고(최초의 동물 분류였다), 그 구조의 원인과 본성을 설명할 수 있었다.

그러던 중—아먼드 르로이Armand Leroi가 이 주제에 관한 저작에서 설명했듯이—아리스토텔레스는 어떤 동물이든 그 본성을 이해하려면 우리가 반드시 답해야 하는 네 가지의 원인 또는 질문이 있음을 발견했다. (1)그 동물의 목적은 무엇이며, 어떤 식으로 적응, 발달, 번식 등을 하는가? (2)그 동물의 형상인形相因, 즉 부모로부터 받은 정보는 무엇인가? (3)그 동물은 무엇으로 만들어졌는가? (4)그 동물을 변화시키고 움직이게 하는 것은 무엇인가? 이러한 방법론—자료를 축적하고 패턴을 발견해 논리적이고 견고한 인과관계를 추론하는 것—은 자연세계를 탐구하는 진정한 과학적 접근법의 시초였다.

현대 생물학은 여전히 이 네 가지 원인의 관점에서 사고한다. 르로이는 이것이 진화생물학, 유전학, 생화학/생리학, 생물학/신경생리학의 형태로 표현되었다고 이야기한다. 실제로 르로이는 영양경제nuritional economy학이나 사이버네틱스(아리스토텔레스는 '영혼'을 일종의 정보시스템으로 보았다는 측면에서)의 개념부터 심지어 DNA까지 현대적 사고의 단초들을 아리스토텔레스의 이론 곳곳에서 발견했다. 르로이는 다음과 같이 결론지었다. "그가 이 일을 마쳐갈 즈음 질료, 형상, 목적, 변화는 더이상 사변철학의 장난감이 아니었다. 그것은 이제 연구 프로그램이었다."

하지만 이 연구 프로그램은 어떠한 방식으로도 유의미한 후속 조치가 취해질 수 없었다. 후속 조치에 필요한 것들이 고대 세계에 없었기 때문이다. 그것은 첫째, 인간의 평범한 감각지각 능력을 뛰어넘어 탐색할 수 있게 해주는 망원경, 현미경, 레이저광선 등의 각종 과학기술, 둘째, 가설을 그냥 수용하지 않고 반드시 검증에 부치는 자세였다. 이 두 가지가 더해진다면 자연 세계를 이해하는 방식에 완전한 혁명이 일어날 것이었다. 이제 우리는 이러한 발전 과정으로 시선을 돌려보자. 그 시작은 중세 시대였다.

분석과 측정

- 중세 연금술사들은 비卑금속을 금과 은으로 변환시키려고 했다. 아리스토텔레스가 정립한 탄탄한 원리들을 토대로 삼았지만, 연금술의 가능성을 철학적으로 이론화하는 데 그치지 않고 실제에 옮길 필요가 있었다. 이 과정에서 연금술사들은 화학 처리 과정에 대한 이해를 높이고 물질의 증류 및 분석에 필요한 도구를 개발하는 데 크게 기여했다.

- 마법을 옹호하는 사람들은 생물세계와 무생물세계 사이에 교감이나 밀접한 연관성이 존재한다고 확신해 돌, 식물, 액체, 자석 등의 속성을 탐구했다.

- 지도제작술, 천문학, 측량술이 발달하면서 새로운 측정 모형이 제공되었다. 수학 이론이 원근법에 적용되었고, 따라서 제도製圖, 건축, 전쟁(포격과 요새화)에도 적용되었다. 시계가 만들어지고 기구 제작 기술이 전반적으로 진일보했다. 자연은 일종의 메커니즘mechanism이므로 분해를 통해 이해할 수 있다는 개념이 이탈리아에서 발전하면서 매우 정밀한 수학적 기기와 정확한 측정 기법에 대한 요구가 증가하게 되었다.

- 아마도 가장 의미심장한 사건은 콜럼버스의 발견일 것이다. 이 일로 사람들은 고대인들이 전혀 생각하지 못했던 것들이 세계에 더 많이 존재한다는 사실을 알게 되었다.

그리스인, 로마인, 교회가 모든 것을 다 알고 있는 것은 아니었다는 깨달음, 심지어 이 세계에 대해서조차도 다 알고 있는 것이 아니었다는 깨달음은 그들에게 벼락과도 같았다.

가설에서 실험으로

하지만 그보다 더 중요한 사건이 있었다. 그것은 새로운 과학 기술의 성공적인 출현을 이끈 이례적인 지적 도약이었다. 고대 사상가들은 가설과 연역적 논증의 원칙에 의거해 탐구했다. 세계를 관찰하고, 관찰된 내용을 바탕으로 가설을 세우고, 아마도 스카치위스키 한 병과 두툼한 시가 한 대에 상응하는 고대의 어떤 것들의 도움을 받으며 편안한 안락의자에 앉아 가설로부터 결론을 도출해냈다. 이것은 원칙적이고 이성적인 절차이다. 세계는 이성적이며 설명이 가능하다는 것을 상정하고 있으므로 진정으로 이성적 사고의 토대라고 할 수 있다. 하지만 여기에는 가설과 결론을 검증할 수 있는 단계가 빠져 있었다. 다시 말해서 실험이 빠져 있었다.

실험 위의 철학

철학자 탈레스는 세계의 근본 '원소'가 물이라고 주장했고, 헤라클레이토스는 불이라고 주장했으며, 고대 의사들은 건강이

네 가지 체액의 균형에 달려 있다고 주장했다. 모두가 자신의 주장을 공개적으로 강력하게 내세웠고 어떠한 제한도 받지 않았다.

말이나 생각에 제약을 받지 않고 누구나 발언할 수 있는 이토록 자유롭고 개방적인 논쟁은 문화적 측면에서 상당히 중요하다. 하지만 이러한 논쟁들은 철학적인 성격을 띠고 있었다. 고대인들은 세계의 본성에 관한 주장을 펼칠 때 오래전부터 당연시해온 추정이나 자신의 눈에 보이는 것에 입각했으며, 오로지 철학적인 용어를 사용했다. 예를 들면 대비(열과 냉, 건과 습 등), 유비("우주cosmos는 '정의'가 사물들을 조화롭게 유지하는 상태와 같은 것이다"), 귀납법, 연역법, 논리적 불가능성, 확률 같은 것들이었다.

그러나 우리가 신의 존재, 삼위일체의 본질, 성선설과 성악설을 실험으로 검증할 수 없는 것처럼 세계의 본성에 관한 정말로 유용한 것들은 우리의 주장을 실험을 통한 검증에 부치지 않고서는 말할 수 있는 게 별로 없다. 다시 말해서 예를 들어 신약성서 같은 문헌에 등장하는 주장들의 역사적 배경에 관해서는 이성적으로 토론할 수 있겠지만, 종교적 신앙 그 자체에 관해서는 (철학자 비트겐슈타인도 깨달았듯이) 이성적으로 이야기할 수 있는 것에 한계가 있다.

나는 지금 어떤 것의 작동을 검증해보는 것(고대 기술전문가들이 항상 했던 것이다)이나 어떤 실험이 특정 가설을 지지하는지 검증해보는 것─그리스인들도 종종 그렇게 했다─을 이야기하는 것이 아니다. 그보다는 첫째, 답이 도출될 때까지 실험을 바탕으로 가설을 검증하고 기각하고 재검증하는 것, 둘째, 실험으로 검증이 가능한 질문을 (무엇이든지) 하는 것 등을 이야기하고 있다. 아리스토텔레스는 만물이 흙, 공기, 불, 물로 이루어져 있다고 주장했다. 어째서 그는 이 가설을 검증하지 않았을까? 어째서 하다못해 '어떤 비율로'라는 질문조차 하지 않았을까? 아주 간단한 실험이었을 텐데 말이다.

서구 최초의 실험은 기원전 6세기에 아낙시메네스에 의해 이루어졌다고 전해진다. 아낙시메네스는 공기가 근본 물질일 가능성을 입증해 보였다. 입을 벌리고 손바닥에 숨을 내쉬면 공기가 따뜻하게 느껴졌고, 입을 다물면 공기가 차갑게 느껴졌다. 이로써 공기는 따뜻할 수도 차가울 수도 있음이 증명되었고─실제로 그렇다─'그러므로' 공기는 무엇으로든 변할 수 있다는 연역적 결론이 도출되었다. 다른 실험의 예는 광학(프톨레마이오스의 굴절 연구), 동물의 생체 해부(갈레노스의 위 연동운동 및 돼지의 신경계 연구), 화성학(피타고라스의 옥타브, 4도 음정과 5도 음정의 수리적 관계 연구)에서 찾아볼 수 있다. 하지만 이 예들조차도 진정한 실험, 즉 개연성이 높은 경쟁적 가설들의 진위를 확인하기 위해 설계된 검증 절차는 아니었다. 그보다는 자신의 이론을 뒷받침하는 근거 정도로 보아야 했다.

지적 실패?

고대인들이 일구어낸 지적 성취를 고려한다면 그들이 실험적 방법론을 생각해내지 못했다는 사실이 다소 의아하게 여겨질 수도 있다. 어쨌든 고대인들에게도 일부 과학기술적 능력이 있었다. 일찍이 바빌로니아인들은 놀라운 탁월한 능력을 보여주었다(도자기용 녹로, 베틀, 관개, 청동).

그리스인과 로마인을 보면 그들은 과학기술에 대한 대단한 지식이 없어도 배를 항해하고, 광산에서 물을 빼내고, 유리에 숨을 불어넣어 유리제품을 만들고, 토기를 굽고, 밭을 갈고, 신전을 건립하고, 각종 도구와 섬세한 주방용품을 제조했다. 심지어 그리스인들은 기계장치도 제작했다. 에게해 안티키테라섬 인근에서 발견된 천문 '컴퓨터'가 한 예로, 이 장치에는 톱니바퀴 기어가 달려 있었다. 항해에는 이런 장치가 필요하지 않았으므로 아마도 점성술과 관련된 목적으로 설계되었을 것이라 추정되는데, 그 구조가 매우 복잡해 만약 르네상스기 지식인들이 이 기계를 보았다면 경탄하며 혀를 내둘렀을 듯하다.

고대인이 과연 지적으로 실패한 것인가에 관해서는 다양한 설명을 시도해볼 수 있다. 여기에는 여러 과학자가 한 가지 주제를 놓고 팀을 구성해 연구하는 시스템이 부재했다는 것, 편리한 의사소통 수단이 부족했다는 것, 동일한 실험 도구를 여러 개 생산할 수 없었다는 것, 정신이 물질보다 우월하다는 세계관을 가지고 있었다는 것 등을 들 수 있다. 하지만 고대인들이 어째서 실험적 방법론을 발전시키지 않았는지를 이해하는 것은 사실 크게 보면 그들과는 무관한 우리의 문제이다.

실험적 방법론

실험적 방법론은 지금은 너무 당연한 것으로 여겨지고 있다. 그런 것이 관례로 받아들여지지 않는 시대를 상상하는 것 자체가 불가능할 지경이다. 하지만 사실 실험적 방법론은 공리계(그리스인들이 발명)와 더불어 인간이 만들어낸 가장 위대한 지적 돌파구라고 할 수 있다. 아인슈타인이 이야기했듯이 실험적 방법론을 발명한 것 자체가 인류에게는 경이로운 사건이었다. 그러므로 아리스토텔레스가 해수가 증발하면 담수가 된다는 것을 증명하고 이어서 황당하게 포도주도 마찬가지라는 것을 실험으로 증명했다는 말을 들으면 우리는 "아리스토텔레스가? 우리가 아는 그 아리스토텔레스가? 아리스토텔레스가 어째서?"라고 반응하게 되는 것이다. 하지만 아리스토텔레스가 무엇을 잘못했는지 따지기에 앞서 16세기 유럽에서는 무엇이 당당히 옳은 것으로 받아들여졌는지에 먼저 주목할 필요가 있다.

16세기 유럽은 참으로 멋진 신세계였다. 과학은 마침내 철학과 결별하고 독자적으로 훌륭한 이론적 근거를 확립했다. 사고방식 자체가 영구히 바뀌어 지난 1500여 년간 확고했던 서구 사상의 토대가 불과 몇백 년 만에 완전히 무너졌다. 그동안 고전기 그리스·로마의 관점에서 물리적 세계를 이해하기 위해 절충과 동화의 과정을 거치고 있었던 교회에서도 실로 강력한 파문이 일었다.

추측을 배격하다

하지만 이 놀라운 혁명은 하룻밤 사이에 이루어지지 않았음이 반드시 강조되어야 한다. 고전시대를 기반으로 형성된 기독교적 세계관이 지닌 권위는 대단히 막강했다. 물질과 변화에 관한 아리스토텔레스의 이론을 예로 들어보자. 아리스토텔레스의 목적은 물질이 왜 그렇게 보이고 느껴지는지, 다시 말해서 그 물질의 만질 수 있고 감지할 수 있는 속성이 무엇인지를 설명하는 것이었다. 아리스토텔레스는 지각할 수 없는 수준의 형태의 물질에 의거한 이론은 모두 거부했다. 그는 원자론을 거부하고 물질은 물, 불, 공기, 흙의 4원소로 이루어져 있다는 이론을 옹호했다.

아리스토텔레스는 여기서 더 나아가 각 원소는 네 가지 성질인 따뜻함, 차가움, 건조함, 습함 가운데 두 가지 성질이 합쳐진 것이라고 주장했다(불＝따뜻함＋건조함). 이러한 성질의 변화는 물질에서의 변화를 일으켰다(따라서 한 물질은 다른 물질로 변할 수 있었다. 이는 연금술의 이론적 근거가 되었다).

지구도 마찬가지였다. 하지만 천체들은 이와 달랐다. 아리스토텔레스의 추론은 다음과 같았다. 천체들은 완벽한 원운동을 한다. 하지만 4원소는 다르다. 흙과 물은 하강하고, 불과 공기는 상승한다. 물론 이것들을 강제로 다른 방향으로 움직이게 만들 수는 있지만, 천체들의 이동은 강제된 것이 아니라 자연스러운 것이다. 따라서 천체들은 다른 물질로 만들어졌다. 아리스토텔레스는 이것을 '에테르aithêr'라고 불렀다.

심지어 17세기에도 아리스토텔레스의 말이라면 그것은 틀림없는 진리였다. 많은 사람들은 새로운 실험적 기법을 이용해 아리스토텔레스가 옳다는 것을 증명하기 위해 애썼다. 여기에 다른 설명이 제기되면 열띤 논쟁이 벌어졌다.

원자론

프랑스 예수회 소속 피에르 가상디(1592~1655)는 아리스토텔레스가 만든 틀을 깨는 데 일조한 주요 인물 중 한 명이다. 가상디는 물질을 원자로 설명한 에피쿠로스와 루크레티우스의 이론에 매료되었다(가상디보다 앞서 그들을 옹호한 인물로 프랜시스 베이컨(1561~1626)이 있었다). 가상디는 에피쿠로스와 루크레티우스의 이론을 기독교 교리에 맞게 적절히 수정하고 변형해 여러 편의 해설을 집필했다. 그는 이 이론이 자연을 탐구하는 가장 좋은 방법이라고 여겼다.

가상디의 글은 많은 과학자들의 관심을 받았다. 이중에는 로

버트 보일도 있었는데(뉴턴처럼 보일도 연금술을 열렬히 옹호했다), 그는 기체에 관한 실험을 수행한 뒤 아리스토텔레스의 물질 이론은 완전히 틀렸다고 확신하고 있었다. 원자 이론에 대한 심리적 저항이 대단히 거셌지만 보일을 비롯한 여러 과학자들은 원자론에 세계의 작동방식을 설명할 수 있는 잠재력이 있다고 보았기 때문에 원자론을 열렬히 받아들였다. 원자의 작용에 대한 그들의 설명은 틀린 것으로 판명되었지만(동역학 이론이 나오려면 19세기까지 기다려야 했다), 지금의 관점에서 초기 원자론자들의 글을 다시 보면 그것은 실로 현대 과학사의 결정적 순간이었다.

진공펌프의 발명이 중대한 역할을 했다. 기체는 아주 크게 팽창하거나 아주 작게 수축할 수 있다는 사실이 진공펌프를 통해 입증되었다. 원자론은 기체 속의 원자가 분리되거나 결합된다고 주장했다. 이 현상을 원자론만큼 깔끔하게 설명해주는 이론은 없었다.

얼마 지나지 않아 물질은 '미세 입자'로 이루어져 있다는 이론이 일반적 통념이 되었다. 루크레티우스 저작의 번역서가 폭발적인 인기를 끌었다(최초 번역본은 1682년의 토머스 크리치 Thomas Creech의 역서이다). 1803년 존 돌턴(1766~1844)은 현대 원자론을 정립했다. 돌턴이 발표한 화학적 조성에 관한 논문에는 에피쿠로스가 찬사를 보냈을 만한 내용이 많이 실렸다. 원소는 개별 미립자(원자)로 이루어져 있다는 것이나 원소는 새로 생성되거나 파괴되지 않는다는 것이 그 예이다.

> 아이작 뉴턴 경은 새로운 과학적 방식을 훌륭하게 대변했다. 뉴턴은 사변적 방식을 반대하지는 않았지만 단순한 가설, 그리고 엄밀한 검증의 통제를 받는 실험을 가치 면에서 엄격히 구분했다.

네 가지 '체액'

이와 달리 고대의 의학 이론은 17세기까지 2000년이 넘는 시간 동안 여전히 옳은 것으로 받아들여지고 있었다. 그리스의 의사 히포크라테스가 기원전 5세기에 그리스에서 이론적 토대를 닦았다면, 역시 그리스의 의사인 갈레노스(서기 129~200년경)는 이 토대 위에 탄탄한 구조물을 설계해 세웠다. 갈레노스는 소아시아의 학교에서 검투사를 치료하는 의사로 힘든 훈련을 받았고, 나중에 로마에서 마르쿠스 아우렐리우스황제의 궁정 의사자리까지 올랐다. 그는 플라톤, 히포크라테스, 아리스토텔레스를 지적 스승으로 삼았고, 해부학, 생리학, 병리학, 약학, 식이요법 등의 분야에서 이 스승들이 이룬 업적을 이론과 실제 두 가지 측면에서 발전시켰다. 갈레노스는 철학자로서도 중요한 인물이었다. 여기에 그의 종교적 자세와 목적론적 신념까지 더해지면서 중세에 갈레노스는 철학에서 아리스토텔레스와 플라톤이 그랬던 것처럼 의학에서 감히 범접할 수 없는 인물이 되었다.

히포크라테스는 코스섬 출신으로 기원전 5세기에 살았다. 우리가 히포크라테스에 관해 확실하게 이야기할 수 있는 것은 이것이 전부이다. 히포크라테스는 '유작이 없는 명성'이다. 아니 반대로 히포크라테스는 수천 편의 작품을 남긴 명성이다. 히포크라테스가 죽은 지 500여 년이 지난 하드리아누스황제 시대(서기 2세기)에 히포크라테스의 이름으로 작품 전집(진본이든 아니든)이 마침내 완성된 뒤에 그렇게 되었다. 그 500년 사이에 저술된 의학 논문에는 흔히 '히포크라테스의'라는 수식어가 붙었다. 그의 평판이 그 정도였다.

그 결과 갈레노스의 네 가지 '성질'(뜨거움, 차가움, 건조함, 습함)과 네 가지 '체액' 또는 '수분'(혈액, 점액, 황담즙, 흑담즙) 이론은 17세기에도 여전히 의학계를 지배하고 있었다. (내가 '갈레노스의 이론'이라고 칭한 이유는 그 출처가 갈레노스였기 때문이다. 원래는 히포크라테스의 이론이었다). 따라서 남자는 뜨겁고 건조하며, 여자는 차갑고 습했다. 4요소로 구성된 이 두 이론이 물, 불, 공기, 흙의 4원소 이론과 만나니 딱 맞아떨어지는 복합적 전체론이 생겨났다.

이 장단에 맞춰 심리학도 춤을 추었다. 혈액이 많은 사람은 다혈질(라틴어 '상귀스sanguis', '피')이 되고, 점액이 많으면 점액질(그리스어 '플레그마phlegma', '열, 불'), 담즙이 많으면 담즙질(그리스어 '콜로스kholos')이 되었다. 질병과 건강은 기질과 체액의 균형을 얼마나 잘 유지하는가에 달려 있었다. 열이 지나치게 많으면 냉한 치료책을 처방했다. 원인은 지리적인 위치나 기운, 신의 진노에서 찾았다.

모두 근거 없는 소리로 박테리아나 바이러스, 또는 우리가 지금은 당연하게 여기는 다양한 자료들을 전혀 접해보지 못한 비과학적인 세계의 이야기였다. 하지만 당시에는 이보다 더 나은 이론을 아무도 제시하지 못했으므로 갈레노스를 탓할 수만은 없다. 1878년이 되어서야 파스퇴르가 미생물을 통한 감염 이론을 발표했다. 바이러스를 최초로 분리해낸 것은 1884년이었다(루이 파스퇴르만큼 인류에 큰 혜택을 준 인물이 또 있을까? 파스퇴르 살균, 탄저병, 미생물 이론, 백신 접종, 광견병, 발효까지 파스퇴르가 손을 대서 풀지 못한 문제는 거의 없었다).

혈액의 종류

갈레노스는 이와 비슷하게 혈액에도 두 종류가 있다고 이야기했다. 갈레노스에 따르면 혈액은 순환하지 않고 원천으로부터 흘러나와 신체의 각 부분으로 퍼져나갔다. 간에서 나온 정맥혈은 성장을 촉진하고 이를 공급하는 데 사용되었다. 심장에서 나와 영혼(프네우마, 351쪽부터 참조)과 뒤섞인 동맥혈은 신체에 활력을 주었으며 신체의 모든 부분으로 퍼져나가 소모되었다. 심장은 동맥을 통해 피를 돌게 하는 것이 아니었다. 정맥에 자체적인 '추진 능력'이 있어서 신체 각 부분으로 피를 짜 보냈다.

르네상스기 의사들에게 이 설명은 완벽하게 만족스럽지 못했다. 한 예로 벨기에의 의사 베살리우스(1514~1564)는 신체를 해부해 갈레노스의 이론을 검증했다. 베살리우스는 다른 점을 발견했지만 갈레노스가 틀렸다고 이야기하기를 망설였다. 하지만 그는 결국 이야기할 수밖에 없었고 이 일로 거센 공격을 받았다(어느 의사는 분명 시신이 어딘가 잘못된 것이라고 논평했다). 베살리우스는 자신은 진정한 갈레노스 의학을 부흥시키려는 것이라고 항변했다. 잘못 번역된 텍스트를 기반으로 한 텍스트 중심 학습방식을 극복해야 한다는 것이었다.

윌리엄 하비(1578~1657)가 마침내 모든 증거들을 모아 1628년 『심장의 운동에 관하여De motu cordis』를 라틴어로 출판했다. 이 책에는 혈액순환을 입증하는 내용이 담겨 있었다. 하지만 하비는 여전히 갈레노스가 이야기한 속성들이 혈액에 들어 있다고 믿었다. 혈액은 '영혼이 가득'하고 '영양이 풍부'했으며, 내용물이 고갈되면 '완벽한 상태를 되찾기' 위해 심장으로 되돌아갔다. 거기서 영혼과 영양을 충전하고 다시 펌프질되어 나왔다. 하비는 세상에 태양이 있는 것처럼 신체에는 심장이 있다고 이야기했다. 사물을 바라보는 참으로 아리스토텔레스적인 관점이었다.

태양계

이 시기 새로운 사상의 모든 영역에서 눈부신 발전이 이루어졌다. 하지만 고대의 세계관은 곧바로 와해되지 않았다. 예를 들어 1543년 코페르니쿠스는 태양계 한가운데에 지구가 아닌 태양을 위치시켰다. 그러나 나머지 행성들은 여전히 천체의 규칙적인 순환운동을 이끄는 수정처럼 맑은 동심구의 테두리에 박혀 있다고 여겼다. 이는 기원전 4세기 에우독소스가 구상해 나중에 아리스토텔레스가 발전시킨 생각이었다.

콜럼버스는 '신세계'를 찾아 배를 타고 서쪽으로 향하며 세계의 땅덩어리는 바다보다 훨씬 더 크다는 사실을 확인하게 될 것이라고 생각했다. 아리스토텔레스가 그리 말했고, 에즈라도 외경外經에서 세계의 7분의 1이 바다라고 주장했기 때문이다. 따라서 베네수엘라의 오리노코강에서 흘러나오는 물을 본 콜럼버스는 기쁨에 차서 광활한 땅덩어리가 남쪽으로 뻗어 있어야 한다고 판단했다.

세계의 지도를 그리다

프톨레마이오스의 지도 이야기는 우리가 이번 장에서 다룬 주제를 압축적으로 보여준다. 서기 2세기의 천문학자이자 지리학자였던 프톨레마이오스는 그때까지 알려진 세계에 관해 어마어마한 양의 정보를 수집했다(당시 바깥쪽 경계를 이루는 지역은 스페인, 영국, 독일을 가로질러 러시아 남부, 인도, 스리랑카로 이어졌고, 그곳에서 다시 서쪽으로 아라비아와 아프리카 북부로 이어졌다). 각 지역의 크기와 위치 정보 및 종종 진기한 거주민들에 관한 내용도 있었다. 자기력이 강한 섬 같은 신기한 장소들도 있었는데, 이 섬의 옆을 지나가는 배는 못이 모두 뽑혀나간다고 했다.

13세기 비잔티움에서 이 정보를 수집해 지도를 제작했고, 15세기에 이 지도는 라틴어로 번역되었다. 상류층 가정이라면 모두 이 지도를 한 장쯤은 가지고 있었다. 이 지도는 틀린 곳이 많았다(콜럼버스가 이 지도를 보고 자신이 도착한 곳이 카리브해가 아닌 아시아라고 판단한 것도 놀라운 일이 아니다). 프톨레마이오스 스스로도 지리학이란 부정확한 학문이라고 인정한 바 있었기에 근대 지리학자들은 이 지도를 수정, 보완하는 작업에 착수했다. '프톨레마이오스에 따르면 알려지지 않은 땅terra incognita secundum Ptolemaeum'이라고 표시된 곳은 어느 곳이나 새로이 탐사에 나서야 했다.

이성, 관찰…… 그리고 과학

중요한 것은 어딘가에서 새롭게 작업을 시작해야 한다는 사실이었다. 그 출발점은 사람들이 이미 알고 있는 것에서부터 시작할 수밖에 없었고, 사람들이 이미 알고 있는 것은 고대인들이 그들에게 전해준 것이었다. 그러므로 16세기와 17세기에 과학과 의학에서 놀라운 진보가 이루어졌다고 해서 지난 2000년 동안 축적된 '지혜'가 한순간에 날아가버리지 않은 것은 어찌 보면 너무나 당연한 일이었다.

르네상스기 이전까지 서구인은 그들이 가진 두 가지 도구, 즉 이성적인 정신과 관찰하는 눈을 최대한 활용해 세계의 형상을 구축했다. 다시 말해서 과학은 본질적으로 철학의 시녀였다. 이는 고대의 세계상이 어떻게 그토록 만족스러운 설명을 제공할 수 있었는지, 그리고/또는 교회가 어떻게 그토록 큰 영향력을 가질 수 있었는지에 관해 우리에게 이야기해주고 있다. 또한 고대의 세계상과 교회가 어떻게 그토록 오랫동안 지속될 수 있었으며, 그것들을 대체하기까지 어째서 그토록 초인적인 노력이 필요했는지에 대해서도. 과학기술과 실험적 혁명은 우리의 손과 눈과 정신에 강력한 도구들을 제공해주었다. 고대 세계의 아리스토텔레스와 갈레노스 추종자들이 보았다면 매우 부러워했을 도구들이다. 이는 분명 고전기 그리스인들이 그 가치를 알아보고 갈채를 보냈을 만한 혁명이었다. 고대인들이 이 혁명을 경험했다면 그들 역시 고대 세계에서 일반적으로 인정되었던 생각들을 똑같은 종류의 실험에 부쳐 똑같이 놀라운 결과를 얻지 않았을까?

라틴어 발음과 그리스어 철자

나는 『텔레그래프』지에 'QED: 라틴어 수업' 시리즈를 연재
하면서 종종 라틴어 발음이 독자들에게 격렬한 반응을 불러일
으킨다는 사실을 깨달았다. 많은 독자들은 고대에 라틴어 발음
이 실제로 어땠는지 아무도 알 수 없다고 이야기하면서도 라틴
어 v는 '우'(영어의 'w')가 아닌 'ㅂ'('v')으로 발음해야 한다고
강력히 주장했다. 또 어떤 독자들은 라틴어 'in caelis'(천상에)
를 (내가 권장한 발음인) '인 킬리스'('in kyleess')가 아니라
'인 차일리스'('in chayleess')로 발음해야 한다고 주장하기도
했다.

초기 라틴어 발음

앞서 제9장에서 이미 다루었듯이 발음과 문법에 관한 논쟁은 수천 년 전부터 있었다. 여러 이유로 다양한 초기 라틴어 발음이 존재한다.

- 서기 1066년까지 거슬러올라가는 고대 프랑스어 발음이 있다.

- 윌리엄이 영국을 정복한 후 라틴어를 프랑스어식 발음으로 배웠다. 따라서 gens(부족)는 '쟝스'('jens'), iustus(정당한)는 '주스투스'('justus'), Cicero('키케로', 격음 c)는 '시세로'('Sisero')로 발음했다.

- 네덜란드의 위대한 학자 에라스뮈스가 개정한 발음이 있다. 에라스뮈스가 1528년에 발표한 것으로 곰과 사자가 등장하는 유쾌한 토론을 통해 자세한 내용을 설명했다. 당시 이 책은 큰 관심을 끌지는 못했고, 영어 발음이 변화를 겪으면서 내용도 다소 바뀔 수밖에 없었다. 이를테면 대모음추이Great Vowel Shift 현상 때문에 장모음 'i'('ee')는 영어 '와인wine'의 '아이'로 소리가 바뀌었다.

- 마지막으로 교회 라틴어 발음이 있다. 1912년 교황 피우스 10세가 교회에서 사용을 의무화한 것으로 현대 이탈리아어 발음과 동일하다('in caelis'를 '인 차일리스in chayleess'로 발음하는 것이 그런 예이다).

가장 근접한 발음

이전부터 간간히 있어왔던 발음 논쟁이 마침내 본격화된 것은 케임브리지대학의 비교언어학 교수 W. S. 앨런의 권위 있는 저작 『복스 라티나: 고전기 라틴어 발음*Vox Latina: The Pronunciation of Classical Latin*』(Cambridge 1965, 개정판 1989)이 출판되면서부터였다. 앨런의 결론은 "우리가 고대 발음을 얼마나 정확히 재구성할 수 있을지는 단어마다 다르지만 대부분의 경우 그 범위를 상당히 좁힐 수 있다"는 것이었다. 앨런은 매우 인상적이고 폭넓은 근거들을 제시하고 있다. 앨런이 제시한 근거 몇 가지와 이 근거들로부터 이끌어낸 결론을 살펴보자.

- 고대 작가들은 라틴어가 어떻게 소리나는지에 대해 이야기했다. 문법학자 테렌티아누스 마우루스는 라틴어 r를 일컬어 '진동하는 소리'라고 했고, 풍자작가 루킬리우스는 '개가 으르렁대는 소리'라고 했다. 이는 라틴어 r가 (스코틀랜드 영어에서처럼) 굴림소리이며, 고대 로마인이 'pacis'(평화)와 'parcis'(절약하다)를 다르게 소리냈다는 뜻이다.

- 라틴어를 다른 언어로 음역할 때 중요한 현상들이 나타났다. 고대 그리스어에서 'k'는 격음이었다고 알려져 있다. 라틴어 'Cicero'는 그리스어로 'Siserôn'이 아닌 'Kikerôn'으로 표기되었으므로(끝부분의 -ôn은 그리스식 접미사이다) 우리는 라틴어 c가 격음이었음을 확실히 알 수 있다. 시간

이 지나 연음화되기는 했지만(예를 들어 '100'을 의미하는 라틴어 'centum'('켄툼')은 프랑스어로 'cent'('상트')가 되었다), 역사적으로 볼 때 이 변화는 서기 500년경 전까지는 일어나지 않았다.

- 시의 음보에서도 도움을 얻을 수 있다. 라틴어 v 발음을 예로 들어보자. '숲'을 뜻하는 'silva'는 운문에서 이따금 3음절로 간주된다. 이것은 v가 '우'로 발음될 때 설명이 가능하다 ('실-우-아'). v가 'ㅂ'으로 발음된다면 'silva'는 절대 3음절이 될 수 없다.

- 'Valerius'는 그리스어로 'Oualerios'로 음역된 것으로 보인다. 이는 v가 '우'로 발음되었음을 암시한다. 어느 라틴어 문법학자는 'tu'(너)와 'vos'(너희들)를 발음할 때 입술이 듣는 사람을 가리킨다고 주장했다. 이것은 v가 '우'로 발음될 때만 가능한 일이다. 따라서 꼭 일곱 난쟁이같이 보여도 어쩔 수 없다. 율리우스 카이사르는 정말로 '웨니, 위디, 위키veni, vidi, vici'(왔노라, 보았노라, 이겼노라)라고 말했다. 시간이 지나 v 소리는 바뀌어 서기 2세기에 어느 라틴어 문법학자는 v가 마찰음이라고 했다. 이 무렵에는 'ㅂ' 소리에 가까워졌음을 암시한다.

- 비문에 굉장히 많은 정보가 담겨 있다. 글을 제대로 배우지 못한 사람이 쓴 비문이 특히 그렇다. 예를 들어 '평화 안에서'를 의미하는 'in pace'가 'im pace'로, '목욕 중에'를 의미

하는 'in balneo'가 'im balneo'로 적힌 경우를 볼 수 있다. 이를 보아 로마인들은 'ㅍ'이나 'ㅂ' 앞에서 'ㄴ'을 'ㅁ'으로 흘리듯이 발음했던 것 같다.

- 더 놀라운 예도 있다. 'ignes'(불)를 'ingnes'로 쓴 경우를 볼 수 있는데, 'gn'('ㄱㄴ')이 'ngn'('응ㄴ')으로 발음되었음을 암시하는 다른 근거들도 있다. 그렇다면 'magnus'(위대한) 의 발음은 '망누스'가 된다.

- 철자법도 도움이 된다. 'consul'(집정관)은 종종 'cosul'로 표기되었고, 로마인들은 'consul'을 줄여서 쓸 때 con.이나 cons.가 아닌 cos.로 썼다. 이를 보면 'ㄴ'은 'ㅅ' 앞에서 발음이 생략되었을 수 있다. 또다른 근거는 고대 그리스어에서 찾아볼 수 있는데, 라틴어 이름 'Hortensius'는 'Hortêsios'로 음역되었다는 것이다. 또한 키케로 같은 로마 귀족들이 'ㅅ' 앞에서 'ㄴ'을 탈락시켜 말하는 것을 즐겼다고도 전해진다. 이를테면 'forensia'(공무)를 'forêsia'라고 말했다는 것이다. 비슷한 예로 '신부'를 의미하는 현대 이탈리아어 'sposa'의 라틴어 어원은 'sponsa'이다.

변하지 않는 언어는 없다. 라틴어가 현대 이탈리아어와 다르게 소리나는 만큼 고대영어와 현대영어가 다르고, 고대 그리스어와 현대 그리스어가 다르다(이 문제에 관해서는 W. S. 앨런의 『복스 그라이카Vox Graeca』 3차 개정판, Cambridge 1987 참조). 사실 외국어를 자기 모국어의 관습에 따라 발음하지 말아야 할 이유는 없다(예를 들어 우리는 프랑스 수도를 프랑스인들이 발음하는 대로 부르지 않으며, 키케로를 로마 사람들이 발음하는 대로 말하지 않는다). 교회 라틴어 발음은 이제 하나의 전통으로 굳어졌다. 교회 라틴어 발음이 고전기 라틴어와 무관하다고 해도 그게 뭐 어떻다는 것인가? 하지만 프랑스어의 표준은 프랑스인들의 프랑스어이듯, 고전기 라틴어의 일반적인 발음을 구사하고 싶다면 앨런 교수가 제시한 고전기 라틴어 발음을 표준으로 삼을 수 있을 듯하다.

영어에서의 고대 그리스어 표기

고대 그리스어의 고유명사를 영어로 옮길 때도 비슷한 문제가 발생한다. 영어권에서 한동안 라틴어가 교육 언어로 사용되면서 그리스어 고유명사가 이미 라틴어식으로 많이 들어왔기 때문이다. 예를 들어 플라톤은 그리스어로 'Platôn'인데 영어로는 'Plato'이며, 아폴론은 그리스어로 'Apollôn'인데 영어로는 그리스어를 라틴어식으로 표기한 'Apollo'로 쓴다. 다음의 표에서 그리스어를 라틴어로 음역하는 기본 규칙을 확인할 수 있다(그리스어는 영어로 음역되었다). 각 단어에 상응하는 라틴어 음역이 옆 칸에 정리되어 있다.

그리스어	라틴어	설명
Thoukudidês (투키디데스)	Thucydides	그리스어 ou는 라틴어에서 u가 됨. 그리스어 u는 라틴어에서 y가 됨. 특정 조건에서 그리스어 k는 라틴어에서 c가 됨.
Aiskhulos (아이스킬로스)	Aeschylus	그리스어 ai는 라틴어에서 ae가 됨. 그리스어 -os는 라틴어에서 -us가 됨. 따라서 그리스어 Epikouros(에피쿠로스)는 라틴어로 Epicurus가 됨
Ilion (일리온)	Ilium	그리스어 -on은 라틴어에서 -um이 됨.
Akhilleus (아킬레우스)	Achilles	그리스어 -eus는 라틴어에서 -es가 됨.
Phoibê (포이베)	Phoebe	그리스어 -oi는 라틴어에서 -oe가 되기도 함.
Peirênê (피레네)	Pirene	그리스어 -ei는 라틴어에서 -i가 되기도 함.

참고: 라틴어 알파벳에는 'v'나 'j'가 없었고, 그 대신 각각 'u'와 'i'가 쓰였다. 문어에서 'v'나 'j'를 사용하는 것은 영어의 관습이다. 라틴어에서 알파벳 'k'는 매우 드물게 사용되었다. 'y'나 'z'도 '자연스러운' 로마 문자는 아니다. y는 기원전 1세기에 그리스어의 u를 표기하기 위해 도입되었기 때문에 그리스어에서 차용한 단어에서만 사용되었다. 그런데 이것이 다가 아니다. 영어에도 자체적인 관습이 있는데, 라틴어식으로 표기된 그리스어 단어의 최종적인 형태는 이 관습으로부터 영향을 받았다. 예를 들어 고대 지명 '코린토스'는 그리스어로 Korinthos, 라틴어로 Corinthus, 영어로는 Corinth로 표기된다. '아테네'는 그리스어로 Athenai, 라틴어로 Athenae, 영어로 Athens로 표기되며, '아리스토텔레스'는 그리스어와 라틴어 모두 Aristoteles, 영어로는 Aristotle로 표기된다.

옮긴이의 말

서양철학사를 비롯한 서양 인문학을 공부하다보면 으레 서구 문명의 뿌리인 고대 그리스·로마에 대한 이해가 필요함을 절실히 느끼지만 다가가기가 쉽지 않다. 그래서인지 최근 서양 고전학에 입문하기 좋은 책들이 소개되고 있는데, 고전학에 대한 독자들의 갈증을 해소하는 데 도움이 될 이 책을 함께 내놓게 되어 기쁘다. 이 책은 부제에서 알 수 있듯이 '서양 고전학' 입문서이다. 서양에서 고전학을 배운다는 것은 일단 고전어, 즉 고대 그리스와 로마의 언어인 그리스어와 라틴어를 익히고 고대의 문화, 역사, 철학, 문학 텍스트를 면밀히 읽는 것을 뜻한다.

고전학은 특정 시대의 언어와 문헌에 관한 탐구이기에 자연히 학문적 경계를 가로지르는 학제적 성격을 띨 수밖에 없다. 이 책 역시 고대 그리스와 로마 사람들이 살았던 삶의 궤적을 문헌에 남은 기록에 따라 재구성해보고(역사학), 그토록 오래 전에 살았던 사람들의 생각이 어떻게 오늘날을 사는 우리에게까지 전해질 수 있는지 그 전달 매체를 탐구하며(문헌학), 지금은 대다수 폐허가 되어버린 고대 건축물의 과거 모습을 어떻게 재현해내는지 살피고(고고학), 고대인은 공동체를 어떻게 운영했는지 연구하며(정치학), 오늘날 서양 인문학에서 사용되는 주요 개념의 기원을 탐색하고(어원학과 문법학), 고대의 중요한 사상적 흐름인 스토아주의와 에피쿠로스주의를 개괄하며(철학), 고대에서 중세와 근대를 거쳐 오늘날까지 과학적 연구 방법의 기원과 발전 과정을 대략적으로 살핀다(과학사).

그런데 번역자로서 책을 처음 받아들었을 때는 이 책이 이렇게 대단한 작업을 해내고 있다는 것을 미처 의식하지 못하고 읽었다. 딱히 어려운 구석 없이 편안하게 읽혔던 이 책이 다루는 내용이 상당히 폭넓으면서도 깊이 있다는 사실은 퇴고 후 교정을 위해 다시 읽으면서 새삼 실감하게 되었다. 그런 의미에서 『지적인 사람을 위한 고전학 가이드』라는 초판 제목은 이 책에 매우 걸맞다. 고대 그리스·로마라는 지식의 대양을 꼼꼼히 탐사하기 전에 너른 바다에 대한 두려움을 떨치고 친근하게 다가 가게 해주는 역할을 톡톡히 한다. 고전학자로서 오랫동안 자신의 분야를 파고든 저자 피터 존스가 여유 있고 느긋한 노학자의 필치로 편안하게 풀어낸 덕분이 아닐까 한다.

고대 관련 텍스트를 번역할 때 늘 부딪히는 장벽 가운데 하나는 지명이다. 예를 들어 비잔틴, 비잔티움, 비잔티온 가운데 어느 것을 택할까? 비잔틴은 영어식, 비잔티움은 라틴어식, 비잔티온은 그리스어식 음차이다. 대체로 비잔틴제국이라는 이름이 가장 익숙하고 『표준국어대사전』 표제어이기도 하지만, 사실 비잔틴은 우리말에서 미술 양식을 일컫는 용어이지 지명이 아니다. 지명으로는 비잔티움이 『표준국어대사전』 표제어로 올라 있다. 그러면 간단히 비잔티움으로 통일하면 될까? 최근 경향이 해당 시대와 지역의 언어 음가대로 음차하는 것을 원칙으로 삼고 있으며, 이 책에서도 그 원칙을 따르기에 각 지명이 위치한 맥락에 따라 이 지역이 로마문화권에 있었을 때는 비잔티움이, 그리스문화권에 있었을 때는 비잔티온으로 표기하는 것이 적정하다. 또다른 예로 로마 중심부를 가로지르는 강은 오늘날에는 테베레강으로 불리지만 고대 로마시대에는 티베리스강으로 불렸다. 이처럼 시대에 따라 여러 지명이 혼재하는 경우에는 최대한 문맥을 고려해 선택했고 필요할 때는 독자의 이해를 돕기 위해 오늘날이나 과거의 명칭을 괄호 안에 병기했다.

책을 번역하며 드는 의문을 언제나 겸손하고 친절한 설명으로 해소해준 저자 선생님께 깊은 감사를 전한다. 아울러 본문에 인용된 호메로스의 『일리아스』 번역은 천병희 번역본을 참고했음을 밝히며, 이 책을 비롯한 서양 고전 작품들의 번역자와 출판사의 노고에 깊은 감사를 전한다.

참고문헌

일반

S. Hornblower, A. Spawforth and E. Eidinow (eds) *The Oxford Classical Dictionary*, 제4판 (Oxford University Press, 2012). 이 책은 늘 소중한 안내서이다.

라틴어와 그리스어를 배우려는 독자들에게 아래의 두 졸저를 추천한 다.『텔레그래프』지에 주간 연재글로 실린 초심자용 강의 20부를 모 아 펴낸 책이다.

Peter Jones, *Learn Latin* (Bloomsbury, 1997)

Peter Jones, *Learn Ancient Greek* (Bloomsbury, 1998)

머리말

Ogilvie, R.M. *Latin and Greek* (Oxford University Press, 1964)

제1장 고전기와 만나다: 기원전 700년부터 서기 500년까지

Beard, M. *SPQR: A History of Ancient Rome* (Profile, 2015) [메리 비어드, 김지혜 옮김, 『로마는 왜 위대해졌는가』(다른, 2017)]

Eckstein, A.M. *Mediterranean Anarchy, Interstate War and the Rise of Rome* (California University Press, 2006)

Harris, W.V. *Roman Power: A Thousand Years of Empire* (Cambridge University Press, 2016)

JACT (ed. Robin Osborne) *The World of Athens*, 2차 개정판 (Cambridge University Press, 2008)

Jones, P. and Sidwell, K. (eds) *The World of Rome* (Cambridge University Press, 1997)

Jones, P. *Eureka: Everything You Ever Wanted to Know About the Ancient Greeks but Were Afraid to Ask* (Atlantic, 2014)

Jones, P. *Veni Vidi Vici: Everything You Ever Wanted to Know About the Romans but Were Afraid to Ask* (Atlantic, 2013)

Shelton, J. *As the Romans Did*, 2차 개정판 (Oxford University Press, 1997)

Spawforth, T. *The Story of Greece and Rome* (Yale University Press, 2018)

West, M.L. *The East Face of Helicon: West Asiatic Elements in Greek Poetry and Myth* (Oxford University Press, 1997)

제2장 고대 문헌은 어떻게 오늘날까지 전해질까

Barney, S.A., Lewis, W.J., Beach, J.A., and Berghof, O. *The Etymologies of Isidore of Seville* (Cambridge University Press, 2006)

Bolgar, R.R. *The Classical Heritage and its Beneficiaries* (Cambridge University Press, 1954)

Braund, D. and Wilkins, J. (eds) *Athenaeus and His World* (Exeter University Press, 2000)

Hodge, T. *Roman Aqueducts and Water Supply* (Bloomsbury, 1992)

Lewis, N. *Papyrus in Classical Antiquity* (Oxford University Press, 1974)

Moller V. *The Map of Knowledge* (Picador, 2019)

Parsons, P.J. *City of the Sharp-Nosed Fish* (Orion, 2007)

Reynolds, L.D. and Wilson, N.G. *Scribes and Scholars*, 2차 개정판 (Oxford University Press, 1974)

Tomlin, R.S.O. *Roman London's First Voices: Writing Tablets from the Bloomberg Excavations*, 2010–14, Museum of London Archaeology Monographs 72 (Museum of London, 2016)

Turner, E.G. *Greek Papyri* (Oxford University Press, 1968)

빈돌란다 서판 온라인 전시 사이트(Vindolanda Tablets Online) http://vindolanda.csad.ox.ac.uk/

Wilson, N.G. *From Byzantium to Italy* (Bloomsbury, 1992)

Wilson, N.G. *Scholars of Byzantium* (Bloomsbury, 1983)

제3장 과거를 발굴하다: 아르테미스 신전에서 고대 경제까지

Acton, P. Poiesis: *Manufacturing in Classical Athens* (Oxford University Press, 2014)

Cline, E.H. *Three Stones Make a Wall* (Princeton University Press, 2017)

Flohr, M. and Wilson, A. (eds) *The Economy of Pompeii* (Oxford University Press, 2017)

Kay, P. *Rome's Economic Revolution* (Oxford University Press, 2014)

Marzano, A. *Harvesting the Sea: The Exploitation of Marine Resources in the Roman Mediterranean* (Oxford University Press, 2013)

Scheidel, W. (ed.) *The Science of Roman History* (Princeton University Press, 2018)

Stoneman, R. *Land of Lost Gods* (Hutchinson, 1987)

Wilson, A. and Bowman, A. (eds) *Trade, Commerce, and the State in the Roman World* (Oxford University Press, 2018)

Wood, J.T. *Discoveries at Ephesus* (Longman, 1877)

제4장 민주정의 짧은 시대: 귀족정에서 참주정까지

Clarke, G.W. (ed.) *Rediscovering Hellenism* (Cambridge, 1989)

Jones, P. *Eureka: Everything You Ever Wanted to Know About the Greeks but Were Afraid to Ask* (Atlantic, 2014)

Scheidel, W. *The Great Leveler* (Princeton University Press, 2017) [발터 샤이델, 조이현 옮김, 『불평등의 역사』(에코리브르, 2017)]

Talbot, J. *Athens on Trial* (Princeton University Press, 1994)

제5장 여자 위에 남자

Campbell, J. K. *Honour, Patronage and the Family: a Study of Institutions and Moral Values in a Greek Mountain Community* (Oxford University Press, 1964)

Clark, G. *Women in the Ancient World* (Oxford University Press 1989, with supplement 1993)

Fantham, E., Foley, H.P., Kampen, N.B., Pomeroy, S.B. and Shapiro, H.A. (eds.) *Women in the Classical World* (Oxford University Press, 1994)

Lefkowitz, M.R. and Fant, B. (eds) *Women's Life in Greece and Rome*, 4차 개정판 (Bloomsbury, 2016)

제6장 황제와 제국

Heather, P. *The Fall of the Roman Empire* (Macmillan, 2005)

Jenkyns, R. *The Legacy of Rome* (Oxford University Press, 1992)

Jones, P. and Sidwell, K. (eds) *The World of Rome* (Cambridge University Press, 1997)

Jones, P. *Veni Vidi Vici: Everything You Ever Wanted to Know About the Romans but Were Afraid to Ask* (Atlantic, 2013)

Kulikowski, M. *Imperial Triumph: The Roman World from Hadrian to Constantine* (Profile, 2016)

Millar, F. *The Emperor in the Roman World* (Bloomsbury, 1977)

Ward-Perkins, B. *The Fall of Rome and the End of Civilisation*

(Oxford University Press, 2006)

제7장 렙키스 마그나

Di Vita, A., Di Vita-Evrard, G. and Bacchielli, L. *Libya: The Lost Cities of the Roman Empire* (Könemann, 1999)

Mattingley, D. J. *Tripolitania* (Routledge, 1995)

제8장 영어의 어휘

Corson, D. *The Lexical Bar* (Pergamon, 1985)

Crystal, D. *The Cambridge Encyclopedia of the English Language*, 2차 개정판 (Cambridge University Press, 2003)

Jones, P. *Quid Pro Quo: What the Romans Really Gave the English Language* (Atlantic, 2016)

Keynes, S. and Lapidge, M. *Alfred the Great* (Penguin, 1983)

Powell, J.G.F. *Introduction to Philology for Classicists* (Joint Association of Classical Teachers, 1988)

Spooner, A. *Lingo* (Bloomsbury, 1991)

제9장 문법의 언어

Dickey, E. *Learning Latin the Ancient Way* (Cambridge University Press, 2016)

Holford-Strevens, L. *Aulus Gellius* (Bloomsbury, 1988)

Kaster, R.A. *Suetonius: de grammaticis et rhetoribus* (Oxford University Press, 1995)

Lepschy, G. (ed.), *History of Linguistics Vol. II: Classical and*

Medieval Linguistics (Longman, 1994)

Marrou, H.I. *A History of Education in Antiquity* [Paris, 1948], trans. G. Lamb(Sheed & Ward, 1956)

Rawson, E. *Intellectual Life in the Late Roman Republic* (Bloomsbury, 1985)

Seuren, P.M. *Western Linguistics* (Blackwell, 1998)

제10장 스토아주의와 에피쿠로스주의

Gill, C. (ed.), *The Discourses of Epictetus* (Everyman, 1995)

Hammond, M. *Marcus Aurelius: Meditations* (Penguin, 2006)

Hard, R. *Epictetus: Discourses, Fragments, Handbook* (World's Classics, Oxford 2014)

Jones, H. *The Epicurean Tradition* (Routledge 1989)

Kirk, G.S., Raven, J.E. and Schofield, M. *The Presocratic Philosophers*, 2차 개정판 (Cambridge University Press, 1983)[김인곤 외 옮김, 『소크라테스 이전 철학자들의 단편 선집』(아카넷, 2005)에 대부분의 내용이 수록되었다.]

Ridley, M. *The Origins of Virtue* (Penguin, 1997)[매트 리들리, 신좌섭 옮김, 『이타적 유전자』(사이언스북스, 2001)]

Sharples, R.W. *Stoics and Epicureans* (Routledge, 1996)

Wilken, R.L. *The Christians as the Romans Saw Them*, 2차 개정판 (Yale University Press, 2003)

제11장 고대의 한계를 넘어서다

Brumbaugh, R.S. *Ancient Greek Gadgets and Machines*

(Greenwood, 1966)

Grafton, A. *New Worlds, Ancient Texts* (Harvard University Press, 1992)

Lloyd, G.E.R. *Analogy and Polarity* (Cambridge University Press, 1966) [제프리 로이드, 이경직 옮김, 『양극과 유비』(한국문화사, 2014)]

Lloyd, G.E.R. *The Revolutions of Wisdom: Studies in the Claims and Practice of Ancient Greek Science* (Cambridge University Press, 1987)

Lloyd, G.E.R. *Methods and Problems in Greek Science* (Cambridge University Press, 1992)

Moorey, P.R.S. *Ancient Mesopotamian Materials and Industries* (Oxford University Press, 1994)

Parry, D. *Engineering the Ancient World* (Sutton, 2005)

Porter, R. *The Greatest Benefit to Mankind* (HarperCollins, 1997)

지은이 **피터 존스(Peter Jones)**
케임브리지대학에서 수학하고 이 대학과 뉴캐슬대학에서 고전을 가르치다 1997년
퇴직했다. 〈스펙테이터〉지에 '고대와 현대'라는 제목의 고정 칼럼을 게재했으며 고전
에 관한 다양한 책을 썼다. 저서로 베스트셀러인 『라틴어 수업』과 『고대 희랍어 수업』
을 비롯해 『메멘토 모리』 『베르길리우스 읽기: 아이네이스 Ⅰ·Ⅱ』 『카이사르에 투표하
라』 『왔노라, 보았노라, 이겼노라』 『유레카!』 등이 있다.

옮긴이 **홍정인**
연세대학교 심리학과와 이화여자대학교 통역번역대학원 한영번역학과를 졸업하고
번역가로 활동중이다. 옮긴 책으로 『메멘토 모리』 『고립의 시대』 『여성이 말한다』 『제
인 구달 평전』(공역)과 〈마스터스 오브 로마〉 시리즈(공역)가 있다.

북스 포퓰리

고전을 통해 알고 싶었지만
차마 물을 수 없었던 모든 것

초판 1쇄 인쇄 2022년 1월 7일
초판 1쇄 발행 2022년 1월 17일

지은이 피터 존스
옮긴이 홍정인

편집 박민애 이희연 신정민 | 디자인 윤종윤 이주영 | 마케팅 정민호 김선진 배희주
홍보 김희숙 함유지 이소정 | 저작권 박지영 이영은 김하림
제작 강신은 김동욱 임현식 | 제작처 상지사

펴낸곳 (주)교유당 | 펴낸이 신정민
출판등록 2019년 5월 24일 제406-2019-000052호

주소 10881 경기도 파주시 회동길 210
전화 031.955.8891(마케팅) | 031.955.2692(편집) | 031.955.8855(팩스)
전자우편 gyoyudang@munhak.com

인스타그램 @gyoyu_books | 트위터 @gyoyu_books | 페이스북 @gyoyubooks

ISBN 979-11-91278-93-4 03920